普通高校“十三五”规划教材·国际经济与贸易系列

国际贸易实务

王 萍 张 宇 孟宪军◎编 著

清华大学出版社
北 京

内 容 简 介

本书以国际贸易惯例和法律法规为依据，以外贸实际操作为主线，介绍了国际贸易实务涉及的相关内容。内容全面，结构编排合理，融知识性、实践性、操作性、时效性和实用性于一体，力求适应国际贸易的新发展、新情况。

全书共分十三章，内容如下：第一章国际货物买卖合同；第二章国际货物买卖合同的标的；第三章国际贸易术语；第四章国际货物运输；第五章国际货物运输保险；第六章检验、索赔、不可抗力和仲裁；第七章进出口商品的价格；第八章国际货物买卖货款的收付；第九章国际商务谈判；第十章国际货物贸易程序；第十一章进出口合同的履行；第十二章违约的救济方法；第十三章国际贸易方式。每一章作者都精心设计了案例导入、学习目标、主要名词或概念、本章小结、思考题及案例分析等知识模块，有助于学生系统全面的掌握国际贸易实务的理论知识和实际操作。

本书主要针对高等学校国际经济与贸易专业的核心课程“国际贸易实务”编写的，可作为大学本科经济管理类专业国际贸易实务课程的教材，也可作为从事对外贸易领域工作人员的参考教材。

图书在版编目（CIP）数据

国际贸易实务 / 王萍，张宇，孟宪军编著. —北京：清华大学出版社，2017（2023.7 重印）
（普通高校“十三五”规划教材. 国际经济与贸易系列）
ISBN 978-7-302-48018-1

Ⅰ. ①国…　Ⅱ. ①王…　②张…　③孟…　Ⅲ. ①国际贸易－贸易实务－高等学校－教材
Ⅳ. ①F740.4

中国版本图书馆 CIP 数据核字(2017)第 201056 号

责任编辑：陆浥晨
封面设计：汉风唐韵
责任校对：宋玉莲
责任印制：丛怀宇

出版发行：清华大学出版社
网　　址：http://www.tup.com.cn, http://www.wqbook.com
地　　址：北京清华大学学研大厦 A 座　　**邮　　编**：100084
社 总 机：010-83470000　　**邮　　购**：010-62786544
投稿与读者服务：010-62776969，c-service@tup.tsinghua.edu.cn
质量反馈：010-62772015，zhiliang@tup.tsinghua.edu.cn
课件下载：http://www.tup.com.con，010-62770175 转 4506
印 装 者：涿州市般润文化传播有限公司
经　　销：全国新华书店
开　　本：185mm×260mm　　**印　　张**：16.5　　**字　　数**：382 千字
版　　次：2017 年 9 月第 1 版　　**印　　次**：2023年 7月第 3 次印刷
定　　价：49.00 元

产品编号：070508-02

前言

在多年的国际经济与贸易专业教学过程中，编者深深地感觉到，一本好的教材，对于初学者是多么重要，所以编写国际贸易实务教材一直也是编者努力奋斗的目标。编者根据最新修订、颁布的有关国际贸易惯例和国际通行习惯做法，通过实地调研了解涉外企业对外贸人才的需求，花了将近一年的时间编写了《国际贸易实务》，这是一本突出应用性的本科人才培养的教材。

国际贸易实务是一门研究国际商品交易的有关理论和实际业务的学科,也是一门具有涉外经济活动特点的实践性很强的综合性专业基础课程。

这门课程的主要任务是，从国际贸易实践和国际贸易法律法规的角度，分析研究国际商品交换的各种做法，总结国内外国际贸易实践经验，从而适应国际贸易的新发展与新变化，能够熟练地进行进出口业务的操作。

通过本课程学习，要求学生掌握进出口业务的基本理论知识和基本技能，掌握进出口交易程序和国际货物买卖合同条款的拟定方法和技巧，从而在进出口业务活动中，既能正确贯彻我国对外贸易方针政策，确保最佳经济效益，又能按国际贸易法律法规办事。希望通过本课程的教学，能培养学生的沟通协调能力及创新能力。

本书突出基本理论知识的阐述及基本技能的训练，力求学科体系的完整性和科学性，内容新颖，重点突出，简明扼要，案例典型。

本书由佳木斯大学多年从事国际经济与贸易专业教学工作的教师联合编写，具体分工如下：第一章、第二章、第三章、第四章及附录一、附录二由佳木斯大学王萍老师编写，第五章、第六章、第七章、第八章、第九章由佳木斯大学张宇老师编写，第十章、第十一章、第十二章、第十三章由佳木斯大学孟宪军老师编写。本书由佳木斯大学经济管理学院教授初凤荣担任主审，由王萍统纂定稿。

本书在编写过程中参考了国内外有关文献及教材，吸收了其中的一些成果，也得到了相关领域专家的大力支持和帮助，编者在这里深表谢意！由于时间仓促，加之编者水平有限，书中难免有疏漏及不妥之处，敬请读者批评指正。

编 者

2017年5月

目录

第一章　国际货物买卖合同 1
第一节　国际货物买卖合同概述 2
第二节　国际货物买卖合同订立所适用的法律、法规 5
第三节　国际货物买卖合同的基本内容 6
本章小结 8
思考题 8
第二章　国际货物买卖合同的标的 10
第一节　商品的名称 11
第二节　商品的品质 12
第三节　商品的数量 19
第四节　商品的包装 23
本章小结 31
思考题 31
第三章　国际贸易术语 33
第一节　贸易术语的概述 34
第二节　有关贸易术语的国际贸易惯例 36
第三节　《2000 通则》中的贸易术语 37
第四节　《2010 通则》中的贸易术语 50
本章小结 56
思考题 57
第四章　国际货物运输 58
第一节　运输方式 59
第二节　装运条款 68
第三节　运输单据 75
本章小结 79
思考题 79
第五章　国际货物运输保险 81
第一节　海上货物运输保险 82
第二节　海上货物运输保险的险别 85
第三节　我国的陆、空、邮运货物保险 87

第四节 国际货物运输保险程序 89
本章小结 91
思考题 91
第六章 检验、索赔、不可抗力和仲裁 92
第一节 进出口商品的检验 93
第二节 索赔 99
第三节 不可抗力 100
第四节 仲裁 103
本章小结 105
思考题 105
第七章 进出口商品的价格 106
第一节 商品的价格条件及影响价格的因素 107
第二节 货物的价格 108
第三节 作价方法 109
第四节 计价货币的选用 111
第五节 佣金和折扣 111
第六节 合同中的价格条款 112
本章小结 114
思考题 114
第八章 国际货物买卖货款的收付 115
第一节 结算工具 116
第二节 汇付与托收 119
第三节 信用证 124
第四节 银行保函 127
第五节 各种支付方式的选用 128
本章小结 129
思考题 129
第九章 国际商务谈判 131
第一节 国际商务谈判概述 132
第二节 国际商务谈判前的准备工作 135
第三节 谈判的基本原则 137
第四节 国际商务谈判策略与技巧 141
本章小结 147
思考题 147
第十章 国际货物贸易程序 149
第一节 订立国际货物买卖合同的法律步骤 150
第二节 合同的成立 155
本章小结 156

思考题 156
第十一章　进出口合同的履行 158
第一节　出口合同的履行 159
第二节　进口合同的履行 169
本章小结 171
思考题 172
第十二章　违约的救济方法 173
第一节　一般原则 174
第二节　对卖方违约的救济方法 182
第三节　对买方违约的救济方法 188
本章小结 192
思考题 193
第十三章　国际贸易方式 194
第一节　经销与代理 194
第二节　寄售、展卖与拍卖 199
第三节　招标与投标 203
第四节　易货贸易和补偿贸易 206
第五节　国际租赁贸易 210
第六节　期货贸易与套期保值 215
第七节　来料加工业务 219
第八节　进料加工业务 220
本章小结 222
思考题 222
附录一　联合国国际货物销售合同公约 223
附录二　中华人民共和国合同法（摘要） 240
参考文献 255

第一章

国际货物买卖合同

没有书面合同，向谁追讨货款

国内出口企业A和B自201×年6月起累计向以色列买家C公司出运价值70万美元的冬季服装，支付方式分别为OA（赊账）90天和OA60天。C公司收货后，未按合同约定付款。由于投保了出口信用险，A、B两家公司遂以买家拖欠货款为由向中国出口信用保险公司（以下简称中国信保）通报出险情况，同时委托中国信保介入调查追讨。

中国信保经调查发现，A、B两家公司分别自1999年及2001年与C公司建立贸易关系，其后一直合作良好。考虑涉案金额较大，买家拖欠动机不明，中国信保接到出险通知后，立即委托以色列律师进行调查。律师介入后，C公司也委托其律师向中国信保出具书面声明，全盘否认与A、B两家公司之间的贸易关系，声称其只与另一家中国D公司存在贸易关系。

据A、B两公司介绍，C公司是一家以色列家族企业，资金实力较强，每年均保持赴中国采购2~3次的频率。C公司在中国的采购过程中，每次均由D公司带领其直接到A公司和B公司看样、下单，A公司和B公司一直认为D公司即是C公司在中国地区的采购代理。因此，对于C公司完全否认贸易关系，A和B两公司均感到意外。另据了解，除A公司和B公司外，C公司还通过D公司向中国多家出口企业采购，目前拖欠货款总额达100多万美元。

根据买卖双方提供的信息，结合双方历史交易记录，中国信保初步推测，C公司之所以一反常态、否认交易，很可能是其经营和资金出现了严重问题。而进一步的调查初步验证了中国信保的判断：由于以色列201×年下半年气候反常、冬季推迟，C公司从中国采购的冬季服装严重滞销，加之一个重要客户突然倒闭，导致C公司大量应收账款无法收回，元气大伤。至此，C公司通过否认交易以达到逃避到期债务的企图逐渐浮出水面。

A、B两公司虽然与C公司有多年交易历史，但一直未曾签订正式的贸易合同。虽然提单、发票等单据资料可在一定程度上佐证或还原贸易事实，但作为证明A、B两公司与C公司存在合同债权债务关系的直接证据，法律效力有限。因此，如何确立A、B

两公司与C公司的合同债权，成为本案后续追偿工作的难点。

A、B两公司与C公司在未签订任何书面合同的情况下保持了多年的贸易关系，这种表面上的风平浪静往往容易造成出口上的麻痹大意，从而忽视了潜在的交易风险。一旦买家的偿付能力或偿付意愿发生恶化，出口商通常只能“哑巴吃黄连”，付出惨重的代价。

案例分析：国际货物买卖涉及不同的国家和地区，情况相当复杂。因此国际货物贸易相比国内贸易，风险要大得多。这就要求我们要想正常开展国际贸易，必须了解国际贸易的特点，掌握国际贸易进出口业务流程。

资料来源：陈文汉.国际贸易实务[M].北京：中国人民大学出版社，2012.

学习目标：

1. 掌握国际货物买卖合同的含义、形式及特点。
2. 掌握国际货物买卖合同的主要内容及其适用范围。

主要名词或概念：

国际货物买卖合同、营业地、国际贸易惯例

国际货物买卖是国际间经济交往的重要内容，同时也是国际贸易的核心。国际贸易以合同为中心而运转。而属于国际贸易性质的合同种类很多，其中以应用国际货物买卖合同最为普遍和重要。国际货物买卖就是通过洽商、订立和履行国际货物买卖合同来实现的。

第一节　国际货物买卖合同概述

一、国际货物买卖合同的含义

国际货物买卖合同，按照《联合国国际货物销售合同公约》（以下简称《公约》）的规定，是指营业地处于不同国家或地区的当事人所订立的货物买卖合同。货物买卖合同是指卖方为了取得货款而把货物的所有权转移给买方的一种双务合同。所谓“双务”是指合同双方互相承担义务，同时，双方都享有权利，一方所承担的义务正是另一方所享有的权利。即卖方的基本义务是交出货物的所有权，买方的基本义务是支付货款，这是货物买卖合同区别于其他种类合同的一个主要特点。中国在对外经济活动中订立的合同很多，国际货物买卖合同是一种基本的涉外经济合同。

国际货物买卖合同的双方当事人处于不同国家，其政治、经济、法律、文化及社会制度等存在差异，使得诸如货物运输、政府许可、海关手续、价款支付等业务环节与国内贸易合同相比更为复杂。

二、国际货物买卖合同的特点

1. 合同当事人的营业地处于不同的国家或地区

国际货物买卖合同具有国际性。要判断某项合同是国际货物买卖合同还是国内货物买卖合同，它的鉴别标准有：交易双方当事人的营业地处于不同的国家或地区，或者当事人具有不同的国籍，或者订立合同的行为完成于不同的国家，或者货物经由一国运往另一国。但究竟采用哪一种标准，则各国不一致。按着我国的有关法律规定，其鉴别标准是交易双方当事人的营业地处于不同的国家或地区，即国际货物买卖合同的国际性以当事人的营业地位于不同国家为准，而不考虑当事人的国籍，国际货物买卖合同强调的是合同的标的物需要进行超越国境的运输，因此，即使是不同国家的当事人在同一国境内订立的货物买卖合同，也不是国际货物买卖合同。

2. 国际货物买卖合同的标的物是货物

国际货物买卖合同的标的物是货物。但究竟什么是货物，或者货物是如何确定的，国际组织对此也曾经过长期探讨。《联合国 1980 年国际货物买卖合同公约》采取排除法，将下列产品排除在该公约的适用范围之外：

（1）供私人、家属或家庭使用而进行的购买；

（2）经由拍卖方式进行的拍卖；

（3）根据法律执行应进行的买卖；

（4）各种债务或者货币的买卖；

（5）船舶、气垫船或收音机的买卖；

（6）电力的买卖。

3. 国际货物买卖合同的内容具有涉外因素

由于国际货物买卖合同当事人的营业地处于不同的国家或地区，合同当事人关系的产生、变更或消灭的法律行为可能在不同国家或地区境内完成。同时，作为合同标的的货物要越过国境，由一个国家运往另一个国家，涉及长距离的运输过程中可能发生的各种风险，另外还包括货款的支付及外币的使用，其结算方式也比国内结算方式复杂。合同签订后，还可能因为标的物的毁灭、战争、有关对外贸易政策的变化等原因而导致各种风险和争议，所以国际货物买卖合同在订立和履行过程中会遇到许多国内货物买卖合同涉及不到的法律问题。

三、国际货物买卖合同订立、履行的原则

（一）平等原则

（1）交易条件必须由交易双方当事人平等地协商确定。

（2）合同一旦成立，双方当事人都必须严格履行合同，任何一方不得随意变更或解除合同。

（3）任何一方当事人违约，都得适用同一法律来追究其违约责任。

（二）缔约自由原则

当事人享有自愿依法订立合同的权利，任何单位或个人都不得非法干涉。

（三）公平交易原则

当事人之间的交易应该是公平的，管理人应该维护双方的利益。

（四）信守合同原则

国际货物买卖合同是对交易双方当事人具有约束力的法律文件，合同一经订立，交易双方都必须严格履行合同规定的义务，任何一方不得随意违约或毁约。

（五）诚实信用原则

诚实信用原则是订立、履行合同和处理合同争议必须遵循的准则，是一项强制性规范，它将道德规范与法律规范融为一体。合同各方当事人应当以诚相待，实事求是，言而有信，言行一致，不得歪曲事实真相或进行欺诈活动。

（六）遵守法律原则

遵守法律是一项基本的强制性的规范，也是国际上公认的准则。从广义上讲，要遵守一切法律，比如环保法。保护自然资源，从狭义上讲，订立、履行合同和处理合同争议，各方当事人都必须严格遵守法律，切实依法行事，因为，订立、履行合同和处理合同争议，都涉及法律问题。

四、国际货物买卖合同的形式

合同的形式是合同当事人内在意思的外在表现形式。根据《联合国国际货物销售合同公约》和《中华人民共和国合同法》（以下简称《合同法》）的相关规定，在国际贸易中，交易双方订立合同有书面形式、口头形式和其他形式。

（一）书面形式

书面形式是指合同书、信件及数据电文等可以有形地表现所载内容的合同形式。书面形式具有意思表示准确、有据可查、便于预防纠纷的优点。根据现代各国的法律，书面形式是法律行为成立的基本形式，其中某些重要的法律行为必须依法以书面形式进行。书面形式包括合同书、信件以及数据电文等可以有形地表现所载内容的形式。采用这种形式订立合同，既可以作为合同成立的证据，也可以作为履行合同的依据，还有利于加强合同当事人的责任心，督促全面、正确地履行合同。如果在履约过程中发生纠纷，也便于举证和分清责任，所以书面合同是合同的主要形式。因此，有些国家在法律或行政法规中明确规定必须采用书面形式。

（二）口头形式

采用口头形式订立合同是指交易双方当事人之间通过对话方式，包括当事人之间通过当面谈判或通过电话方式达成协议订立合同。采用这种方式订立的合同，可以节省时间，对加速成交起着重要的作用。但因缺乏文字依据，一旦发生争议，往往举证困难，不易分清责任。这是导致有些国家的法律、行政法规规定必须采取书面合同的最主要的原因。

（三）其他形式

其他形式是指上述两种形式之外的订立合同的形式，即以行为方式表示接受而订立的合同。例如，根据当事人之间长期交往中形成的习惯做法，再如，通过发运货物，或者预付货款等行为形式表示对合同内容的确认。

从总体上来看，上述三种合同的形式均是合同的法定形式，因而都具有相同的法律效力，当事人可以根据自己的需要，做出不同的选择。

我国《合同法》第 10 条规定："当事人订立合同，有书面形式、口头形式和其他形式。"法律、行政法规规定采用书面形式的，应该采用书面形式。由此可见，当事人究竟采用什么形式订立合同，应该根据有关的法律和行政法规的规定和当事人双方的意愿行事。

第二节 国际货物买卖合同订立所适用的法律、法规

订立和履行国际货物买卖合同，必须使其符合法律规范，只有这样，它才能既受到法律的约束，同时又得到法律的保护。国际货物买卖合同当事人的营业地处于不同的国家或地区，而不同国家或地区的法律和行政法规规定又不一致，一旦发生纠纷，究竟按照哪个国家的法律或行政法规来解决争议，这是一个值得研究的问题。在长期的国际贸易实践中，各国都对自己的货物买卖合同所适用的法律作出了具体的规定。

有关国际货物买卖合同的各国法律、国际公约和国际惯例很多，但最有影响力的有以下一些：

一、有关货物买卖的法律

1．大陆法系国家有关货物买卖的法律

（1）《法国民法典》经 3 卷第 6 编。

（2）《德国民法典》第 2 编第 7 章。

（3）《日本民法典》第 2 章第 3 节。

（4）《瑞士商务法典》。

2．英美法系国家有关货物买卖的法律

（1）英国 1973 年修订的《货物买卖法》。

（2）美国 1977 年修订的《统一商法典》。

3. 中国有关货物买卖的法律

中国于1999年通过的《中华人民共和国合同法》。

二、有关货物买卖的国际公约

（1）1964年《国际货物买卖统一法》。

（2）1964年《国际货物买卖合同成立统一法》。

（3）1980年《联合国国际货物销售合同公约》，简称《销售合同公约》。

三、有关货物买卖的国际惯例

（1）《1932年华沙—牛津规则》。

（2）《1941年美国对外贸易定义修订本》。

（3）《2000年国际贸易术语解释通则》。

（4）其他。

第三节 国际货物买卖合同的基本内容

国际货物买卖合同一般由三部分组成，即约首、正文、约尾。

一、约首

约首部分一般包括合同名称、合同编号、序言、双方当事人的名称和法定地址、电报挂号、电传号码等项内容。约首部分的内容要注意两点：①要列明双方当事人的全名称和详细地址，因为有些国家的法律规定这是合同正式成立的条件之一；②要明确订约地点。因为在合同中如果没有对合同适用的法律作出规定，则根据某些国家的法律规定和贸易习惯的解释，可适用于合同订立地国家的法律。

二、正文

正文是合同的主体，具体规定了买卖双方各自的权利和义务。可以把它划分为合同的主要条款和一般条款。

（一）合同的主要条款

1. 品名和品质条款

这是双方当事人对商品品名和商品质量、等级、规格、产地等作出的具体规定。卖方必须按合同规定的品名和品质交货，否则买方有权提出索赔，甚至拒收货物，撤销合同。

2. 数量条款

买卖双方交易时要订明交易的数量和计量单位。按重量计量的商品，还应该订明所使用的计量方法。有些商品由于自身的特点和受包装、运输条件限制等，有时会出现多装或少装现象。因此针对这类商品，应该规定交货数量的机动幅度，即“溢短装条款”。

3．包装条款

包装条款包括商品包装的方式、包装材料、费用负担和运输标志等内容。如果货物的包装和合同规定不符，买方有权提出索赔，甚至拒收货物。

4．价格条款

价格条款是确定买方支付货款的依据。一般包括单价和总值两部分内容。

单价由四个部分构成，即计量单位、计价货币、单位价格金额和贸易术语。在价格条款中特别要注意单价和总值使用的货币要一致。

5．装运条款

装运条款主要包括运输方式、装运时间、装运港、目的港、运输单据、装运通知等内容。

装运方式有水路运输、铁路运输、航空运输、邮政运输、联合运输、公路运输、管道运输等运输方式。选择好合理的运输方式，是安全、迅速、准确、节省地完成国际贸易货物运输任务的重要保证。装运时间应根据不同的商品、港口、舱位等因素来确定，要规定得明确、具体、适度，不宜过长，也不宜过短。装运港和目的港与价格有着密切关系，装运港一般情况下由卖方提出，目的港一般情况下由买方提出，然后再由双方洽商确定。运输单据具体反映同货物运输有关当事人的责任、权利和义务，是货物运输业务中最为重要的证件，也是出口结汇不可缺少的单据之一。装运通知是出口方在货物装船后向进口方发出的通知，其目的是买卖双方做好船货的衔接工作，并明确各自应负的责任。按照有关法律和国际惯例，如果出口方未发出或迟发装运通知，给买方造成的经济损失，应由卖方承担。

6．支付条款

支付条款是指货款及其从属费用如何计价、结算，以及在什么时间、地点，采取何种方式收付，这是买卖双方交易时讨论的问题焦点。在选择使用何种货币计价或支付时，首先要考虑的是货币是否为可自由兑换的货币，因为选用可自由兑换的货币便于调拨和运用，有助于转移汇价风险。一般情况下，出口方总是希望选用“硬币”，进口方选用“软币”，这是减少外汇风险的一种可行措施。

7．保险条款

保险条款的规定方法与合同所采用的价格条件有着直接的联系，它主要规定由谁负责投保和支付保险费，以及投保的险别和投保的金额等。被保险人向保险公司按一定金额投保一定的险别，缴纳一定金额的保险费后，如果被保险的货物发生承保范围内的损失，保险公司按规定应该承担这部分经济损失。

（二）合同的一般条款

1．检验条款

国际贸易中的商品检验是指商品检验机构对与买卖合同有关的商品的品质、重量、包装、标记、产地、残损等情况实施查验分析和公证鉴定，并出具相关的检验证明的行为。对商品实施检验，其目的在于通过有资格的非当事人出具证明，作为买卖双方交接货物、支付货款和处理索赔的依据。检验条款内容包括检验机构，检验权与复验权，检验和复验的时间、地点，检验标准，检验方法，检验证明等。

2. 索赔条款

在履行国际货物买卖合同过程中，交易双方往往因为彼此间的责任和权利问题而引起争议。无论是买方还是卖方，一旦违反了合同规定的义务，在法律上都构成违约行为，都应向遭受损害的一方承担赔偿责任。索赔条款的主要内容包括索赔期限和索赔依据。

3. 不可抗力条款

不可抗力条款是国际货物买卖合同中普遍采用的一项例外条款。它的内容主要有不可抗力事故的范围、不可抗力事故的后果、发生事故后通知对方的方式和出具事故证明的机构。买卖双方签订合同后，如果发生一些事先无法预见或无法预防的意外事故致使一方当事人不能履行或不能如期履行合同，该当事人可以根据不可抗力条款免除履行合同的责任或延期履行合同的责任。

4. 仲裁条款

在国际货物买卖合同中订立仲裁条款，目的是解决贸易中发生的争议。争议双方自愿把争议交给彼此都同意的第三者进行裁决。仲裁条款内容主要包括仲裁范围、仲裁地点、仲裁机构、仲裁程序、仲裁费用的负担以及仲裁裁决的法律效力。

三、约尾

约尾部分一般包括订约日期、订约地点、合同使用的文字及双方当事人的签字等项内容。有的合同还根据需要制作了附件在后面，作为合同不可分割的一部分。

长期的国际贸易实践证明，订立合同时一定要细密周详，认真慎重协商，这样，在履行合同时，就可以不走或少走弯路。如果不认真协商而仓促签约，或者合同订立得含糊，准备在履约时再作些微小的变动，就会留下很多隐患，其后果往往是难以挽回的。

本章小结

“国际贸易实务”是一门研究国际货物买卖的有关理论和实际业务的课程，也是一门具有涉外经济活动特点的实践性很强的综合性应用科学。国际货物买卖合同是指营业地处于不同国家的当事人所订立的货物买卖合同。国际货物买卖合同的形式包括书面形式、口头形式和其他形式，我国对外贸易业务主要采用书面形式的合同，签订书面合同具有重要的意义。书面形式合同的内容一般由三部分构成：约首、正文和约尾。其中正文是合同的主体部分。国际货物买卖合同具有国际性、复杂性和风险性等特点，其适用的法律包括国内法、国际条约和国际贸易惯例。

思考题

1. 国际货物买卖合同具有哪些特点？
2. 国际货物买卖合同有哪些形式？

3. 国际货物买卖合同主要包括哪些内容？
4. 书面合同的结构如何？
5. 我国对外贸易业务使用的买卖合同有哪些形式？

某一合同采用 CIF（成本加保险费加运费）贸易术语在美国订立，由美国商人出一批货物给中国香港某进口商，货运目的地是中国香港，但双方在合同执行过程中发生争议。那么此项合同纠纷适用哪个国家的法律？为什么？

资料来源：张孟才.国际贸易实务[M].北京：机械工业出版社，2012.

第二章

国际货物买卖合同的标的

单据名称与包装不符引起的争议

我国某公司出口苹果酒一批，国外来证货名为“APPLE WINE”，于是该公司为了单证一致，所有单据上均用“APPLE WINE”。不料货到国外后遭海关扣留并罚款，因该批酒的内外包装上均写的是“CIDER”字样。结果外商要求我方赔偿损失。请问：为什么进口国的海关要扣留并罚款？我方对此有无责任，为什么？

案例分析：海关罚款是因为单据上的名称与包装不符。对此，我方应负责赔偿，而作为出口公司理应知道所售货物的英文名称。如来证货名与实际不符，我方应及时要求对方改正。如只考虑单证相符而置货物上的名称不顾，势必给对方在进口报关时造成严重后果。

资料来源：陈启虎.国际贸易实务[M].北京：机械工业出版社，2012.

学习目标：

1. 掌握合同中关于品名、品质、数量及包装条款的基本内容。
2. 掌握合同中规定商品品名、品质、数量和包装条款的注意事项。
3. 掌握商品品质公差、数量机动幅度的运用。
4. 理解商品的运输包装、销售包装、中性包装以及定牌的具体做法。

主要名词或概念：

标的物、品名、品质、看货买卖、对等样品、品质公差、品质机动幅度、溢短装条款、以毛作净、公量、运输包装、销售包装、运输标志

在国际贸易中，进入贸易领域的货物种类繁多，即使是同一种商品，也可因品种、花色、质量、产地、外形等的不同而使价格不同，甚至影响到运输和用途。因此，明确规定标的物及其品质要求，是签订国际货物买卖合同时必须首先解决的问题。再者，合同的标的必须以一定的数量来表示，不同的数量是构成一项有效的买卖合同所不可缺少

的内容。此外，在国际贸易中，商品的包装也是一项不可忽视的重要问题。包装不仅是保护商品在流通过程中的品质完好和数量完整的重要条件，而且还会对货物的运输和销售产生影响。这些交易条件都直接关系当事人双方的权益，因此，均须在买卖合同中作出具体规定以明确责任。

第一节　商品的名称

一、列明商品品名的意义

国际贸易同国内零售贸易不同。在国际贸易中，除国际拍卖、国际展卖等看货成交、立即成交的贸易方式外，绝大多数的交易是远期合约交易。从签订合同到交付货物往往相隔一段较长的时间。而且，交易双方在洽商交易和签订买卖合同时，通常很少见到具体商品，一般只是凭借对拟行买卖的商品作必要的描述来确定交易的标准。因此，在国际货物买卖合同中，列明商品的名称，就成为必不可少的条件。

依照有关的法律和惯例，对交易标的物的描述，是商品说明的一个主要组成部分，是买卖双方交接货物的一项基本依据，它关系买卖双方的权利和义务。从业务上看，对标的物的描述是交易的物质基础与前提。只有在确定标的物的前提下，卖方才有可能凭此安排业务、加工或收购；买卖双方才有可能据此决定包装、运输方式和保险险别，并在此基础上就价格问题进行磋商。若卖方交付的货物不符合约定的品名或说明，买方有权提出赔偿要求，直至拒收货物或撤销合同。因此，列明合同标的物的具体名称，具有重要的法律和实践意义。

二、品名条款的内容

国际货物买卖合同中的品名条款没有统一划定的格式，可由交易双方酌情商定。

合同中的品名条款一般比较简单。有的合同在开头的显要位置专门标明是“某某商品买卖合同”；有的是在合同主要条款的“商品名称”或“品名”栏里载明买卖双方同意交易的商品的名称；有的合同将“商品名称及规格”写成一栏，如：含绒90%鸭鸭牌羽绒服；有的甚至将“商品名称、规格及包装”合在一个栏里，如：东北大豆，含水最高17%，含油最低45%，不完善粒最高3%，麻袋装。还有的只是在合同的序言部分用简要的文句说明双方同意交易的某种商品。

一项合同如果只涉及某一种商品的买卖，其产品名称栏里就只能写明该项商品的名称。但在许多情况下，买卖双方在洽谈合同时，可能同时就两种或两种以上的商品达成交易，这时，只要双方同意，也可以将有关产品的名称分列在同一栏里，并分别写明各自的数量、单价、总值等项。

三、规定品名条款时应注意的事项

国际货物买卖合同中的品名条款，是合同中的主要条件，在规定此项条款时，应注意下列事项。

1. 必须明确、具体

品名要能反映标的物的特点，切忌空泛、笼统。命名商品的方法多种多样，如有些商品以其主要用途命名，有些以其使用的主要原材料或主要成分命名，有些以其外观造型或制造工艺命名，有些结合人名或地名命名，等等。因此，在规定品名条款时，必须订明交易标的物的具体名称，从而确切地反映商品的用途、性能和特点，以便于合同的正确履行。如：品名为大豆，就不够具体，应标明是东北大豆，或其他产地的大豆。

2. 尽可能使用国际上通用的名称

有些商品的名称，有好几种叫法，而且各地叫法不一，为了避免误解，正确履行合同，应尽可能使用国际上通行的名称。如果使用地方性的名称，交易双方应事先就其含义达成共识。对于某些新商品的定名或译名，应力求准确、易懂，并符合国际上的习惯称呼。如：病毒唑是我们的习惯称呼，而国际通用名称为利巴韦林。

3. 恰当地选择商品名称有利于降低关税和运费

有些商品具有不同的名称，而同一种商品因名称不同，海关征收关税的标准也不一致；国际上的班轮运输收费，如果名称不同，其收费率可能也不一样。所以为了减低关税，方便进出口和节省运费开支，在确定合同的品名时，应当尽量选用对我方有利的名称。

另外值得注意的是，《国际贸易标准分类》（SITC）和《协调商品名称及编码制度》（简称《H.S 编码制度》）二者有所不同。目前世界各国的海关统计、普惠制待遇等都按H.S 编码制度进行。所以我国企业在进行国际贸易时，应采用与 H.S 编码制度规定的品名相适应的商品名称。

第二节　商品的品质

一、商品品质含义及对进出口商品品质的要求

1. 商品品质的含义

商品的品质又称商品的质量，是指商品的内在素质和外观形态的综合，是对某项商品的品质、规格、性能或其生产者、产地等的综合说明。一般说来，商品的内在素质表现为商品的化学成分、物理和机械性能、生物特性等。商品的外观形态则表现为商品的外形、结构、色泽、味觉等。在国际贸易中，往往是按照每种商品的不同特点，选择一定的质量指标来表示不同商品的品质，如机床选择性能、用途、功率、自动化程度等指标；煤炭选择灰分、含水、含硫、发热量、粒度等指标；服装选择面料和辅料、款式、颜色、工艺等指标；大豆选择含油量、含水量、杂质、不完善粒等指标。商品的品质优劣直接影响商品使用价值和价格，往往是买方最为关心的。

2. 对进出口商品品质的要求

商品品质问题具有十分重要的经济意义和政治意义。在出口中，改进和提高出口商品品质，不仅可以提高售价，扩大销售，为国家多换外汇，而且可以提高我国出口商品在国际上的信誉，反映我国改革开放的成就。在进口商品方面，使进口商品符合国内生

产和消费的需要，把好进口商品质量关，是保障消费者利益的重要问题。由于商品质量关系用户的切身利益，因此，在国际市场上，用户不仅要对商品品质进行评价，而且还要对生产企业质量体系进行评价，当今这已成为国际贸易中的通常做法。ISO 9000～ISO 9004系列标准是国际标准化组织为适应国际贸易发展需要而制定的品质管制和品质保证标准。它为国际市场商品的生产企业质量体系评定提供了统一的标准，具有国际通行证的作用。

（1）在出口方面。

① 针对不同市场和不同消费者的需求来确定出口商品质量。由于世界各国经济发展不平衡，各国生产技术水平、生活习惯、消费结构、购买力和各民族的爱好互有差异，因此，我们要从国外市场的实际需要出发，搞好产销结合，使出口商品的品质、规格、花色、式样等适应有关市场的消费水平和消费习惯。

② 不断更新换代和精益求精。凡质量不稳定或质量不过关的商品，不宜轻易出口，以免败坏名誉。即使质量较好的商品，也不能满足现状，要本着精益求精的精神不断改进，提高出口商品品质，加速更新换代以赶上和影响世界的消费潮流，增强商品在国际市场上的竞争能力。

③ 适应进口国的有关法令规定和要求。世界各国对进口商品的质量，有具体的规定与要求，凡不符合法令规定和要求的商品，都不准进口，有的甚至要就地销毁，并由卖方承担由此引起的各种费用。因此，要使我国出口商品能够顺利进入国际市场，就必须充分了解各国对进口商品的法令规定和管理制度。

④ 适应国外的销售季节、销售方式和自然条件。由于季节销售方式和自然条件的不同，国外市场对某些商品的品种或品质的规定往往也会有不同的要求。同时，在运输、装卸和存储的流转过程中，气候的变化也会引起某些商品的物理和化学的变化或反应。因此，注意自然条件、季节变化和销售方式的差异，掌握商品在流转过程中的变化规律，使我国出口商品质量适应这些方面的不同要求，也是我们扩大出口的重要条件之一。

（2）在进口方面。进口商品质量优劣，直接关系国内用户和消费者的切身利益，凡品质、规格不符合要求的商品，不应进口，国内生产建设、科学研究和人民生活急需的商品，进口时要货比三家，切实把好质量关使其品质、规格不低于国内的实际需要，以免影响国家的生产建设和人民的消费与使用。

二、表示商品品质的方法

在国际贸易中，由于交易的商品种类繁多，特点各异，因此表示商品品质的方法也有多种，归纳起来，主要可以分为两大类。

（一）以实物表示商品的品质

以实物表示商品的品质是指以作为交易对象的商品的实际品质或以代表商品的样品来表示商品的品质。前者为看货买卖，后者为凭样品买卖。

1. 看货买卖

看货买卖即根据交易商品的实际品质买卖。采取这种成交方法，交易往往在卖方所在地进行。由买方或其代理人看货，只要他认为商品的品质符合购买意图，就可以凭看货成交。如果卖方所交付的是所验看的商品，买方就不得对品质提出异议。在国际贸易中，由于交易双方一般相距较远，买方到卖方所在地看货有诸多不便，即使到现场看货，也难以逐件查验，因此在实际交易中采用看货成交方式有限，一般多限于寄售、拍卖和展卖业务。

2. 凭样品买卖

样品通常是指从一批商品中抽取出来，或由生产、使用部门设计、加工出来，足以反映和代表整批商品品质的少量实物。凡是以样品来表示商品品质并以此作为交货依据的，称为凭样品买卖。凭样品成交有以下两个基本要求：

（1）样品是作为交货品质的唯一依据。

（2）卖方所交货物必须与样品一致。

在国际贸易中，按照样品提供者的不同，凭样品买卖又分为下列几种情况：

（1）凭卖方样品。凡凭卖方样品作为交货的品质依据者，称为凭卖方样品买卖。在此情况下，在合同中应订明"品质以卖方样品为准"。日后，卖方所交整批货物的品质，必须与样品相同。样品一般为两份，一份交买方，另一份由卖方自己留底，叫复样。根据需要样品一式三份时，另一份交给我国商检部门，以作为出口报验或日后处理纠纷的依据。

（2）凭买方样品，又称"来样成交"。买方为了使其订购的商品符合自身要求，提供样品交由卖方依样承制，如卖方同意按买方提供的样品成交，称为"凭买方样品买卖"。在这种情况下，在合同中应订明"品质以买方样品为准"。日后卖方交货，必须与买方样品相符。凭买方样品加工，要注意：来样不能是反动的、丑恶的，例如宣传日本军国主义或日本战犯、希特勒、纳粹等；要考虑卖方的原料、出口条件、加工能力等，能否达到要求。

（3）凭对等样品。在国际贸易中，谨慎的卖方往往不愿意承接凭买方样品交货的交易，以免因交货品质与买方样品不符而导致索赔或退货。在此情况下，卖方可以根据买方提供的样品，加工复制出一个类似的产品交买方确认。这种经确认后的样品，称为"对等样品"或"回样"，如果买方确认了"回样"，交易的性质就由凭买方样品买卖变成凭卖方样品买卖，使卖方处于比较有利的地位。

在国际贸易中，买卖双方为了发展贸易关系，往往采用互相寄送样品的做法，这种仅以介绍商品为目的的样品，最好标明"仅供参考"字样，以免与标准样品混淆。在寄送"参考样品"的情况下，如合同未订明交货品质以该样品为准，而是规定了其他方法来表示品质，这就不是凭样品买卖。凭样品买卖，容易在交货品质问题上发生争议，一般很少使用。我国出口商品采用凭样品成交，一般多为难以用科学方法表示品质的工艺品、服装和一部分轻工产品等。

在我国出口贸易中使用凭样品买卖时，应注意以下几点：

（1）对外寄送的样品必须具有代表性。应在大批货物中选择中等的实物作为样品，避免由于样品与日后所交货物品质不一致，引起纠纷，造成经济损失。

（2）对外寄送样品应留有复样，以备交货或处理纠纷之用。

（3）应尽量争取把“凭买方样品买卖”变为“对等样品”方式成交，使我方处于有利地位。

（4）由于凭样品买卖多属品质难以规格化、标准化的商品，要求交货品质与样品完全相符，有时很难办到。因此，在签订出口合同时，应规定“交货品质与样品大体相符”，以防被动。

（5）应该了解和掌握有关法律对凭样品买卖的具体规定。《公约》第35条规定：“货物的质量与卖方向买方提供的货物样品或样式相同。”英国《1893年货物买卖法案》对凭样品买卖做出了如下规定：

① 在一项买卖合同中，如有条款明示或默示地说明是凭样品买卖时，该合同即为凭样品买卖合同。

② 在凭样品买卖合同中，应包括以下默示条件：卖方所交货物的品质应与样品相符；买方应有合理的机会去对货物和样品进行比较；所交货物不应存在合理检查样品时不易发现的有导致不合商销的瑕疵。我国《合同法》第168条也规定：“出卖人交付的标的物应当与样品及其说明质量相同”。

（二）以说明表示商品品质

凡以文字、图表、图片等方式来说明商品的品质者，均属凭说明表示商品品质的范畴，具体可分为以下几种：

1. 凭规格买卖

商品规格是指用来反映商品品质的一些主要指标，例如化学成分、含量、纯度、性能、长短、粗细等。买卖双方在洽谈交易时，可以通过提供具体规格来说明一种商品的基本品质状况。在国际贸易中，用来说明商品品质的指标因商品不同而不同，即使是同一种商品，由于用途不同，对规格的要求也会有差异。如作榨油用的大豆就要求列明含油量，而用于食用时，则不一定列出含油量，而可能把蛋白质的含量作为重要指标。

由于用规格表示商品品质的方法比较科学，具有简单易行、明确具体，可以根据每批成交货物的具体情况作出灵活调整的特点，所以在国际贸易中应用较广。

2. 凭等级买卖

商品的等级是指同一类商品，按其规格的不同，分为品质优劣不同的若干等级。通常用大、中、小；重、中、轻；甲、乙、丙；A、B、C；1、2、3等文字、数码或符号来表示。例如我国出口的冻带骨兔肉规格：新鲜、去皮、去头、去爪及去内脏；带或不带腰和肝，冷冻适宜，分为特级（每只净重不低于1 500克），大级（每只净重不低于1 000克），中级（每只净重不低于600克），小级（每只净重不低于400克）。

凭等级买卖时，由于不同等级的商品具有不同的规格，而每一等级的规格一般说来又是固定不变的，因此，如果对方已经熟悉每个级别的具体规格，则可在品质条款中，只列明等级，不必再规定其他具体规格。商品的等级一般是出口商或制造商根据其长期生产经验和了解该项商品，在掌握其品质规律基础上制定出来的。它有助于满足各种不同的消费需求，简化交易手续，做到按质论价，同时又有助于安排生产和加工整理工作的进行。但这种由个别厂商制定的等级并没有约束力，买卖双方在订约时完全可以根据自己的意愿予以调整或改变。

3. 凭标准买卖

商品的标准是指将商品的规格、等级及其检验方法统一化。目前世界各国政府或工商团体已就许多商品制定和公布了统一的等级及具体的规格要求和检验方法，在一定范围内（如一个国家、一个部门或一个行业）实施，作为评定同一产品品质的依据。根据标准适用领域和范围可分为国家标准、部颁标准和企业标准。

从法律上看，目前世界上的各种标准有一些是有约束性的，凡品质不符合标准要求的商品不得进口或出口。但有不少标准则没有法律上的效力，仅供买卖双方参考使用，双方可另行规定品质的具体要求。不过，在国际贸易中，对一些已经被广泛接受的标准，一般倾向于按该项标准进行交易，不另定标准。

在国际贸易中，凡我国无规定标准的商品，为了便于生产和组织货源，通常采用我国有关部门规定的标准成交，但为了增加出口和扩大销路，应根据需要与可能采用国际上通行的标准。在进口方面也可根据我国具体国情及经济利益，考虑按国外标准订货。

商品品质标准是随着生产和技术的变化而不断修订的。同一商品，可能有不同年份的版本，版本不同，其内容也有差异。因此在引用标准时必须列明所采用的标准的年份和版本，如凭药典确定品质时应明确是以哪国药典为标准，并注明该药典的出版年份。

在国际贸易中，对某些品质变化较大，而难以规定统一标准的农副产品有时还采用“良好平均品质”和“上好可销品质”来说明。

“良好平均品质”一般是指中等货，但其具体定义在国际上并不统一，大体有以下两种解释：

（1）指农副产品每个生产年度的中等货。采用这种解释时，一般是由生产国在农产品收货后，经广泛抽样，制定出该年度的“良好平均品质”的标准和样品并予以公布，作为该年度的“F.A.Q”的标准。

（2）指某一季度或某一装船月份在装运地装运出口的同一种商品的“平均品质”。它一般是从各批装运出口的货物中抽样，取其中者作为“良好平均品质”的标准，它可由买卖双方联合抽样，或共同委托检验人员抽样，送交指定的机构检验决定。

我国出口的农副产品中也有用 F.A.Q.表示商品品质的。但我们所说的“F.A.Q.”一般是指“大路货”，是和“精选货”相对而言的。而且在合同中除了标明大路货以外，还订有具体规格。例如“中国桐油，大路货，游离脂肪酸最高 4%”。

“上好可销品质”一般指卖方所交货物应为“品质上好，合乎商销”。这种“标准”的含义就更加含糊不清，一般不宜采用，但有时国外开来的信用证上有“良好的”“可销品质”等品质附加条款，我们对该种货物经检验符合合同规定时，也往往在商检部门证书上加注“良好的”“可销品质”字样。

4. 凭说明书买卖

在国际贸易中，有些商品，如机械、电器、仪器、仪表及成套设备等技术密集型产品，由于其机构和性能复杂，对材料和设计要求严格，安装、使用、维修都有一定操作规程，很难用几项简单的指标来表明其品质全貌，而且有些产品，即使名称相同，但由于其所使用的材料、设计和制造技术的某些差别，也可能导致功能上的差异。因此，对这类商品，一般以说明书并附有图样、照片、设计图或分析表及各种数据来详细说明其结构和性能等。按这种方式进行的交易称为凭说明书买卖。

有些凭说明书买卖的机电仪器等产品，在合同中除订有品质检验条款外，还订有品质保障条款和技术服务条款，规定卖方在一定期限内保证其所出售的商品质量符合说明书上所规定的各项指标，如在保证期限内发现品质低于说明书规定的指标，或部件的工艺质量不良，或因材质内部有隐患而产生缺陷，卖方有义务消除缺陷或更换有关零部件，并承担由此而引起的各项费用，否则，买方有权提出索赔或退货。

5. 凭商标或牌号买卖

商标是生产者和商号用来识别它所生产或售出的商品的标志。它可以由一个或几个具有特色的字母、数字、单词、图形和图片等组成。牌号是工商企业给其所制造和销售的产品所起的名称，以便与其他企业的同类产品区别开来。如柯达胶卷、解放牌汽车、大庆石油等，一个牌号可用于一种产品，也可用于一个企业的所有产品。

当前，国际市场上行销的许多商品，尤其是日用消费品、加工食品、耐用消费品等都有一定的商标或牌号。各种不同商标或牌号的商品具有不同特色，一些在国际上久负盛名的名牌产品，因其品质优良稳定，具有一定的特色且能显示消费者的社会地位，其售价远远高出其他同类产品。因此，商标或牌号本身实际上是一种品质象征。人们在交易中就可以只凭商标或牌号进行买卖，而勿需对品质提出详细的要求。但若一种商标或牌号的商品同时有许多种型号或规格，为明确起见，应在规定商标或牌号的同时，明确型号或规格。

凭商标或牌号买卖，一般只适用于品质稳定并树立了良好信誉的商品。质量不稳定的商品不宜采用此法成交。此外，应指出，如我方接受国外客户订货并按规定印刷其提供的牌号，应注意其牌号是否合法，以免运往国外触犯进口国家的商标法而引起纠纷。

6. 凭产地名称买卖

在农副产品的交易中，有些产品因生长地区的自然条件、传统加工工艺等因素的影响，在品质方面具有其他产区所不具有的风格和特色，对这部分产品，一般可用产地名称来表示商品的品质，如四川榨菜、天津红小豆等。

上述各种表示商品品质的方法，可根据商品的特点和市场交易习惯，单独选用其中一种，也可以两种或几种方法结合使用。但应注意，在两种或几种方法同时使用时，必须明确规定以何者为准。例如，以规格为准时，样品就应注明“样品仅供参考”。因为根据某些国家的法律解释，两种方法都要符合要求，否则，买方有权要求拒收货物，以至撤销合同。

三、合同中的品质条款

（一）品质条款的基本内容

品质条款是合同中的一项主要条款，它是买卖双方对商品质量、规格、等级、标准、商标、牌号等的具体规定。卖方以约定品质交货，否则买方有权提出索赔或拒收货物，以至撤销合同。合同中的品质条款也是商检机构进行品质检验、仲裁机构进行仲裁和法院解决品质纠纷案件的依据。因此，规定好品质条款，有着很重要的意义。

品质条款的基本内容包括商品的品质、规格、等级、标准和商标、牌号等。在凭样品买卖时，应列明样品的编号和寄送日期，有时还加列交货品质与样品一致或相符或完全相符的说明。在凭标准买卖时，一般应列明所采用的标准及标准版本的年份。

（二）规定品质条款时应注意的事项

品质条款的内容及繁简，应视商品特性而定，规定品质条款，需要注意下列事项：

1. 对某些商品可规定一定的品质机动幅度

在国际贸易中，为了避免因交货品质与买卖合同稍有不符而造成违约，保证合同的顺利履行，可以在合同品质条款中作出某些变通规定，常见的有下列一些变通规定办法。

（1）品质机动幅度。品质机动幅度是指卖方所交商品品质指标在一定幅度内可以机动。在品质机动幅度范围内一般不另行增减价格，主要适用于初级产品。品质机动幅度主要有以下几种：

① 规定一定的范围。如：色织条格布，阔度为104cm/107cm。

② 规定一定的极限。如：芝麻含油量最低 42%。又如：鱼粉，蛋白质 55%以上；脂肪最高 9%；水分最高 11%；盐分最高 4%；砂分最高 4%。

③ 规定上下差异。如：鸭毛含绒量 18%，允许上下 1%。

为了体现按质论价，在使用品质机动幅度时，有些货物，也可根据交货情况调整价格，在合同中列明品质增减价条款。所谓品质增减价条款，是在品质机动幅度与品质公差条款中加进价格调整条款。如：含胡萝卜素 10%，如含胡萝卜素含量有上下，按合同价 1 对 1 计价。即实际含量高或低 1%，价格相应增减 1%。

（2）品质公差。公差是指国际上公认的产品品质的误差。凡在品质公差范围内的货物，买方不得拒收或要求调整价格，品质公差用于工业制成品的交易中。

2. 正确运用各种表示品质的方法

品质条款的内容，必须涉及表示品质的方法，采用何种表示品质的方法，应视商品特点而定。一般来讲，凡能用科学的指标说明商品的品质，则适于凭规格、等级或标准买卖；有些难以规格化和标准化的商品，如工艺品，则适于凭样品买卖；某些性能复杂的机器、电器和仪表则适于凭说明书和图样买卖；凡具有地方味和特色的产品，则可凭产地名称买卖。上述这些表示品质的方法，不能随意滥用，而应当合理选择。

3. 品质条件要有科学性和合理性

要从产销实际出发，防止品质条件规定偏高或偏低。要合理规定影响品质的各项重要指标，对于一些与品质无关紧要的条件，不宜订入品质条件内。合同应明确具体，不宜采用诸如“大约”“左右”“合理误差”之类的笼统含糊字眼，以避免在交货的品质上引起争议。

第三节　商品的数量

在国际贸易中，每笔交易都离不开一定的数量。按照一些国家的法律规定，商品的数量也是交易的重要条件和合同的主要条款，买卖双方必须以数量条款所约定的数量作为交接货物的依据。商品的数量是指以一定的度量衡单位表示的商品的重量、数量、长度、面积、体积、容积等。商品不仅表现为一定的质，同时也表现为一定的量。数量的多少既关系一笔交易规模的大小，也会影响到消费者的使用和市场的变化。在我国的进出口业务中，正确掌握进出口商品的数量，不仅关系到对外贸易任务的完成，而且关系到对外政策和经营意图的贯彻。同时，在具体的交易中，数量的掌握还是一种斗争的手段，利用得当，可以促成交易的完成，有利于正确掌握价格和进行价格竞争。

按照有关国家的法律规定，卖方所交货物的数量如果少于合同规定的数量，买方有权拒收货物和要求赔偿损失；如果多于合同规定的数量，买方可以拒收超过部分、全部拒收或接受全部货物。按照《公约》第52条第2款规定，卖方交付的货物必须与合同规定的数量相符。如果卖方交付的货物数量大于合同规定的数量，买方可以收取，也可以拒绝收取多交部分货物。如果买方收取多交部分货物的全部或一部分，它必须按照合同价格付款。如果卖方交付货物少于合同规定，买方可允许卖方在规定的交货期届满之前补交，但不得使买方遭受不合理的不便或承担不合理的开支。英国《1893年货物买卖法》第30条和美国《统一商法典》第2-601条中规定，出口方不论多交或少交，均可构成买方拒收行为，并向出口方追究其不履约的责任。因此，我们必须正确掌握成交的数量，并严格按约定数量交货，以免引起争议或遭受损失。

一、商品数量的计量单位和重量的计算方法

1. 商品数量的计量单位

单位是数量的基础，买卖东西都得说出计量单位，以便确定数量，确定价格。例如，我们去商店买东西，不能只说“老板，我买‘一　’”。“一　”是什么？是一斤，还是一尺？国际贸易也是如此。在国际贸易中，在约定买卖商品数量时，必须明确计量单位。由于商品的性质不同及各国采用的度量衡制度不同，再加上各地市场的传统习惯差别，采用的计量单位和计量方法也不相同，通常采用的计量单位有以下6种：

（1）重量（weight）。如吨（有公吨 metricton、长吨 longton、短吨 shortton）、千克（kilogram）、磅（pound）、盎司（ounce）等，重量单位多用于矿产品、大宗农副产品以及一部分工业制成品。

（2）数量（number）。如件（piece）、双（pair）、套（set）、打（dozen）、罗(gross)等，数量单位多用于一般杂货及工业制品。

（3）长度（length）。如米（meter）、英尺（foot）、码（yard）等。长度单位多应用于金属绳索、布匹、绸缎等类商品。

（4）面积（area）。如平方米（square meter）、平方英尺（square foot）等。面积单位多用于玻璃、地毯、皮革等。

（5）体积（volume）。如立方米（cubicmeter，也叫立方公尺）、立方英尺（cubicfoot）、立方码（cubicyand），体积单位多应用于木材、天然气、化学气体等。

（6）容积（capacity）。如公升（litre）、加仑（gallon）、蒲式耳（bushel）等。容积单位多应用于小麦、谷物、大部分液体商品。

由于各国采用的度量衡制度不同，同一计量单位所代表的数量也各不相同。目前国际上常用的度量衡制度有公制、英制、美制，以及国际标准组织在公制基础上颁布的国际单位制，这是在1960年国际计量大会上通过的。根据《中华人民共和国计量法》规定："国家采用国际单位制。国际单位制和国家选定的其他计量单位，为国家法定计量单位。"我国出口商品，除非照顾对方国家贸易习惯而采用公制、英制或美制计量单位外，一般应使用我国法定计量单位。我国进口的机器设备和仪器等，应要求使用法定计量单位，否则，一般不许进口。如确有特殊需要，也必须经有关标准计量管理部门批准。

2. 重量的计算方法

在国际贸易中，绝大多数商品是按重量计量的，其计算方法也各有不同，主要有以下几种：

（1）毛重。毛重指商品本身的重量加上包装材料的重量。这种计量方法一般适用于价值较低的商品。

（2）净重。净重是指商品的实际重量，既不包括皮重。在国际贸易中，以重量计量的商品，大部分都是按净重计价的。按照《联合国国际货物销售合同公约》第56条的规定，在国际货物买卖合同中，如果货物是按重量计量或计价，而未明确规定采用何种方法计算重量和价格时，根据惯例，应按净重计量。但是，有些价值较低的农产品和其他商品，有时也可采用"以毛作净"的办法计重。例如，蚕豆100公吨，单层麻袋包装，以毛作净。要是人参、鹿茸、黄金这类贵重的东西，木箱装，以毛作净，进口方就不干了，也没有这样做的。所谓"以毛作净"实际上就是以毛重当作净重计价。采用净重计重时，对于如何计算皮重，即包装物重量，国际上有以下四种方法：

① 实际皮重。实际皮重是指包装物的实际重量，即将整批货物的包装逐一衡量后所得的总和。例如木箱装，由于箱板薄厚不一，将直接影响每件皮重，逐一过磅虽然准确但费时费力。

② 平均皮重。如果商品所使用的包装规格比较统一，重量相差无几，就可以从整批货物中抽取一定的件数称出其皮重，然后求其平均皮重，再乘以总件数，即可求得整批货物的皮重。近年来，由于技术的发展和包装用料及规格的标准化，用平均体重计算净重的做法已日益普遍，有人把它称作标准皮重。

③ 习惯皮重。一些商品，由于其使用的包装材料和规格已比较定型，其皮重已为市场所公认。因此，在计算其皮重时，就无须对包装逐一过秤，按习惯上公认的皮重乘以总件数即可。如麻袋重两磅半，出入很少，双方明确皮重按两磅半计算，并在合同中具体规定。

④ 约定皮重。买卖双方以事先约定的包装重量为准，不必过秤。在国际贸易中，净重有时还包括销售包装的重量，如水果糖常常包括糖纸的重量。

有些贵重金属、化工原料等，往往以"纯净重"计算重量。所谓纯净重是指商品本身的重量，不包括任何包装物的重量。国际上有许多计算皮重的方法，究竟采用哪一种计算方法来求得净重，应根据商品的性质、包装的特点和交易习惯等，由双方当事人事先约定并列入合同，以免事后出现争议。

（3）公量。有些商品，如棉花、羊毛、生丝等有比较强的吸湿性，所含水分受客观环境的影响较大，其重量也就很不稳定。因此，国际上有用科学方法除去货物中所含的实际水分后的干净重，再加上标准水分求得货物重量的做法，用这种方法求得的重量称为公量。

（4）理论重量。对于某些有固定和统一规格的商品，如马口铁、钢板等，有统一形状和尺寸，只要规格一致，尺寸符合，根据其件数即可推算出总重量此重量即为理论重量。

（5）法定重量和实物净重。按照一些国家海关法的规定，在征收从量税时，商品的重量是以法定重量计算的，所谓法定重量是商品加上直接接触商品的包装物料，如销售包装等的重量，而除这部分重量所表示出来的纯商品的重量，则称为实物净重。

二、合同中的数量条款

（一）数量条款的基本内容

合同中数量条款的基本内容包括规定交货的数量和使用的计量单位。按重量计算的货物，要规定计算重量的方法，如毛重、净重、公量等。数量条款是合同的主要条款之一。卖方承担按合同规定的数量交货的义务，但在实际履约过程中，由于商品的特性，或因自然条件的影响，或受包装和运输条件的限制，卖方要做到严格按合同规定的数量交货是有一定困难的。因此，为了避免因实际交货不足或超过合同规定的数量等而发生争议，对于一些数量难以严格限定的商品，如大宗农副产品、矿产品以及某些工业制成品，买卖双方应事先约定，并在合同中订立交货数量的机动幅度。一般有两种规定方法：

1. 在合同中订有“溢短装条款”

在合同中规定卖方交货的数量可按照一定的机动幅度比合同规定的数量多交或少交若干（百分之几），这种规定通常称为“溢短装条款”或数量增减条款。按照国际商会《跟单信用证统一惯例》（第 500 号出版物，又叫 UCP500）的规定，货物数量的伸缩浮动为 5%，但货物的数量按包装单位或个数记数时，此项伸缩则不适用。正如《跟单信用证统一惯例》（第 500 号出版物）第 39 条 B 款规定：“当信用证规定数量以包装单位或个数计数时，此项增减幅度则不适用。”如出口自行车就没有必要规定溢短装条款。

溢短装条款一般由卖方决定，如在合同中规定“中国黄大豆 10 000 公吨，允许溢短装 500 公吨”或者“中国黄大豆 10 000 公吨，可增减 5%”，这样就非常明确了。也有时溢短装由买方决定，这多为买方派船。当交易数量大，价格又经常变化时，为防止卖方或买方利用溢短装条款，故意多装或少装，规定溢短装只是为了适应船舶等运输工具的需要。这是因为交货量的多少与承载货物的船舶舱容量关系非常密切，在租用船只时，就得跟船方商定。所以在这种情况下，交货的机动幅度一般由负责安排船只的一方选择，或干脆由船厂根据舱容和装载情况作出选择。

对溢短装部分货物的计价方法有两种：一种按合同价格计算，这是比较常见的做法；另一种是按装船时市场价格计算。采用后一种办法，主要是为了防止在市价波动时，享有溢短装选择权的一方故意多装或少装。

2. 约量

在合同交货数量前加上“约”“大约”“左右”“近似”等有伸缩性字眼，来说明合同交货数量只是一个约量，从而使卖方交货的数量可以有一定范围的灵活性。但是应该注意的是，目前在国际贸易中，对于“约”“大约”“左右”“近似”尚无统一的解释。有的解释为 2%，有的解释为 5%，国际商会《跟单信用证统一惯例》（第 500 号出版物）第 39 条规定，凡“约”“大约”视为不超过 10%的增减幅度。不同行业、不同国家可能有不同的理解，履行起来极易引起纠纷，所以在我国很少采用。如果采用必须有买卖双方就这样的约量作出必要的约定，即在合同中明确规定溢短装的百分比。

（二）规定数量条款时应注意的事项

1. 正确掌握成交货物的数量

对于出口商品数量的掌握，应考虑以下四点：

（1）国外市场的供求情况。要正确运用市场供求变化规律，按照国外市场实际需要合理确定成交量，以保证我国出口商品卖得适当的价钱，对于我主销市场和常年稳定供货的地区与客商，应经常保持一定的成交量，防止因成交量过小，或供应不及时，使国外竞争者乘虚而入，我们失去原来的市场和客户。

（2）国内货源情况。在有生产能力和货源充足的情况下，可适当扩大成交量。反之，则不应盲目成交，以免给生产企业和履行合同带来困难。

（3）国际市场的价格动态。当价格看跌时，应多成交，快脱手；价格看涨时，不宜急于大量成交，应争取在有利时机出售。

（4）国外客户的资信状况和经营能力。对资信情况不了解和资信欠佳客户，不宜轻易签订成交数量较大的合同，对小客户也要适当控制成交数量，而大客户成交数量过小，将缺少吸引力。总之要根据客户的具体情况确定适当的成交数量。

对进口商品数量掌握也要考虑以下三个因素：

（1）国内的实际需要。应根据实际需要确定成交量，以免盲目成交。

（2）国内的支付能力。当外汇充裕而国内又有需要时，可适当扩大进口商品数量。如外汇短缺，应控制进口，以免浪费外汇和出现不合理的贸易逆差。

（3）市场行情的变化。当行情对我有利时，可适当扩大成交数量；反之，应适当控制成交数量。

2. 数量条款的各项内容应订得明确具体

在数量条款中，对计量单位的规定，以“吨”计量时，要订明是长吨、短吨还是公吨；以罗为单位时，要注明每“罗”的打数，力求避免使用含糊不清和笼统的字句而引起争议。对于“溢短装”和“约”量必须在合同中订明增减和伸缩幅度的具体百分比。

第四节　商品的包装

一、商品的包装

在国际贸易中，大多数商品都需要有一定的包装。商品的包装是生产的延续，绝大多数商品只有加以必要的包装，才算完成商品的生产，才能进入流通领域和销售，实现商品的价值和使用价值。有些商品甚至离不开包装，商品和包装已经成为不可分割的统一体。例如胶卷、水果糖、香烟等，液体商品和流汁食品必须盛入容器。例如罐头食品必须用容器包装；有些超市卖的牛奶，装入容器可以直接饮用，不用加热。

商品的包装是确保商品在流通领域中品质良好和数量完整的重要措施。由于国际贸易的商品一般都要经过长途辗转运输，有时还要多次装卸和存储，故其包装比内销商品更为重要。在当今国际市场竞争日趋激烈的情况下，包装的作用已不仅是保护商品的质量和数量，而且发展成对外加强竞争、占有市场的一种手段。良好的包装不仅有利于商品储存、搬运、装卸、分配、计数和防止偷窃，而且有利于消费者挑选、携带和使用。包装好往往能卖出好价，特别是超市这种无人售货方式就更加突出包装本身的宣传作用。因为顾客要在短短的时间内，在超市陈列的几千种新老产品中，挑选适合自己需要的商品，只能借助商品包装装潢的吸引力，可见好的包装是节约仓容和运费、减少货损、美化商品、吸引顾客、扩大销售、提高货价、增加外汇收入的重要手段。它从一个侧面反映和体现一个国家的生产、科技和文化艺术的发展水平。

此外，在国际货物买卖中，包装条件还是买卖合同中的一项主要条件。按照某些国家的法律规定，如卖方交付的货物未按规定的条件包装，或者货物的包装与行业的习惯不符，买方有权拒收货物。《联合国国际货物销售合同公约》第 35 条规定：卖方交付的货物必须与合同规定的数量质量和其规格相符，并须按照合同所规定的方式装箱或包装，否则即与合同不符。我国《合同法》第 156 条也规定：“出卖人应当按照约定的包装方式交付标的物。”如果货物虽然按照约定方式包装，但却与其他货物混杂在一起，买方可拒收违反规定包装的那部分货物甚至可以拒收整批货物。

鉴于商品包装的重要性，我们必须根据出口商品的特点和国际市场的需要，不断研究和改进包装材料和包装方式，设计和创新包装款式和包装装潢，使之达到科学、经济、牢固、美观、适销、多创外汇的要求。

二、商品包装的种类

国际贸易商品品种繁多，性质、形状、特点各异，从是否需要包装来看可分为三类：散装货物、裸装货物和包装货物。散装货物是指未加任何包装，直接交付运输以至销售的货物。这种方式通常用于不需要包装既可直接进入流通领域，或不容易包装或不值得包装的货物。例如煤炭、矿砂、粮食、石油等类货物。散装货物可用专门设计的运输工具和装卸设备进行装运和装卸。采用散装方式运输，可节省运费、加快装卸速度，从而降低成本。但散装货物需要运输工具、港口、装卸设备和仓库，如不具备上述条件，则易引起货损、货差。裸装货物是指将货物稍加捆扎或以自身进行捆扎。这种方式适用于一些品质稳定、不易受外界影响、形态上自然成件、难于包装或不需要包装的货物，如钢材、木材、橡胶、车辆等。包装货物是指按一定的技术方法，采用一定的包装容器、材料及辅助物包裹的货物。包装货物根据包装程度的不同，分为全部包装和局部包装两种。前者是指采用一定的包装材料和包装方法对商品进行全面的包装，后者是指仅对商品需要保护的部位进行包装。绝大部分商品都是采用全部包装。

包装方式并不是一成不变的。同一种商品，既可以用散装，也可以用包装，两者并用也可以。例如粮食有时用袋装，有时采用散装的同时又要求部分袋装，作为隔舱和压舱之用。随着运输工具和包装方式的改革，对包装的要求也在不断发生变化。例如集装箱运输的发展，已使许多商品的传统包装方式发生了很大变化。商品的包装按其在流通过程中所起的作用不同，可分为下述两种类型。

（一）运输包装

运输包装习惯上称为大包装和外包装，其主要作用在于保护商品，防止在储运过程中发生货损货差。科学合理的包装能最有效地保护商品，最大限度地避免运输中各种外界条件（气候、装卸作业等）对商品可能产生的影响，方便检验、计数和符合经济原则，有利于节省舱容、运费和包装费用。

为了适应商品的运输、装卸过程中的不同要求，运输包装又分为单件运输包装和集合运输包装两种。

1. 单件运输包装

单件运输包装是指货物在运输过程中作为一个计件单位的包装，单件运输包装从不同角度分类，可以分为以下几种：

（1）按包装造型不同分为：箱、桶、袋、包、捆等。

（2）按包装用料不同分为：箱有纸箱、木箱等；桶有铁桶、木桶、塑料桶等；袋有纸袋、麻袋、塑料袋等。

由于单件包装的造型、容量和使用材料的不同，其要求应由买卖双方商定，并在合同中订明。

2. 集合运输包装

集合运输包装又称成组化运输包装，是指在单件运输包装的基础上，为了适应运输、装卸工作现代化的要求，将若干个单件运输包装组成一件大的包装或装入一个大的包装容器内。它对于提高装卸效率、保护商品和节省费用都有积极作用。目前，集合运输包装有集装箱、托盘和集装袋、集装包等。

（1）集装箱又称货箱、货柜，是一种运输货物的容器，它既是货物的运输包装又是运输工具的组成部分，一般由铁路和轮船公司提供周转使用。目前国际上通用的集装箱规格很多，但最通用的是8英尺×8英尺×20英尺和8英尺×8英尺×40英尺两种。20英尺集装箱的载货量，最多可达18公吨，其容量为31～35立方米。一般计算集装箱的流量时（包括货运量、吞吐量），通常以20英尺集装箱为一个标准单位，通称“TEU”。

集装箱的种类很多，按其使用的目的分类，有：

① 干货集装箱，适用于装载一般杂货的标准集装箱；

② 冷冻集装箱，箱内装有冷冻设备，温度可降至－25℃～－18℃，适于运送易变质商品；

③ 隔热集装箱，这是一种防止箱内温度上升，保持货物鲜度，主要用于载运水果、蔬菜等类货物的集装箱；

④ 通风集装箱，这是一种为装运不需要冷冻，且具有呼吸作用的水果、蔬菜等类货物，而在端壁上开有通风口的集装箱；

⑤ 菜货集装箱，适用于装载大豆、大米、面粉、饲料以及水泥、化学制品等散装粉粒状货物；

⑥ 框架集装箱，这种集装箱没有箱顶和两侧，可从箱侧面装载起重货物；

⑦ 开顶集装箱，这种集装箱没有箱顶，可用起吊机械从箱子上面装卸货物，适用于装载超长的货物；

⑧ 牲畜集装箱，这种集装箱两侧有金属网，便于喂养牲畜和通风；

⑨ 罐式集装箱，适于运输油类等液体货物；

⑩ 平台集装箱，适于装载超长超重的货物，长度可达 6 米以上，载重量可达 40 公吨以上；

⑪ 汽车集装箱，专供载运汽车的分两层载货的集装箱；

⑫ 兽皮集装箱，用以储存渗漏液体，专运生皮等带汁液、有渗漏性的货物。

（2）托盘，是按一定规格制成的单层或双层平板载货工具，在平板上将若干单件包装的商品，码在托盘上，然后用绳索、收缩薄膜或拉伸薄膜等物料，将商品与托盘组合加固起来，组成一个运输单位，便于在运输过程中使用机械进行装卸、搬运和堆放。托盘货物一般重 1～1.5 公吨。托盘通常以木制为主，但也有用塑料、金属等制成的。常见的托盘有平板托盘和箱型托盘等。

（3）集装袋和集装包，是一种用合成纤维或复合材料编制成的圆形大包，可容 1～4 公吨货物，最多可达 13 公吨。主要用于装载粉粒状货物，如化肥、矿砂、面粉、食糖、水泥等，有些国家为了提高货物的装卸速度和港口码头的使用效率，常常在信用证上规定进口货物必须使用集合运输包装，否则不准卸货。

对运输包装的几点要求：

（1）必须适应商品的特性。运输包装要适合商品的特点，每种商品都有自己的特点，如玻璃制品易碎，水泥、面粉怕潮，油类怕漏，仪器怕震等。这就要求运输包装能相应具有防潮、防震、防漏等性能。

（2）必须适应各种不同运输方式的要求。例如海运包装要牢固，并具有防挤压和防碰撞的功能，铁路运输包装要有防震功能，航空运输包装要求轻便，不宜过大，如手提箱长不能超过 60 厘米，托运箱长不能超过 80 厘米。

（3）在保证包装牢固的前提下节省费用。在保证坚固的情况下，注意节约原材料，降低费用，这直接影响商品的价值。还要节约运费。船方收取运费，主要有两种方法，一种是按照商品重量（毛重）计价，包装皮越重，运费就越贵；另一种是按商品体积计价，以每一尺码吨（1 立方米）或 40 立方英尺为一计算单位，商品体积越大，运费就越高。因此，包装皮的轻重，包装体积的大小，同运费有密切关系。要尽量减轻皮重，轻泡货要尽量压缩体积。还应注意不同商品不同运价，如果一个包装箱内有两种不同运价商品，船方将按高价计收。故不同运价商品，应分别包装。

（4）必须考虑有关国家的法律规定和客户的要求。要了解各方面的情况，要考虑有关国家的法律规定和客户要求，要了解有关国家的码头情况。例如装卸设备如何，如果设备不好而商品包装过大过重，则无法搬运。

有些国家对每件包装的重量，有特殊的规定和要求，一些客户就包装运输提出某些特定的要求时，也应根据需要和可能予以考虑。还有些国家不允许以稻草、柳藤、旧报纸等做包装材料，以防止带进病虫害。

（二）销售包装

销售包装通常又称小包装或内包装，是指直接接触商品、随商品进入零售市场和消费者见面的包装。销售包装除了必须具备保护商品的性能外，还要具备装潢和宣传的作用，以吸引顾客，促进销售。销售包装作为一种竞争手段，已在许多工业制成品，尤其是在日用消费品的销售中占有重要的地位，是直接影响商品的销售和售价的一个重要因素。

1. 销售包装的种类

目前国际上流行的销售包装按其形式和作用可分为三类：

（1）便于陈列展销类。

① 堆叠式包装：是指商品包装的顶部和底部都设有吻合部分，使之堆叠时可相互咬合，这种包装堆叠稳固性强，适于超级市场堆叠罐头、瓶类、盒类等商品。

② 挂式包装：是指用挂钩、挂孔、吊带等悬挂商品，这类包装可以充分利用货架空间，增加展销面积。

③ 展开式包装：是指具有一定特殊结构的盒盖，当盒盖打开时，盒盖图案和商品可相互衬托，具有良好的陈列展销效果。

（2）便于识别商品类。

① 透明包装和“开窗”包装：是指全部或部分用透明材料和开窗纸盒包装，这种包装可以使购买者直接看到商品的质量和形态。

② 习惯包装：是指采用商品习惯包装造型，使购买者见到包装即可识别商品质量。

（3）便于消费使用类。

① 携带式包装：商品包装的设计造型有提手等装置便于携带。

② 易开包装：是指密封的包装容器，具有容易开启的特点，常见的有易拉罐、易开盒、易开瓶等。

③ 喷雾包装：是指一种液体喷雾装置，使用时按动按钮液体即可自动喷出，这种包装适用于日常消费品如香水、医药等的喷洒。

④ 配套包装：是指把经常使用的不同种类、不同规格的商品搭配成套，如套餐具、套茶具等。

⑤ 礼品包装：运用一些彩带、花结等装饰材料提高包装档次和商品的身价。

2. 销售包装的标示和说明

在销售包装上一般都附有装潢画面和文字说明，并印有条形码的标志。包装装潢是指按商品的不同属性、形态、数量、销售意图和有关国家法令，设计合理的销售包装造型、画面和文字说明，其中文字说明包括商标、牌名、品名、产地、品质、数量、规格、成分、用途和使用方法等。

为了能更好地适应国际市场的需要在设计和制作销售包装时应注意以下几点：

（1）包装的装潢。销售包装的装潢画面要美观大方、新颖，画面设计要突出商品的特点。例如，食品类要引起食欲，甚至垂涎三尺；日用品要使人见后爱不释手。要达到AIDMA，即 attention,interest,desire,memory,action,即要足以引起消费者注意，从而使消费者感兴趣。购买个体即使一时不买，也会牢记不忘，终归有一天会让其采取购买行动。要注意进口国对包装装潢的规定和习惯爱好。

（2）文字说明。在销售包装上应有必要的文字说明，如商标、品牌、品名、产地、数量、规格、成分、用途和使用方法等。在销售包装上使用文字说明或制作标签时，还应注意有关国家的标签管理条件的规定。要同画面配合，以很好地补充画面，使用外文要准确。

（3）要注意进口国对包装装潢的规定和习惯爱好。近年来大多数国家对食品、药品服装等商品都订有标签管理条例，这些往往被用作限制进口的手段。如日本政府规定：进口药品必须说明成分、服用方法和功能，否则不能进口；瑞士纺织协会规定，衬衣领上必须有洗涤、熨烫的图示，否则不准进入市场；科威特规定各种食品的包装上都应有阿拉伯文写明生产日期和有效期；出口到美国的产品，必须有原产地标志。各国对图案、色彩都有不同的爱好和习惯。这些习好和禁忌随着时间的推移和情况的发展有的可能发生变化，我们应不断掌握新资料，做好这一工作。

当前销售包装的发展趋势，有一些值得注意的动向，主要反映在：适量小包装大量增加，透明包装日益发展，金属和玻璃容器包装趋向轻便安全，并已部分为塑料盒复合容器所代替，吸塑包装、贴体包装、收缩包装、真空包装和喷雾包装的应用范围日益广泛，包装容器的造型结构更加科学化，包装装潢设计更加突出宣传商标、树立名牌等。此外，随着电子扫描和自动化售货设备的发展，要求销售包装有特定的造型，并在一定位置上设计一定符号、图形或文字，以适应新的销售方式。

（4）条形码。商品包装上的条形码是由一组配有数字的黑白及粗细间隔不等的平行条纹所组成，它是一种利用光电扫描设备为计算机输入数据的特殊代码语言。

条形码产生于 1949 年，是随着计算机技术的发展而出现的一种计算机输入技术。目前，发达国家已普遍在商品包装上使用条形码标志，顾客在超级市场购货后，收款员只需将打印在商品包装上的条形码逐一对着光电扫描器，计算机就能自动、准确地识别条形码上的信息，确定商品的品名、品种、数量、生产日期、制造厂商、产地等，并据此在数据库中查询其单价，进行货款结算并打印出购货清单。在零售商业中采用条形码技术，不仅可以提高结算的效率和准确性，而且可以缩短顾客的等待时间，扩大销售。采用这种技术，有利于发展国际贸易和实现现代化管理。

现代商品包装上使用的条形码，在国际上通用的有两种：一种是 UPC 码，由美国和加拿大组织的统一编码委员会编制；另一种是EAN码，有英、法等欧共体12国成立的欧洲物品编码协会编制。1981年，EAN改名为国际物品编码协会，但仍保留原简称。目前，EAN的成员已遍及世界五大洲。

EAN码系统是1977年在引进UPC码的基础上发展起来的，与UPC系统相兼容。因此，EAN系统的光电阅读器能阅读UPC码，而UPC系统的阅读器却不能阅读EAN码。

EAN码系统有标准码和缩短码两种。标准码代表13位数字，缩短码代表8位数字；UPC系统也有标准码和缩短码两种，分别代表12位数字和7位数字。

条形码的结构形式如下所示：

F1F2F3、M1M2M3M4、1112131415、C/D

F1～F3：国家或地区代码，表示商品的来源，由EAN总部分配管理。例如我国香港的代码是“489”。

M1～M4：制造厂商代码，由EAN在各国（地区）的分支机构分配管理。

11～15：商品代码，表示商品名称、品种、数量、价格等，由制造厂商根据规定自行编制。

C/D：校验码，用来检验前面输入的数据是否正确，避免误读。

在UPC标准码中，第1位数字为编码系统代码，第2～6位数字为制造厂商代码，第7～11位数字为商品代码，最后一位为校验码。

两种系统中的缩短码的数字所表示的内容均与其标准码相同。

我国的商品要打开国外超级市场，不仅在质量、包装方面要符合国际标准要求，同时还要符合国外超市的扫描结算的要求。如果我国出口商品的包装上没有条形码，即使是名优产品，也不能进入国外超级市场，而只能当作低档商品进入廉价商店。为了适应国际市场的需要和实现现代化管理，我国于1991年4月正式加入国际物品编码协会。该会分配给我国的国别号为“690”“691”“692”等。今后，凡标有“690”“691”“692”条形码的商品，即表示是我国生产的商品。

三、运输包装上的标志

运输包装标志简称运输标志，是指在运输包装的外面书写、压印简单图形、文字和数字。其作用是方便运输、仓储、商检和验光工作的进行，便于发货人和承运人、承运人和收货人之间的货物交接，避免货物错发错运。运输标志按其用途不同，可分为下述三种。

（一）运输标志

运输标志俗称“唛头”，多用几何图形并配以简单的文字或代号组成。其主要内容包括：

（1）目的地的名称或代号。

（2）收货人或发货人的代号、缩写和简单的几何图形。

（3）件号、批号。

为适应运输方式的变革和计算机在运输与单据流转方面应用的需要，联合国欧洲经济委员会简化国际贸易程序工作组，在国际标准化组织和国际货物装卸协调协会的支持下，制定了一套运输标志向各国推荐使用。该标准运输标志包括：

（1）收货人或买方英文缩写字母或简称；

（2）参考号，如运单号、订单号或发票号；

（3）目的地；

（4）件号。

至于根据箱种需要而需在运输包装上刷写的其他内容，如许可证号等，则不作为运输标志必要的组成部分。

（二）指示性标志

指示标志又称保护标志、操作标志，是根据商品的特性，对一些易碎、易损、易变质的商品，用醒目的图形和简短的文字提示有关人员在装卸、运输和存储过程中应注意的事项。一般使用进口国和出口国两种文字，例如“此端向上”“小心搬运”“请勿用钩”等。为了统一各国指示标志，国际标准化组织、国际航空运输协会和国际铁路货运会议分别制定了包装储运指示标志，建议各国采用。

（三）警告性标志

警告标志又称危险品标志，是指在易燃品、爆炸品、有毒品、腐蚀性物品、氧化剂和放射性物品等危险品运输包装上清楚地刷制所规定的用于各类危险品的标志，以示警告，使有关人员在货物的运输、装卸和保管过程中，根据货物的性质，采取相应的防护措施，以确保货物和人身安全。对此，各国一般都有规定，如我国制定有《危险货物包装标志》，联合国海事协商组织公布有《国际海运危险品标志》等，我方在出口危险品货物时，除应刷写我国危险品标志外，还应刷写国际海运危险品标志。

四、中性包装和定牌

1. 中性包装

中性包装是指在商品包装和商品本身，既不标明生产国别、地名和厂商名称，也不标明原有商标和牌号。也就是说，在出口商品包装的内外，都没有原产地和出口厂商的标记。在国际贸易中，使用中性包装的目的主要是打破进口国家和地区实行的各种限制与政治歧视，是扩大商品出口的一种竞争手段。目前，某些出口商品使用中性包装已成为国际贸易中的一种习惯做法。我们采用它，有利于打破某些国家和地区对我国商品实行的关税和不合理的配额限制，使我国商品能进入这些国家和地区的市场。

2. 定牌

定牌是指卖方按买方要求在其出口商品或包装上使用买方指定的商标或牌名的做法。在我国出口贸易中，使用定牌有下述三种情况：

（1）对某些国外大量的长期的稳定的定货，为了扩大销售，可以接受买方指定的商标，不加注生产国别的标志，即定牌中性包装。

（2）接受国外买方指定的商标或牌名，但在商标或牌名下标明“中华人民共和国制造”或“中国制造”。

（3）接受国外买方指定的商标或牌名，同时在商标或牌名下注明由买方所在国家工厂制造，即定牌定产地。

在定牌业务中，要特别注意买方指定的商标是否存在商标侵权行为。为避免被动，可在合同中规定：“买方指定的商标，当发生被第三者控告侵权时，应由买方与控告者交涉，与卖方无关。由此给卖方造成的损失应由买方负责赔偿。”

五、合同中的包装条款

在国际贸易中，除一些商品因其本身特点不需要包装或不值得包装外，绝大多数商品都需要有一定的包装，以保持商品在流通过程中品质完好和数量完整。因此，凡买卖需要包装的商品，交易中必须在合同中对包装条款作出明确规定。根据《联合国国际货物销售合同公约》的规定，商品的包装是确定所交货物与合同或使用的规格是否相符的内容之一。该《公约》第 35 条规定：“卖方交付的货物必须与合同所规定的数量、质量和规格相符，并须按照合同所规定的方式装箱或包装。”同时还规定，除双方当事人业已另有协议外，除非货物按照同类货物通用的方式装箱或包装，如果没有此种通用方式，则按照以保全和保护货物的方式装箱或包装，否则即为与合同不符。一方违反规定，另一方有权拒收货物或要求损失赔偿。所以，包装条款也是合同的主要条款。

包装条款一般包括包装材料、包装方式、包装规格、包装费用负担和包装标志等内容。

1. 包装材料和包装方式、规格

在合同中要明确规定包装材料、包装方式和规格，例如，包装：纸箱包装，每箱 6 块，每块 5lb；包装：镀锌桶装，每桶净重 175 千克。

约定包装时，应明确具体，不宜笼统规定。在国际贸易中，有时也使用“海运包装”或习惯包装等术语，但这种术语内容不明确，各国理解不一，应避免使用。如要使用，应订明使用什么包装材料。

2. 包装费用负担

按照国际贸易惯例，包装费用是包括在货价内的，一般在合同包装条款中勿需另行订明。但在某些情况下，例如，有些商品本不需要包装，但买方坚持要求包装，或不愿接受卖方的通常包装，而要求特殊的包装，导致包装费用超出正常的包装费用，或包装物料过好而使成本增加等，则需要在包装条款中订明其超出的包装费用由买方负担。如卖方同意接受买方提供包装时，在包装条款中还要订明寄送包装的方法、送达的日期、逾期到达的责任及运送包装的费用负担等。

3. 运输标志设计的确定

按照国际贸易习惯，运输标志一般由卖方设计决定。但如果买方要求由他指定运输标志，卖方一般也可接受，但需在合同中明确规定买方应在货物装运前若干天将唛头的式样和内容通知卖方，否则卖方可自行决定。

本章小结

品名条款是买卖合同中的主要条款，规定品名条款应明确、具体、实事求是。品质是决定商品价格高低的重要因素，品质条款是买卖合同中的重要条件。在国际贸易中，表示品质的方法有两大类：凭说明表示品质和凭实物表示品质。为了便于交货，对凭说明进行的买卖，可加列公差条款或品质机动幅度条款，允许交货品质在一定范围内高于或低于合同的规定。

数量条件是买卖双方交接货物的依据。国际上常用公制或米制、英制、美制、国际单位制四种度量衡制度，了解它们之间的差异和换算关系，在签订合同时，明确规定采用哪一种度量衡制度，以免因此而产生误会和纠纷。为了便于交货，对于某些商品，在合同中应加订数量机动幅度。

商品包装是商品生产的继续，应体现科学、经济、牢固、美观、适销等要求。包装根据其在流通领域中的作用不同可分为运输包装和销售包装。运输包装上的标志可分为运输标志、指示性标志和警告性标志。销售包装上的标志常有条形码、标签等。条形码是进入国外超级市场的必要条件。包装条款一般应包括包装方式、包装材料、包装规格、包装费用的负担和包装标志等。

思考题

1. 在买卖合同中规定商品名称的意义？规定品名条款应注意哪些事项？
2. 商品品质的表示方法有哪些？
3. 凭样品成交应注意哪些事项？
4. 什么叫溢短装条款？为什么要规定溢短装条款？
5. 出口包装有哪几种？各有什么作用？
6. 什么叫条形码？采用条形码有何意义？
7. 运输标志有哪几种？合同中约定运输标志有何意义？

1. 我某公司向德国出口一批农产品，合同规定其所含水分最高为15%，杂质不超过3%，但在成交前我方曾向买方寄过样品，订约后我方又电告对方成交货物与样品基本相同，货到德国后，买方验货后提出货物的质量明显比样品差的检验证明，并据此提出索赔6000英镑，我公司应如何处理？

资料来源：孙勤.国际贸易理论与实务[M].北京：机械工业出版社，2010.

2. 某年我国某出口公司出口到加拿大一批货物，金额 80 万美元。合同规定用塑料袋包装，每件要使用英、法两种文字的唛头。但该公司实际交货改用其他包装代替，并只有英文的唛头。国外商人为了适应当地市场的销售要求，不得不雇人重新更换包装和唛头，后向我方提出索赔，我方理亏只好认赔。试对此案作出评析。

资料来源：冷柏军.国际贸易实务[M].北京：高等教育出版社，2008.

第三章

国际贸易术语

选择正确的贸易术语签订国际买卖合同

北京某企业曾通过铁路运输方式向境外出售一批纺织品，该企业按约定的交货时间，将备好的货物发运出去，取得了铁路承运人签发的运输单据。当买方在目的地车站凭单提货并验收后，却发现货物数量短少，遂以卖方违约为由，向卖方提出索赔。卖方则出具承运人签发的运输单据，证明自己是按合同规定数量发运的，并未违约。买方则认为自己所提供的货物数量短少的证明文件是由双方认可的检验机构出具的，是合法有效的凭证。经协商不能取得一致意见后，买方依据合同中的仲裁条款提请仲裁。

仲裁庭在审理该争议案时发现，双方在买卖合同中对于交货地点和风险转移的界限问题未作出明确规定，合同自始至终没有出现国际货物买卖合同中普遍采用的贸易术语。询问当事人时，其答复是“缺乏经验，做法不规范”。正是这种不合规范的做法，给解决合同争议带来了很大的困难。

案例分析： 如果买卖双方选择一个贸易术语进行成交，双方产生争议时，交给仲裁庭审理不会有困难。在国际货物买卖中，交易双方之所以产生纠纷，往往是没有明确规定各自应承担的义务，包括有关风险、责任和费用的划分等问题。如果每次交易都对这些问题进行磋商，费时费力，而且极易造成交易不成功。

资料来源：黎孝先.国际贸易实务[M].北京：对外经济贸易大学出版社，2010.

学习目标：

1. 掌握国际贸易术语的含义、作用，了解有关国际贸易术语的国际惯例的性质与内容。

2. 掌握《2000 通则》中主要国际贸易术语的特点、风险、费用和责任的划分以及适用的运输方式。

3. 逐渐熟悉和学会使用《2010 通则》中的国际贸易术语。

4. 掌握在使用国际贸易术语时应注意的事项。

主要名词或概念：

国际贸易术语、国际贸易惯例、装运港船上交货、象征性交货、实际交货、装运合同、到货合同

在国际贸易中，买卖双方应通过洽商，明确各自应承担的责任和义务。在买卖双方货物交接过程中，要涉及许多问题，如有关风险、责任和费用的划分问题，这些问题直接关系到商品的价格。在长期的国际贸易实践中，逐渐形成了各种不同的贸易术语，可以使用贸易术语对各种问题加以确定。学习和掌握各种贸易术语，对于正确运用这些术语来明确当事人的义务和合理确定价格，具有十分重要的现实意义。

第一节　贸易术语的概述

一、贸易术语的含义

贸易术语在我国又称贸易条件、价格术语，它说明价格的构成及买卖双方有关风险、费用和责任的划分，从而确定买卖双方在交货和接货过程中应尽的义务。

国际贸易具有线长、面广、环节多、风险大等特点。线长是指货物的运输距离长；面广是指交易中要涉及许多方面的工作；环节多是指货物从出口国到进口国要经过许多道关卡，办很多手续。在这期间货物遭遇自然灾害或意外事故而导致损坏或灭失的风险自然要大一些。因此，买卖双方在洽商、订立合同时，必然要遇到以下几个问题：

（1）卖方在什么地方办理交货？

（2）货物发生损坏或灭失的风险何时由卖方转移给买方？

（3）谁负责办理货物的运输、保险以及通关手续？

（4）由谁负责承担上述事项时所需的各种费用？

（5）买卖双方需交接哪些有关货运单据？

在交易过程中，这些问题都是必须明确的，贸易术语正是用来解决这些问题的。在国际贸易中，确定商品的成交价，不仅取决于其本身的价值，还要考虑有关手续由谁办理、费用由谁负担以及风险如何划分等一系列问题。因此，国际贸易术语具有二重性：一方面它可以确定交货条件，另一方面可以表示该商品的价格构成因素。二者是紧密相关的。

贸易术语是在国际贸易实践中产生的，它的出现，可以简化交易过程，缩短洽商时间，节省费用开支。因此，学习和掌握各种贸易术语的含义与运用，是从事国际贸易的基础。

二、贸易术语的作用

1. 有利于买卖双方洽商交易和订立合同

由于每种国际贸易术语都有其特定的含义，而且一些国际组织对每种贸易术语也作

了统一的解释与规定，这些解释与规定，在国际上被广为接受，并成为惯常奉行的做法或行为模式。因此，买卖双方只需商定按何种国际贸易术语成交，即可明确彼此在交接货物方面所应承担的责任、费用和风险，这就简化了交易手续，缩短了洽商交易的时间，从而有利于买卖双方迅速达成交易和订立合同。

2. 有利于买卖双方核算价格和成本

由于贸易术语表示价格构成因素，所以买卖双方确定成交价格时，必须要考虑采用的贸易术语包含哪些从属费用，如运费、保险费、装卸费、关税、增值税和其他费用。这就有利于买卖双方进行比价和加强成本核算。

3. 有利于解决履约中的争议

买卖双方商订合同时，如对合同条款考虑欠周，对某些事项规定不明确或不完备，致使履约当中产生的争议不能依据合同的规定解决，在此情况下，可以援引有关贸易术语的一般解释来处理，因为，贸易术语的一般解释，已成为国际惯例，并被国际贸易界从业人员和法律界人士所理解和接受，从而成为国际贸易中公认的一种类似行为规范的准则。

4. 有利于其他有关机构开展业务活动

在国际贸易的过程中，离不开船公司、保险公司和银行等机构，而贸易术语及有关解释贸易术语的国际惯例的相继出现，便为这些机构开展业务活动和处理业务实践中的问题提供了客观依据和有利条件。

三、贸易术语的发展

贸易术语是在长期的国际贸易实践中产生的，在数量、名称及含义等方面，都发生了很大的变化。随着国际贸易的发展，新的贸易术语不断应运而生，旧的过时的贸易术语也逐渐被淘汰。国际商会于 1936 年首次制定和公布了《1936 年解释贸易条件的国际规划》，订出了 9 种贸易术语，以后经过几次修改。后来，为了适应电子数据交换（英文缩写 EDI）通信的应用和集装箱及多式运输的扩大，1990 年国际商会又推出了《1990 年国际贸易术语解释通则》，简称《90 通则》，确定了 13 种贸易术语。2000 年，国际商会又根据最近出现的无关税区的广泛发展，交易中使用电子信息的增多以及运输方式的变化，对已使用了 10 年的《90 通则》作了进一步的修订，在此基础上又推出了《2000 通则》(Incoterms 2000)。新通则保留了原来的 13 种贸易术语，只是对某些术语在对当事人的有关义务的规定方面作了适当的变更，使贸易术语的规定更加细致、明确、清楚。2010 年 9 月国际商会在《2000 通则》基础上又完成了《2010 通则》(Incoterms 2010)，已于 2011 年 1 月 1 日生效。《2010 通则》中将贸易术语划分为适用于各种运输的 CIP、CPT、DAP、DAT、DDP、EXW、FCA 和只适用于海运和内河运输的 CFR、CIF、FAS、FOB，并将术语的适用范围扩大到国内贸易中，赋予电子单据与书面单据同样的效力，增加对出口国安检的义务分配，要求双方明确交货位置，将承运人定义为缔约承运人，这些都在很大程度上反映了国际货物贸易的实践要求，并进一步与《联合国国际货物销售合同公约》及《鹿特丹规则》衔接。

第二节 有关贸易术语的国际贸易惯例

贸易术语是在长期的国际贸易实践中产生的，相当长的一段时间内，在国际上没有形成对各种贸易术语的统一解释。不同的国家和地区对同一种贸易术语有着不同的解释和做法，这样一来交易双方往往产生很多分歧。为了解决这一问题，国际商会、国际法协会及美国著名商业团体，分别制定了解释国际贸易术语的规则，而且是目前比较成形的规则，在国际上被广泛应用。下面分别加以介绍。

一、《1932 年华沙—牛津规则》

《华沙—牛津规则》是国际法协会专门为解释 CIF 合同而制定的。19 世纪中叶，CIF 贸易术语在国际贸易中得到广泛应用，然而对这一贸易术语，国际上没有统一的解释和规定。为此，1928 年国际法协会在波兰华沙开会，以英国贸易习惯及判例为基础，制定了 CIF 买卖统一规则，称为《1928 年华沙规则》，共计 22 条。其后，在 1930 年的纽约会议、1931 年的巴黎会议及 1932 年的牛津会议，国际法协会在国际商会协助下，对此规则进行了修订，共计 21 条，并定名为《1932 年华沙—牛津规则》，沿用至今。这一规则对 CIF 的性质、买卖双方所承担的风险、责任和费用的划分以及货物所有权转移的方式等问题都作了较详细的解释。它的重要贡献是规定了所有权的转移问题：货物所有权转移时间是卖方将有关单据交到买方掌握的时刻，对所有权问题的明确有利于处理相关纠纷。

二、《1941 年美国对外贸易定义修订本》

1919 年美国由代表美国商会、美国进口商全国协会和美国对外贸易协会等 9 个商业团体的联合委员会，共同制定了《美国对外贸易定义》。原称为《美国出口报价及其缩写条例》。1941 年在美国第 27 届全国对外贸易会议上做了修订，并改称为《1941 年美国对外贸易定义修订本》。该修订本经美国商会、美国进口商全国协会和美国对外贸易协会所采用，并由美国对外贸易协会予以发行。

《1941 年美国对外贸易定义修订本》主要在美洲国家应用广泛，由于它对贸易术语的解释，与国际商会制定的《国际贸易术语解释通则》有明显的差异，所以，在同美洲国家进行交易时应该引起注意。近年来在美洲，国际商会的解释通则，逐渐取代美国定义修订本的趋势越来越明显。

三、《国际贸易术语解释通则》

《国际贸易术语解释通则》是国际商会为了统一对各种贸易术语的解释而制定的。其宗旨是为国际贸易中最普遍使用的贸易术语提供一套解释的国际规则，以避免因各国不同解释而出现的不确定性，或至少在相当程度上减少这种不确定性，其分别于 1936 年、1953 年、1967 年、1976 年、1980 年、1990 年、2000 年、2010 年对通则进行了多次修订和完善，平均每10年修订一次。2010年9月27日，国际商会正式推出《2010国际贸易术语解释通则》(Incoterms 2010)，与Incoterms 2000并用，新版本于2011年1月1日正式生效。

如今，作为一种重要的国际贸易惯例，它已成为国际贸易双方当事人签约、履约及解决业务纠纷的主要依据。

第三节 《2000通则》中的贸易术语

《2000年国际贸易术语解释通则》将贸易术语分为13种，按开头字母的不同，分列在E组、F组、C组、D组。下面分别加以介绍。

一、E组的贸易术语

E组仅包括一种贸易术语，即EXW，英文全文是Ex Works（…named place），即工厂交货（……指定地点）。

这一术语表明卖方在其所在地交货的各种交货条件。按这一条件达成交易，在性质上类似于国内贸易，因为卖方是在本国的内地完成交货，他所承担的责任费用和风险等也都局限于出口国国内。由此可见，采用EXW条件成交时，卖方承担的风险、责任以及费用都是最小的。在交单方面，卖方只需提供商业发票或具有同等作用的电子信息。至于货物出境所需的出口许可证或其他官方证件，卖方无义务提供。但在买方的要求下，并且买方承担风险和费用的情况下，卖方可以协助买方取得上述证件。

根据《2000通则》解释，EXW术语适用于各种运输方式。

1. 买卖双方的主要义务

（1）卖方主要义务。

① 在合同规定的时间、地点将符合合同规定的货物置于买方的控制之下，就算完成了交货义务。

② 承担将货物交给买方控制之前的一切费用和风险。

③ 提供商业发票或具有同等作用的电子信息。

（2）买方主要义务。

① 在合同规定的时间、地点，受领卖方提交的货物，并支付货款。

② 承担受领货物之后的一切费用和风险。

③ 办理货物出境和入境的一切手续，并承担费用。

2. 注意事项

按EXW成交时，卖方承担的责任、风险最小，费用最少。EXW不是国际贸易中的常用术语，只是陆地接壤国家之间使用。但由于按这一价格术语成交的价格是最低的，因而对买方具有一定的吸引力。在业务中选用这一贸易术语时，应注意下列事项。

（1）关于货物的交接。在使用该术语时，一般要对货物交接的时间和地点作出具体规定。为了做好货物的交接，卖方在交货前应给予买方合理的通知，说明货物何时可以置于买方的控制之下。如果双方约定，买方有权确定在一定的时间和地点受领货物，买方应及时通知卖方。如果买方没有能够在规定的时间、地点受领货物，或者在他有权确定受领货物的时间、地点时，没有及时给予适当通知，那么只要货物已成为特定化合同项下的货物，买方就要承担由此产生的费用和风险。

（2）关于货物的包装和装运。作为买方，在签约时应根据运输的实际情况，对货物包装的具体要求及包装费用由谁负责的问题做出明确规定，以免事后引起争议。针对货物的包装问题，按《2000通则》的解释，由买方负责运输工具到交货地点接运货物，一般情况下，卖方不承担将货物装上运输工具的责任和费用，但需要由卖方负责将货物装上买方安排的运输工具并承担相应的费用，应在签约时做出明确规定。

（3）关于办理出口手续。在使用该术语条件下，办理货物出口手续的责任在买方，尽管有时卖方可以代办，但风险由买方承担，如货物被禁止出口的风险。因此，在成交前，买方应熟悉和了解出口国政府的有关规定，由于该术语卖方不负责出口清关，如果买方不能直接或间接办理出口手续，则不应使用EXW术语，而宜用FCA术语。

二、F组的贸易术语

本组的贸易术语包括FOB、FAS和FCA。

（一）FOB术语

1. FOB术语的含义

FOB英文全文是Free on Board（…named port of shipment），即船上交货（……指定装运港），通常称为装运港船上交货。

装运港船上交货是国际贸易中常用的贸易术语之一，在外贸业务中习惯上称为“离岸价格”。采用这一价格术语时，在它的后面要注明装运港的名称，例如：FOB 大连。这一价格术语含义是指由买方负责派船接运货物，卖方应在合同规定的装运港和规定的期限内，将货物装上买方指派的船只，并及时通知买方。货物在装船时越过船舷，风险即由卖方转移至买方。

根据《2000通则》的解释，FOB术语只适用于海运和内河运输。

2. 买卖双方的义务

在采用FOB价格术语时，买卖双方各自承担的主要责任如下：

（1）卖方义务。

① 负责在合同规定的装运港和装运期限内，将符合合同规定的货物装到买方指派的船上，并向买方及时发出装运通知。

② 承担货物在装运港越过船舷为止的一切费用和风险。

③ 负责办理出口手续，提供出口所需的各种证件。

④ 提交商业发票和自费提供证明卖方已按规定交货的单据，或具有同等作用的电子信息。

（2）买方义务。

① 订立从指定装作港口运输货物的合同，支付运费，并将船名、装货地点和要求交货的时间及时通知卖方。

② 根据买卖合同的规定受领货物并支付货款。

③ 承担受领货物之后所发生的一切费用和风险。

④ 自负风险和费用，取得进口许可证或其他官方证件，并办理货物所需的海关手续。

3. 使用FOB术语应注意的问题

（1）“船舷为界”的确切含义。以装运港船舷作为划分风险的界限是FOB、CFR和CIF同其他贸易术语的重要区别之一。“船舷为界”表明货物在装上船之前的风险，包括在装船时货物跌落码头或海中所造成的损失，均由卖方承担，货物装上船之后，包括在起航前和运输过程中所发生的损坏和灭失，则由买方承担。以“船舷为界”划分风险是历史上形成的一项行之有效的规则，由于其界限分明，易于理解和接受，故沿用至今。严格地讲，船舷为界只是说明风险划分的界限，它并不表示买卖双方的责任和费用划分的界限。这是因为装船作业是一个连续的过程，在卖方承担装船的责任情况下，他必须完成这一全过程。关于费用划分问题，《2000通则》中有关FOB的卖方义务第5条中规定：“卖方必须支付与货物有关的一切费用，直至货物在指定装运港已越过船舷时为止。”这实际上是指，在一般情况下，卖方要承担装船的主要费用，而不包括货物装上船后的理舱费和平舱费。但在实际业务中，买卖双方完全可以出于不同的考虑对于装船费用负担问题作出各种不同的规定。

（2）关于船货衔接问题。按照FOB术语成交的合同属于装运合同，这类合同中卖方的一项基本义务是按照规定的时间和地点完成装运。然而由于FOB条件下是由买方负责安排运输工具，即租船定舱，所以，这就存在一个船货衔接问题。如果处理不当，自然会影响到合同的顺利执行。根据有关法律和惯例，如果买方未能按时派船，这包括未经对方同意提前将船派到装运港，卖方都有权拒绝交货，而且由此产生的各种损失，如空舱费、滞期费及卖方增加的仓储费等，均由买方承担。如果买方指派的船只按时到达装运港，而卖方却未能备妥货物，那么，由此产生的上述费用则由卖方承担。有时双方按FOB价格成交，而后来买方又委托卖方办理租船定舱，卖方也可酌情接受。但这属于代办性质，其风险和费用仍有买方承担，就是说运费和手续费由买方支付，而且如果卖方租不到船，他不承担责任，买方无权撤销合同或索赔。总之，按FOB术语成交，对于装运期和装运港要慎重规定，签约之后，有关备货和派船事宜，也要加强联系，密切配合，保证船货衔接。

（3）个别国家对FOB的不同解释。以上有关FOB的解释都是按照国际商会的《2000通则》作出的，然而，不同的国家和不同的惯例对FOB的解释并不完全统一。它们之间的差异在有关交货的地点、风险划分界限以及卖方承担的责任义务等方面的规定上都可以体现出来。如在北美国家采用的《1941年美国对外贸易定义修订本》中，将FOB概括为6种，其中前3种是在出口国内陆指定地点的内陆运输工具上交货，第4种是在出口地点的内陆运输工具上交货，第5种是在装运港船上交货，第6种是在进口国指定内陆地点交货。上述第4种和第5种在使用时应加以注意。因为这两种术语在交货地点上有可能相同，如都是在旧金山交货，如果买方要求在装运港口的船上交货，则应在FOB和港名之间加上“Vessel”字样，变成“FOB Vessel San Francisco”，否则，卖方有可能按第4种情况在旧金山市的内陆运输工具上交货。

即使都是在装运港船上交货，关于风险划分界限的规定也不完全一样。按照《1941年美国对外贸易定义修订本》的解释，买卖双方划分风险的界限不是在船舷，而是在船上。卖方责任之三规定："承担货物一切灭失及/或损坏责任，直至在规定日期或期限内，已将货物装载于轮船上为止。"

另外，关于办理出口手续问题上也存在分歧。按照《2000通则》的解释，FOB条件下，卖方义务之三是"自负风险及费用，取得出口许可证或其他官方批准证件，并办理货物出口所必需的一切海关手续"。但是，按照《1941年美国对外贸易定义修订本》的解释，卖方只是"在买方请求并由此负担费用的情况下，协助买方取得由原产地及/或装运地国家签发的，为货物出口或在目的地进口所需的各种证件"。

鉴于上述情况，在我国同美国、加拿大等国家从事的进口出口业务中，采用FOB成交时，应对有关问题在合同中具体订明，以免因解释上的分歧而引起争议。

（二）FAS 术语

1. FAS 术语的含义

FAS 英文全文是 Free Alongside Ship（…named port of shipment），即船边交货（……指定装运港）。

通常将FAS称作装运港船边交货。这一价格术语是指卖方要在合同规定的交货期内将符合规定的货物交到指定的装运港买方所指派船只的船边，就算完成了交货义务。买卖双方承担的责任、费用和风险均以船边为界。如果买方所派的船只不能靠岸，卖方则要负责用驳船把货物运至船边，仍在船边交货。装船的责任和费用仍由买方承担。

2. 买卖双方的基本义务

（1）卖方义务。

① 在合同规定的时间和装运港口，将符合合同规定的货物交到买方所派船只的旁边，并及时通知买方。

② 承担货物交至装运港船边的一切费用和风险。

③ 自负费用和风险，取得出口许可证或其他官方证件，并且办理货物出口手续。

④ 提交商业发票或具有同等作用的电子信息，并提供交货凭证。

（2）买方义务。

① 订立从指定装运港口运输货物的合同，支付运费，并将船名和要求交货的时间及时通知卖方。

② 在合同规定的时间、地点，受领卖方提交的货物，并按合同规定支付货款。

③ 承担受领货物后所发生的一切费用和风险。

④ 自负费用和风险，取得进口许可证或其他官方证件，并办理货物进口的手续。

3. 使用 FAS 术语应注意的事项

（1）对FAS的不同解释。根据《2000通则》的解释，FAS仅适用于包括海运在内的水上运输方式，交货地点只能是装运港。但是，按照《美国对外贸易定义》的解释，FAS代表Free Along Side，即指交到各种运输工具的旁边，因而，含义较广，只有在FAS后面加上"Vessel"字样，才能表示"船边交货"。对此，要予以注意。

（2）办理出口手续的问题。按照《2000通则》的规定，采用FAS成交时，办理货物出口报关的风险、责任和费用由卖方承担，而按照《1990通则》的规定在实际操作时，给买方带来很多麻烦和不便。

（3）注意船货衔接问题。因为在FAS条件下，从装运港至目的港的运输合同要由买方负责订立，买方要及时将船名和要求装货的具体时间、地点通知卖方，以便卖方按时做好备货出运工作。卖方也应将货物交至船边的情况通知买方，以利于买方办理装船事项。

（三）FCA术语

1. FCA术语的含义

FCA的英文全文是Free Carrier(…named place)，即货交承运人（……指定地点）。

采用这一贸易术语时，买方要自费与承运人签订自指定交货地点至目的地的运输合同。并及时通知卖方，承担卖方交货后的一切费用和风险。卖方负责在合同规定的时间和地点将符合合同规定的货物交给买方指定的承运人，并办理了出口手续后，就算完成了交货义务，承担交货前的一切费用和风险。

FCA适用于各种运输方式，包括多式联运在内，但无论采用哪种运输方式，买卖双方各自承担费用和风险均以货交承运人为界，即卖方承担货交承运人之前的一切费用和风险，买方承担货交承运人之后的一切费用和风险。风险转移后，与运输、保险相关的责任和费用也相应转移。

2. 买卖双方的基本义务

（1）卖方义务。

① 按合同规定的时间和地点，将合同规定的货物置于买方指定的承运人控制下，并及时通知买方。

② 承担货交承运人之前的一切费用和风险。

③ 办理货物出口手续，自负风险和费用，取得出口许可证或其他官方证件。

④ 提供交货凭证、商业发票或具有同等作用的电子信息。

（2）买方义务。

① 签订从指定地点至目的地的运输合同，支付运费，并将承运人名称及有关情况及时通知卖方。

② 按照合同规定的时间和地点受领货物并支付货款。

③ 承担受领货物之后的一切费用和风险。

④ 自负风险和费用，取得进口许可证或其他官方证件，并且办理货物进口手续。

3. 使用FCA术语应注意的事项

（1）关于承运人和交货地点。在该术语条件下，是由买方安排承运人，并与其订立运输合同，并将承运人的情况通知卖方。该承运人可以是真正有运输工具的，也可以是运输代理人。按照《2000通则》的解释，交货地点的选择直接影响到装卸货物的责任划分问题。如果双方约定的地点是在卖方所在地，卖方负责把货物装上买方安排的承运人所提供的运输工具即可；如果交货地点是在其他地方，卖方就要将货物运交给承运人，在自己所提供的运输工具上完成交货义务，而不负责卸货。

（2）关于风险转移。按该术语成交时，买卖双方的风险划分是以货交承运人为界。通常情况下是由买方负责订立运输合同，并将承运人名称及有关事项及时通知卖方，卖方才能如约完成交货义务，并实现风险的转移。而如果买方未能及时给予卖方上述通知，或者他所指定的承运人在约定的时间未能接受货物，其后的风险是否仍由卖方承担呢？《2000 通则》的解释是，自规定的交付货物的约定日期或期限届满之日起，由买方承担货物灭失损坏的一切风险，但以货物已被划归本合同项下为前提条件。可见，对于 CFA 条件下，风险转移的界限问题也不能简单片面地理解为一概于交承运人处置货物时转移。

（3）关于责任和费用的划分。FCA 适用于各种运输方式，卖方交货的地点也因采用的运输方式不同而异。不论在何处交货，按照《2000 通则》的解释，卖方都要自负风险和费用，并办理货物出口的一切手续。这一规定对一些在出口国的内地口岸就地交货和交单结汇的做法是十分适宜的。

按照 FCA 术语成交，一般是由买方自行订立从指定地点到目的地的运输合同，但是如果买方有要求，并由买方承担风险和费用的情况下，卖方也可以代替买方指定承运人并订立运输合同。当然，卖方也可以拒绝订立运输合同，如果拒绝，应立即通知买方，以便买方另行安排。

在 FCA 条件下，买卖双方承担的费用一般也是以货交承运人为界进行划分，即卖方负担货物交给承运人控制之前的有关费用，买方负担货交承运人之后的各项费用。但是，在特殊情况下，买方委托卖方代办一些本属自己义务范围内的事项所产生的费用，以及由于买方的过失所引起的额外费用，均应由买方负担。

三、C 组的贸易术语

本组的贸易术语包括 CIF、CFR、CPT、CIP。

（一）CIF 术语

1. CIF 术语的含义

CIF 的全文是 Cost Insurance and Freight(…named port of destination)，即成本加保险费、运费（……指定目的港）。

CIF、CFR 和 FOB 同为装运港交货的贸易术语，也是国际贸易中常用的三种贸易术语。它们均适用于水上运输方式。采用 CIF 术语成交时，卖方的基本义务是，负责按通常条件租船订舱，支付到目的港的运费，并在规定的装运港和规定的期限内将货物装上船，装船后及时通知买方。卖方还要负责办理从装运港到目的港的货运保险，支付保险费。在业务上有人认为 CIF 为“到岸价”，这是错误的，容易导致工作中产生不应有的损失。其实，按 CIF 条件成交时，卖方仍是在装运港完成交货，卖方承担的风险，也是装运港货物越过船舷以前的风险，越过船舷以后的风险仍由买方承担；货物装船后产生的除运费、保险费以外的费用，也要由买方承担。CIF 条件下的卖方，只要提交了约定的单据，就算完成了交货义务，并不保证把货物按时送到对方港口。

2. 买卖双方的义务

采用 CIF 术语时，买卖双方各自承担的基本义务概括如下：

（1）卖方义务。

① 签订从指定装运港承运货物的合同；在合同规定的时间和港口，将合同要求的货物装上船并支付至目的港的运费；装船后需及时通知买方。

② 承担货物在装运港越过船舷之前的一切费用和风险。

③ 按照买卖合同的约定，自负费用办理水上运输保险。

④ 自负风险和费用，取得出口许可证或其他官方批准证件，并办理货物出口所需的一切海关手续。

⑤ 提交商业发票和在目的港提货所用的通常的运输单据或具有同等作用的电子信息，并且自费向买方提供保险单据。

（2）买方义务。

① 接受卖方提供的有关单据，受领货物，并按合同规定支付货款。

② 承担货物在装运港越过船舷之后的一切风险。

③ 自负风险和费用，取得进口许可证或其他官方证件，并且办理货物进口所需的海关手续。

3. 使用 CIF 术语应注意的问题

（1）保险问题。CIF 术语中的“I”表示 Insurance，即保险。从价格构成来讲，这是指保险费，就是说货价中包括了保险费；从卖方的责任讲，他要办理货运保险。办理保险须明确险别，不同险别，保险人承担的责任范围不同，收取的保险费率也不同。按 CIF 术语成交，一般在签订买卖合同时，在合同的保险条款中，要明确规定保险险别、保险金额等内容，这样，卖方就应按照合同的规定办理投保。但如果合同中未能就保险险别等问题作出具体规定，那就要根据有关惯例来处理。涉及 CIF 术语的国际贸易惯例有国际商会推出的通则、《1941 年美国对外贸易定义修订本》和《华沙—牛津规则》。按照《2000 通则》对 CIF 的解释，卖方只需投保最低的险别，但在买方要求时，并由买方承担费用的情况下，可加保战争、罢工、暴乱和民变险。按照《1941 年美国对外贸易定义修订本》的解释，“对于保险险别，双方应共同明确是投保水渍险或平安险以及其他属于特定行为应保的其他险别，或是买方需要获得单独保障的险别”。关于战争险，是在买方负担费用的情况下，由卖方代为投保，卖方应“按照特定行业惯例或在规定航线上应投保的一切风险”办理投保手续。一般情况下，卖方不负责投保战争险，除非合同中有投保战争险的规定，或者买方有要求，并由买方承担费用时，卖方才可加保战争险。

（2）租船订舱问题。采用 CIF 术语成交，卖方的基本义务之一是租船订舱，办理从装运港到目的港的运输事宜。关于运输问题，各个惯例的规定也不尽相同。《2000 通则》的解释是，卖方“按照通常条件自行负担费用订立运输合同，将货物按照惯常路线用通常类型可供装载该合同货物的海上航行船只（或适当的内河运输船只）装运至指定目的港”。《1941 年美国对外贸易定义修订本》中只是笼统地规定卖方“负责安排货运至指定目的地的运输事宜，并支付其费用”。《华沙—牛津规则》中对于这一问题的规定较为详细，在其第 8 条规定：“①在买卖合同规定由特定船只装运，或者一般地应由卖方租赁全部或部分船只，并承担将货物装船的情况下，非经买方同意，卖方不得随意改用其他船只代替。买方也不应不合理拒绝同意。②如果买卖合同规定用蒸汽船装运（未指定船名），卖方在其他条件相同的情况下，可用蒸汽船或内燃机船运给买方。③如果买卖合同未规定运输船只的种类，或者合同内使用‘船只’这样的笼统名词，除依照特定行业惯例外，卖方有权使用通常在此路线上专装运类似货物的船只来装运。”

以上规定有详有略，其基本点是相同的，即如果没有相反的约定，卖方只是负责按通常条件和惯驶航线，租用适当船舶将货物运往目的港。因此对于业务中有时买方提出的关于限制船舶的国籍、船型、船龄、船级以及指定装载某班轮公司的船只等项要求，卖方均有权拒绝接受。但卖方也可以放弃这一权利，根据具体情况给予通融。就是说，对于买方提出的上述要求，如果卖方能办理又不会增加额外开支，也可接受。一旦在合同中作出明确规定，就必须严格照办。

（3）象征性交货问题。从交货方式来看，CIF 是一种典型的象征性交货。所谓象征性交货是针对实际交货而言的。前者指卖方只要按期在约定地点完成装运，并向买方提交合同规定的包括物权凭证在内的有关单证，就算完成了交货义务，而无须保证到货。后者则是卖方要在规定的时间和地点，将符合合同规定的货物提交给买方或其他指定人，而不能以交单代替交货。

可见，在象征性交货方式下，卖方是凭单交货，买方是凭单付款。只要卖方如期向买方提交了合同规定的全套合同单据（名称、内容和份数相符的单据），即使货物在运输途中损坏或灭失，买方也必须履行付款义务。反之，如果卖方提交的单据不符合要求，即使货物完好无损地运达目的地，买方仍有权拒绝付款。

但是，必须指出，按 CIF 术语成交，卖方履行其交单业务，只是得到买方付款的前提条件，除此之外他还必须履行交货义务，如果卖方提交的货物不符合要求，买方即使已经付款，仍然可以根据合同的规定向卖方提出索赔。

（二）CFR 术语

1. CFR 术语含义

CFR 的全文是 Cost and Freight(…named port of destination)，即成本加运费（……指定目的港）。

成本加运费，又称运费在内价，以前业务上用 C&F 表示，《1990 通则》改为 CFR，鉴于实际业务中仍有人使用 C&F，《2000 通则》再次强调要采用 CFR 表示，CFR 术语也是国际贸易中常用的贸易术语之一。按照《2000 通则》的解释，CFR 适用于水上运输方式，采用这种贸易术语成交，卖方承担的基本义务是，在合同规定的装运港和规定的期限内，将货物装上船，并及时通知买方。货物在装船时越过船舷，风险即由卖方转移至买方。除此之外，卖方要自负风险和费用，取得出口许可证或其他官方证件，并负责办理货物出口手续。以上与 FOB 条件下卖方承担的义务是相同的。不同的是，在 CFR 条件下，与船方订立运输契约的责任和费用改由卖方承担，卖方要负责租船订舱，支付到指定目的港的运费，包括装船费用以及定期班轮公司可能在订约时收取的卸货费用。但从装运港至目的港的货运保险，仍由买方负责办理，保险费由买方负担。

卖方需要提交的单据主要有商业发票和通常的运输单据，必要时需提供证明其所交货物与合同规定相符的证件。运输单据包括可转让的提单以及不可转让的其他运单。

2. 买卖双方的义务

采用 CFR 术语时，买卖双方各自承担的基本义务概括如下：

（1）卖方义务。

① 签订从指定装运港将货物运往约定目的港的合同；在买卖合同规定的时间和港口，将合同要求的货物装上船并支付至目的港的运费；装船后及时通知买方。

② 承担货物在装运港越过船舷之前的一切费用和风险。

③ 自负风险和费用，取得出口许可证或其他官方证件，并且办理货物出口所需的一切海关手续。

④ 提交商业发票，及自费向买方提供为买方在目的港提货所用的通常的运输单据，或具有同等作用的电子信息。

（2）买方义务。

① 接受卖方提供的有关单据，受领货物，并按合同规定支付货款。

② 承担货物在装运港越过船舷以后的一切风险。

③ 自负风险和费用，取得进口许可证或其他官方证件，并办理货物进口所需的海关手续，支付关税及其他有关费用。

（三）CPT 术语

1. CPT 术语的含义

CPT 的全文是 Carriage Paid to（…named place of destination），即运费付至（……指定目的地）。

根据《2000 通则》的解释，CPT 适用于包括多式联运在内的各种运输方式。采用 CPT 条件成交时，买方自负费用订立将货物运往目的地指定地点的运输契约，并负责按合同规定的时间，将货物交给约定地点的承运人（多式联运情况下交给第一承运人）处置之下，即完成交货。交货后，卖方应及时通知买方，以便买方办理货运保险。卖方承担的风险，在承运人控制货物后转移给买方。卖方在合同规定的地点受理货物，支付货款，并且负责除运费以外的货物自交货地点直到运达指定目的地为止的各项费用，以及在目的地的卸货费和进口税捐。

在 CPT 条件下，卖方交货的地点，可以是在出口国的内陆，也可以在其他地方，如边境地区的港口或车站等。不论在何处交货，卖方都要负责办理货物出口报关的手续。可见，CPT 在交货地点、风险划分界限方面与 FCA 相同，但在 CPT 条件下，从交货地点至指定目的地的运输责任与费用转由卖方承担。

2. 买卖双方的义务

采用 CPT 术语成交时，买卖双方承担的基本义务概括如下：

（1）卖方义务。

① 订立将货物运往指定目的地的运输合同，并支付有关运费。

② 在合同规定的时间、地点，将合同规定的货物置于承运人控制之下，并及时通知

买方。

③ 承担将货物交给承运人控制之前的风险。

④ 自负风险和费用，取得出口许可证或其他官方批准证件，并办理货物出口所需的一切海关手续、支付关税及其他有关费用。

⑤ 提交商业发票和自费向买方提供在约定目的地提货所需的通常的运输单据，或具有同等作用的电子信息。

（2）买方义务。

① 接受卖方提供的有关单据，受领货物，并按合同规定支付货款。

② 承担自货物在约定交货地点交给承运人控制之后的风险。

③ 自负风险和费用，取得进口许可证或其他官方证件，并办理货物进口所需的海关手续，支付关税及其他有关费用。

（四）CIP 术语

1．CIP 术语的含义

CIP 的全文为 Carriage and Insurance Paid to（…named place of destination），即运费保险费付至（……指定目的地）。

按照 CIP 条件成交，卖方要负责订立运输契约并支付将货物运达指定目的地的运费。此外，卖方还要投保货物运输险，支付保险费。卖方在合同规定的装运期内将货物交给承运人或第一承运人的处置之下，即完成交货义务。卖方交货后要及时通知买方，风险也于交货时转移给买方。买方要在合同规定的地点受领货物，支付货款，并且负担除运费、保险费以外的货物自交货地点直到运达指定的目的地为止的各项费用，以及在目的地的卸货费和进口税捐。

在 CIP 条件下，交货地点、风险划分的界限都与 CPT 相同，差别在于采用 CPI 时，卖方增加了保险的责任和费用。所以，卖方提交的单据中增加了保险单据。

2. 买卖双方的义务

采用 CPI 术语时交易双方各自承担的基本义务如下：

（1）卖方义务。

① 订立将货物运往指定目的地的运输合同，并支付有关运费。

② 在合同规定的时间、地点，将合同规定的货物置于承运人的控制之下，并及时通知买方。

③ 承担将货物交给承运人控制之前的风险。

④ 按照买卖合同的约定，自负费用投保货物运输险。

⑤ 自负风险和费用，取得出口许可证或其他官方批准证件，并办理货物出口所需的一切海关手续，支付关税及其他有关费用。

⑥ 提交商业发票和在约定目的地提交所需的通常的运输单据或具有同等作用的电子信息，并且自费向买方提供保险单据。

（2）买方义务。

① 接受卖方提供的有关单据，受领货物，并按合同规定支付货款。

② 承担自货物在约定地点交给承运人控制之后的风险。

③ 自负风险和费用，取得进口许可证或其他官方证件，并且办理货物进口所需的海关手续，支付关税及其他有关费用。

四、D 组的贸易术语

本组的贸易术语包括 DAF、DES、DEQ、DDU、DDP。

（一）DAF 术语

1. DAF 术语的含义

DAF 的全文是 Delivered At Frontier（…named place），即边境交货（……指定地点）。采用 DAF 术语成交，双方要在两国边境确定一个交货地点。卖方的基本义务是在规定时间将货物运到指定的交货地点，完成出口清关手续，并将货物置于买方的处置之下，即完成交货。买方负责在边境交货地点受领货物，办理进口手续，并承担受领货物之后的一切风险以及后程运输的责任和费用。

2. 买卖双方的义务

按照 DAF 术语成交时，买卖双方各自承担的基本义务如下：

（1）卖方义务。

① 订立将货物运往边境约定交货地点的运输合同，并支付有关运费。

② 在合同规定的时间，在边境约定地点将货物置于买方控制之下。

③ 承担将货物在边境约定地点交给买方控制之前的风险和费用。

④ 自负风险和费用，取得出口许可证或其他官方批准证件，并办理货物出口所需的一切海关手续，支付关税及其他有关费用。

⑤ 提交商业发票和自费向买方提交通常的运输单证或在边境指定地点交货的其他凭证或具有同等作用的电子信息。

（2）买方义务。

① 接受卖方提供的有关单据，在边境约定地点受领货物，并按合同规定支付货款。

② 承担在边境约定地点受领货物之后的风险和费用。

③ 自负风险和费用，取得进口许可证或其他官方文件，并且办理货物进口所需的海关手续，支付关税及其他有关费用。

（二）DES 术语

1. DES 术语的含义

DES 的全文是 Delivered Ex Ship（…named port of destination），即船上交货（……指定目的港）。

DES 通常称作目的港船上交货，按这一术语成交，卖方要负责将合同规定的货物，按照通常的路线和惯常的方式运到指定的目的港，并在规定期限内，在目的港的船上将货物置于买方的处置之下，即完成交货。风险在目的港船上交货时，由卖方转移给买方。在此之前，卖方要将船名和船舶预计到港时间及时通知买方，以便其做好接受货物的准备工作。

2. 买卖双方的义务

采用DES术语时，买卖双方各自承担的基本义务概括如下：

（1）卖方义务。

① 签订将货物运往约定目的港的水上运输合同，并支付有关运费。

② 在合同规定时间内，将货物运至目的港通常的卸货地点，并在船上将货物置于买方处置之下。

③ 承担在目的港上将货物置于买方处置之前的风险和费用。

④ 自负风险和费用，取得出口许可证或其他官方批准证件，并办理货物出口所需的一切海关手续，支付关税及其他有关费用。

⑤ 提交商业发票和自负费用向买方提交提货单或为买方在目的港提取货物所需的通常的运输单证，或具有同等作用的电子信息。

（2）买方义务。

① 接受卖方提供的有关单据，在目的港上受领货物，并按合同规定支付货款。

② 承担在约定港的船上受领货物之后的风险和费用。

③ 自负风险和费用，取得进口许可证或其他官方文件，支付卸货费用，并且办理货物进口所需的海关手续，支付关税及其他有关费用。

（三）DEQ术语

1. DEQ术语的含义

DEQ的全文是Delivered Ex Quay（…named port of destination），即码头交货（……指定目的港）。通常称作目的港码头交货。

按照DEQ条件成交时，卖方要负责将合同规定的货物按照通常航线和惯常方式运到指定的目的港，将货物卸到岸上，并承担有关费用。卖方于交货期内，在指定目的港的码头将货物置于买方的控制之下即完成交货。在此之前，卖方要将船名和船舶预计到港时间及时通知买方。买方则要承担在目的港码头接收货物后的一切风险、责任和费用。

2. 买卖双方的义务

采用DEQ术语时，买卖双方各自承担的基本义务概括如下：

（1）卖方义务。

① 签订将货物运往约定目的港的水上运输合同并支付有关运费。

② 在合同规定时间内，将货物运至约定的目的港，承担卸货的责任和费用，并在目的港码头将货物置于买方处置之下。

③ 承担在目的港码头将货物置于买方处置下之前的风险和费用。

④ 自负风险和费用，取得出口许可证或其他官方批准证件，并办理货物出口所需的一切海关手续，支付关税及其他有关费用。

⑤ 提交商业发票和自负费用向买方提交提货单或为买方在目的港提取货物所需的通常的运输单证，或相等的电子信息。

（2）买方义务。

① 接受卖方提供的有关单据，在目的港上受领货物，并按合同规定支付货款。

② 承担在约定目的港码头受领货物之后的风险和费用。

③ 自负风险和费用，取得进口许可证或其他官方文件，并且办理货物进口所需的海关手续，支付关税及其他有关费用。

（四）DDU 术语

1. DDU 术语的含义

DDU 的全文是 Delivered Duty Unpaid（…named place of destination），即未完税交货（……指定目的地）。

采用这一术语成交时，卖方要承担将货物运至进口国内双方约定的目的地的一切费用和风险（不包括货物进口时所需支付的关税、捐税）以及办理海关出口手续的费用和风险。卖方在规定的期限内，在目的地指定地点将货物置于买方的处置之下，即完成交货。

进口报关的手续及证件由买方负责办理，进口时征收的进口税和其他费用也由买方承担。此外，买方还要承担因未能及时办理货物进口报关手续而引起的费用和风险。

2. 买卖双方的义务

采用 DDU 术语时买卖双方各自承担的基本义务概括如下：

（1）卖方义务。

① 订立将货物按照路线和习惯方式运至进口国内约定目的地的运输合同，并支付有关运费。

② 在合同规定的时间、地点，将合同规定的货源置于买方处置之下。

③ 承担在指定目的地将货物置于买方处置下之前的风险和费用。

④ 自负风险和费用，取得出口许可证或其他官方批准证件，并办理货物出口所需的一切海关手续，支付关税及其他有关费用。

⑤ 提交商业发票和自负费用向买方提交提货单或为买方在目的港提取货物所需的通常的运输单证，或具有同等作用的电子信息。

（2）买方义务。

① 接受卖方提供的有关单据，在进口国内地约定地点受领货物，并按合同规定支付货款。

② 承担在目的地约定地点受领货物之后的风险和费用。

③ 自负风险和费用，取得进口许可证或其他官方文件，并且办理货物进口所需的海关手续，支付关税。

（五）DDP 术语

1. DDP 术语的含义

DDP 的全文是 Delivered Duty Paid（…named place Of destination），即完税后交货（……指定目的地）。

DDP 是《2000 通则》中包含的 13 种贸易术语中卖方承担风险、责任和费用最大的一种术语。按照这一术语成交，卖方要负责将货物从启运地一直运到合同规定的进口国内的指定目的地，把货物实际交到买方手中，才算完成交货。卖方要承担交货前的一切风险、责任和费用，其中包括办理货物出口和进口的清关手续以及支付关税、捐税和其他费用。可见，DDP 与 DDU 在交货地点和风险划分上是相同的，区别在于 DDU 条件下，办理货物进口清关的风险、责任和费用均由买方承担，而在 DDP 条件下，则由卖方承担。

2. 买卖双方的义务

采用 DDP 术语时，买卖双方各自承担的基本义务概括如下：

（1）卖方义务。

① 订立将货物按照惯常路线和习惯方式运往指定目的地的运输合同，并支付有关运费；

② 在合同规定时间、地点，将合同规定的货物置于买方处置之下；

③ 承担在指定目的地的约定地点将货物置于买方处置下之前的风险和费用；

④ 自负风险和费用，取得出口许可证或其他官方批准证件，并办理货物出口所需的一切海关手续，支付关税及其他有关费用；

⑤ 提交商业发票和自负费用向买方提交提货单或为买方在目的港提取货物所需的通常运输单证，或相等的电子信息。

（2）买方义务。

① 接受卖方提供的有关单据，在目的地约定地点受领货物，并按合同规定支付货款；

② 承担在目的地约定地点受领货物之后的风险和费用；

③ 根据卖方的请示并由卖方负担风险和费用的情况下给予卖方一切协助，使其取得进口许可证或其他官方批准证件。

第四节 《2010 通则》中的贸易术语

一、《2010 年国际贸易术语解释通则》（Incoterms 2010）简介

全球化经济为商业活动进入世界各地市场提供了前所未有的广阔途径。货物正以更大数量、更多种类在更多国家销售。但是，随着全球贸易量的增大与复杂程度的提高，买卖合同起草不当引起误解和高成本纠纷的可能性也随之增加。

《国际贸易术语解释通则》是国际商会（ICC）制定的关于国内外贸易术语使用的通则，旨在便利全球贸易活动。在买卖活动中使用《2010 年国际贸易术语解释通则》中的术语可以明确当事人各自的义务，并减少法律纠纷风险。

自 1936 年国际商会创立国际贸易术语解释通则以来，这套全球普遍接受的合同标准不断更新以适应国际贸易的发展。《2010 年国际贸易术语解释通则》考虑了无关税区的不断扩大，商业交易中电子信息使用的增加，货物运输中对安全问题的进一步关注以及运输方式的变化。《2010 年国际贸易术语解释通则》更新并整合与“交货”相关的规则，将术语总数由原来的 13 条减至 11 条，并对所有规则做出更加简洁、明确的陈述。同时，

《2010 年国际贸易术语解释通则》首次在贸易术语中对买方与卖方不使用有性别差别的称谓。

二、如何使用《2010 年国际贸易术语解释通则》的术语

1. 如何在合同中使用《2010 年国际贸易术语解释通则》术语

如果想在合同中使用《2010 年国际贸易术语解释通则》术语，应在合同中用类似词句做出明确表示。

2. 选择合适的国际贸易术语

对国际贸易术语的选择应适合于货物性质和运输方式，首先是考虑合同各方是否想要给卖方或买方增加额外的义务，如安排运输与保险的义务等。每个术语的“使用说明”对选择术语十分有用。无论选择何种术语，买卖双方均应清楚，对其合同的解释很可能会受到所使用港口或地点特有的惯例的影响。

3. 尽可能对地点和港口作出详细的说明

只有合同各方写明港口和地点，所选用的国际贸易术语才能发挥作用。而对港口或地点写得尽量确切，就更能凸显国际贸易术语的作用。准确表述的范例如下：“FCA 38 Course Albert 1er, Paris, France, Incoterms 2010”[注：“FCA”（货交承运人）是术语，“38 Course Albert 1er, Paris, France”是地点或地址，“Incoterms 2010”是对所选的贸易术语最新版本的说明]。

按照贸易术语 ex works（EXW，工厂交货），free carrier（FCA，货交承运人），delivered at terminal（DAT，运输终端交货），delivered at place（DAP，目的地交货），delivered duty paid（DDP，完税后交货），free alongside ship（FAS，船边交货）和 free on board（FOB，船上交货），这个指定地点是交货地点和风险从卖方转移到买方的地点。按照贸易术语 carriage paid to（CPT，运费付至），carriage and insurance paid to（CIP，运费、保险费付至），coat and freight（CFR，成本加运费）和 cost、insurance and freight（CIF，成本、保险费加运费），指定地点与交货地点有别。按照这四个贸易术语，指定地点则是目的地，其运费已经支付。指明地点或目的地如能进而写明该地点或目的地内确定的点，将更有助于避免疑问或争议。

4. 切记国际贸易术语并没有给你一个完整的买卖合同

国际贸易术语确实规定了买卖合同中哪方有安排运输、保险的义务，卖方何时向买方交货以及应当支付什么费用。但国际贸易术语没有说明应付价格或支付方式，它也没有涉及货物使用权的转让或违约后果。这些问题通常依据买卖合同的明确规定或合同的适用法处理。合同各方应当清楚强制适用的本地法可能推翻买卖合同的任何条款，包括所选择的国际贸易术语。

三、《2010 年国际贸易术语解释通则》的主要特点

1. 两个新增术语 DAT（运费终端交货）和 DAP（目的地交货）

国际贸易术语由原来的 13 个减至 11 个。该变化是通过使用两个可适用于任何运输模式的新术语，即 DAT（运费终端交货）和 DAP（目的地交货），取代国际贸易术语解

释通则2000中的DAF（边境交货）、DES（目的港船上交货）、DEQ（目的港码头交货）和DDU（未完税交货）来实现的。

在这两个新增术语中，交货都是在指定目的地发生。使用DAT时，货物已从到达的运输工具卸下，由买方处置（与以前的DEQ术语相同）。使用DAP时，货物同样由买方处置，但需由其准备卸货（与以前的DAF、DES和DDU术语相同）。

新术语使得《2000年国际贸易术语解释通则》的DES与DEQ成为多余。DAT中的指定终端很可能是港口，因此该术语可完全适用于《2000年国际贸易术语解释通则》中DEQ适用的场合。同样，DAP中的运输工具很可能是船只，指定地点也很可能是港口，因此，DAP可完全适用于《2000年国际贸易术语解释通则》中DES适用的场合。这两个新术语和先前的术语一样，是"交货"型，由卖方承担将货物交至指定目的地的所有费用（除与进口清关相关的费用外，如有的话）和风险。

2. 《2010年国际贸易术语解释通则》中11个术语的分类

《2010年国际贸易术语解释通则》对贸易术语的分类不再采用按贸易术语开头字母的不同进行分类，而是将11个贸易术语按适用运输方式的不同分为两类：

第一类：适用于任何运输方式或多种运输方式的术语有7种：EXW，FCA，CPT，CIP，DAT，DAP，DDP

EXW（ex works）	工厂交货
FCA（free carrier）	货交承运人
CPT（carriage paid to）	运费付至
CIP（carriage and insurance paid to）	运费、保险费付至
DAT（delivered at terminal）	运输终端交货
DAP（delivered at place）	目的地交货
DDP（delivered duty paid）	完税后交货

第二类：适用于海运及内河水运的术语有4种：FAS，FOB，CFR，CIF

FAS（free alongside ship）	船边交货
FOB（free on board）	船上交货
CFR（cost and freight）	成本加运费
CIF（cost insurance and freight）	成本、保险费加运费

第一类包括《2010年国际贸易术语解释通则》中的7个术语，不论其选用何种运输方式，也不论它是否使用一种或多种运输方式。EXW、FCA、CPT、CIP、DAT、DAP和DDP均属此类，甚至没有海运时也可使用这些术语。但是，重要的是要记住，当船舶用于部分运输时，可以使用这些术语。

《2010年国际贸易术语解释通则》中的第二类术语，交货地点和将货物交至买方的地点都是港口，因此被划分为"适于海运及内河水运的术语"。FAS、FOB、CFR和CIF均属此类。在后三个术语中省略了以船舷作为交货点的表述，取而代之的是货物置于"船上"时构成交货。这样的规定更符合当今商业现实，且能避免那种已经过时的风险在一条假想垂直线上摇摆不定的情形出现。

3. 国内贸易和国际贸易术语

国际贸易术语传统上用于货物跨越国界的国际货物买卖合同。但是，在世界很多地区，像欧盟一样的贸易同盟已使不同成员国的边界形式显得不再重要。因此，《2010 年国际贸易术语解释通则》的副标题正式确认这些术语对国内和国际货物买卖合同均可适用。因此，《2010 年国际贸易术语解释通则》在多处明确说明，只有在适用时，才产生遵守进/出口手续要求的义务。

两种发展让国际商会认识到应及时向此方向演进。第一，贸易方常在纯国内买卖合同中使用国际贸易术语；第二，美国国内贸易更情愿以国际贸易术语取代传统使用的《美国统一商法典》中的运输和交货术语。

4. 使用说明

在每个《2010 年国际贸易术语解释通则》术语前，均有该术语的使用说明。使用说明解释了每个术语的基本点，比如什么时候适用，风险何时转移和买卖双方如何分摊费用。使用说明不是《2010 年国际贸易术语解释通则》的构成部分，但期望能帮助使用者在特定交易中准确、高效地选择合适的术语。

5. 电子讯息

《国际贸易术语解释通则》以往的版本曾经规定诸多文件可以电子数据信息替代。《2010 年国际贸易术语解释通则》的 A1/B1 条款则在各方约定或符合惯例的情况下，赋予电子讯息与纸质讯息同等效力。这种表述，使《2010 年国际贸易术语解释通则》在其有效期内，便利新电子程序的发展。

6. 保险合同

《2010 年国际贸易术语解释通则》是《伦敦保险协会货物险条款》修订以来的第一版国际贸易术语，并且已考虑了对条款所做的修订。《2010 年国际贸易术语解释通则》将与保险相关的信息义务纳入涉及运输合同和保险合同的 A3/B3 条款。这些规定已从《2000 年国际贸易术语解释通则》的 A10/B10 泛泛的条款中抽出。为了明确双方与保险相关义务，A3/B3 中有关保险的用语也作了相应调整。

7. 安检通关及其通关所需信息

现在人们对货物移动时的安全问题日益关注，要求确保除了其内在特性外，货物对人的生命和财产不得构成威胁。因此，《2010 年国际贸易术语解释通则》在各术语的 A2/B2 和 A10/B10 条款中，明确了买卖各方之间完成安检通关的义务，比如产销监管链信息。

8. 码头作业费

按照《国际贸易术语解释通则》CPT、CIP、CFR、CIF、DAT、DAP 和 DDP 术语，卖方必须安排货物运输至指定目的地。运费虽由卖方支付，但买方为实际支付方，因为通常运费已由买方包含在货物总价之中。运输费用有时会包括在港口或集装箱码头设施内处理和移动货物的费用，而承运人或港口运营人很可能向接受货物的买方索要这些费用。在这种情况下，买方会希望避免为同一服务支付两次费用；一次是在货物总价中向卖方支付，另一次是单独向承运人或港口运营人支付。为了避免此类问题发生，《2010 年国际贸易术语解释通则》相关术语的 A6/B6 条款中明确了此类费用的分摊。

9. 链式销售

与特定产品的销售不同，在商品销售中，货物在运送至销售链终端的过程中常常被多处转卖。出现此种情况时，在销售链终端的卖方实际上不运送货物，因为处于销售链始端的卖方已经安排了运输。因此，处在销售链中间的卖方不是以运送货物的方式，而是以“取得”货物的方式，履行对其买方的义务。为了澄清此问题，《2010 年国际贸易术语解释通则》术语中包括“取得运输中货物”的义务，并以其作为在相关术语中运输货物义务的替代义务。

10. 取消“船舷”的概念

在《2000 通则》中 FOB、CFR 和 CIF 三类术语在说明卖方义务与责任时，都规定卖方须承担货物在装运港越过船舷之前的风险；买方承担越过船舷之后的风险。而这次 Incoterms 2010 取消了“船舷”这个概念，只强调买卖双方的风险以货物在装运港被装上船时为界进行划分，不再规定“船舷”这样一个难以说明的风险临界点。

四、新增加的两个贸易术语

（一）DAT 术语

DAT 的全文是 delivered at terminal（insert named terminal at port or place of destination），即运输终端交货（指定港口或目的地的运输终端）。该术语可适用于任何运输方式，也可适用于多种运输方式。

“运输终端交货”是指当卖方在指定港口或目的地的指定运输终端将货物从抵达的载货运输工具上卸下，交给买方处置时，即为交货。“运输终端”意味着任何地点，而不论该地点是否有遮盖，如码头、仓库、集装箱堆积场或公路、铁路、空运货站。卖方承担将货物送至指定港口或目的地的运输终端并将其卸下期间的一切风险。

由于卖方承担在特定地点交货前的风险，特别建议双方尽可能确切地约定运输终端，或如果有可能，在约定港口或目的地的运输终端内的特定的点，建议卖方取得的运输合同应能与所做选择确切吻合。

此外，如果双方希望由卖方承担将货物由运输终端运输和搬运至另一地点的风险和费用，则应当使用 DAP 或 DDP 术语。

如适用时，DAT 要求卖方办理出口清关手续，但卖方无义务办理进口清关、支付任何进口税或办理任何进口海关手续。

1. 买卖双方的义务

（1）货物交付。卖方必须在约定日期或期限内，在指定的港口或目的地运输终端从抵达的运输工具上将货物交给买方处置的方式交货。

（2）风险转移。卖方承担完成交货前货物灭失或损坏的一切风险，买方承担交货时起货物灭失或损坏的一切风险。

（3）许可证、授权、安检通关和其他手续。如适用时，卖方必须自负风险和费用，取得所需的出口许可和其他官方授权，办理货物出口和交货前从他国过境运输所需的一切海关手续。如适用时，买方必须自负风险和费用，取得所有进口许可或其他官方授权，办理货物进口的一切海关手续。

（4）费用划分。卖方承担在运输终端特定地点交货前与货物相关的一切费用，包括交货前发生的货物出口所需海关手续费用，出口应交纳的一切关税、税款和其他费用，以及货物从他国过境运输的费用。买方必须支付自运输终端特定地点完成交货之时起，与货物相关的一切费用，包括办理进口海关手续的费用，以及进口需交纳的所有关税、税款和其他费用。

2. 使用 DAT 术语应注意的问题

（1）运输终端问题。由于卖方承担在特定地点交货前的风险，建议双方尽可能确切地约定运输终端，或如果有可能，在约定港口或目的地的运输终端内的特定的点，卖方取得的运输合同应能与所做选择确切吻合。此外，如果双方希望由卖方承担将货物由运输终端运输和搬运至另一地点的风险和费用，则应当使用 DAP 或 DDP 术语。

（2）货物交接问题。当买方有权决定在约定期间内的具体时间和/或指定运输终端内的收取货物的点时，买方必须向卖方发出充分的通知。如买方未发出通知导致卖方发生的任何额外费用和风险，由买方承担，但以该货物已清楚地确定为合同项下之货物者为限。

（二）DAP 术语

DAP 的全文是 delivered at place（insert named place of destination），即目的地交货（指定目的地）。该术语可适用于任何运输方式，也可适用于多种运输方式。

“目的地交货”是指当卖方在指定目的地将还在运抵运输工具上可供卸载的货物交由买方处置时，即为交货。卖方承担将货物运送到指定地点的一切风险。由于卖方承担在特定地点交货前的风险，特别建议双方尽可能清楚地订明指定的目的地内的交货点。建议卖方订立的运输合同应能与所做选择确切吻合。如果卖方按照运输合同在目的地发生了卸货费用，除非双方另有约定，卖方无权向买方要求偿付。

如适用时，DAP 要求卖方办理出口清关手续，但是卖方无义务办理进口清关、支付任何进口税或办理任何进口海关手续。如果双方希望卖方办理进口清关、支付所有进口关税，并办理所有进口海关手续，则应当使用 DDP 术语。

1. 买卖双方的义务

（1）货物交付。卖方必须在约定日期或期限内。将货物放在已抵达的运输工具上，准备好在指定的目的地（如有的话）的约定点卸载，听由买方处置。

（2）风险的转移。卖方承担在指定目的地完成交货前货物灭失或损坏的一切风险。买方承担在指定目的地交货时起货物灭失或损坏的一切风险。

（3）许可证、授权、安检通关和其他手续。如适用时，卖方必须自负风险和费用，取得所需的出口许可和其他官方授权，办理货物出口和交货前从他国过境运输所需的一切海关手续。如适用时，买方必须自负风险和费用，取得所有进口许可或其他官方授权，办理货物进口的一切海关手续。

（4）费用划分。卖方承担在指定目的地完成交货前与货物相关的一切费用，包括交货前发生的货物出口所需海关手续费用，出口应交纳的一切关税、税款和其他费用，以及货物从他国过境运输的费用。买方必须支付自指定目的地完成交货之时起，与货物相关的一切费用，包括在指定目的地从到达的运输工具上卸货，收取货物的一切费用，办理进口海关手续的费用，以及进口需交纳的所有关税、税款和其他费用。

2. 使用 DAP 术语应注意的问题

（1）货物交接问题。当买方有权决定在约定期间内的具体时间和/或指定目的地内的收取货物的点时，买方必须向卖方发出充分的通知。如买方未发出通知导致卖方发生的任何额外费用和风险，由买方承担，但以该货物已清楚地确定为合同项下之货物者为限。

（2）注意与 DAT 的区别。DAT 是指在指定目的地或目的港的集散站交货，“Terminal”可以是任何地点，如码头，仓库，集装箱堆场或者铁路、公路或航空货运站等。DAP 指定目的地交货。主要差异是，使用 DAT 术语卖方需要承担把货物由目的地（港）运输工具上卸下的费用，而使用 DAP 术语卖方只需在指定目的地把货物处于买方控制之下，无须承担卸货费。

（三）DAT 与 DAP 之区别

两者的主要差异是 DAT 术语下卖方需自行把货物由目的地或目的港运输工具上卸下并承担由此产生的费用，DAP 术语下卖方只需在指定目的地把将运输工具上准备卸载的货物交给买方处置，无须卸货也无须承担卸货费。如卖方被买方要求在目的地指定地点交货，且愿意承担货物运送到该地点的费用（卸货费除外）和风险，可考虑选择 DAP；如买方要求卖方承担 DAP 所必须履行的义务，还要求卖方承担货物运送到该地点从运输工具上卸货产生的费用，可考虑选择 DAT。

五、国际贸易术语的变通

有时买卖各方希望变换国际贸易术语。《2010 年国际贸易术语解释通则》并不禁止此类变通，但是这样做是有风险的。为避免不期望见到的后果，缔约方需要在买卖合同中非常清晰地明确他们希望通过修改达到的效果。例如，如果合同对《2010 年国际贸易术语解释通则》的费用分摊做出改变，缔约方也应清楚地表明他们是否同时希望改变风险自卖方转移至买方的点。

尽管国际商会修订了新的 Incoterms 2010 并推行实施，但由于其在现阶段国际外贸业务中并未得到各位商家的广泛运用，因而实际业务中还存在应用 Incoterms 2000 中的各类贸易术语的情况。所以，我们在从事国际外贸业务时，在签订合同中就应明确作出规定到底采用 Incoterms 2000 或是 Incoterms 2010，这样做有助于避免对贸易术语的不同解释而引起的争执。

本章小结

国际贸易术语是在长期的国际贸易实践中产生和发展起来的专门用语。介绍了有关国际贸易术语的国际贸易惯例，详细分析了《2000 年国际贸易术语解释通则》中的 13 种贸易术语，尤其是常用的 6 种贸易术语，即 FOB、CIF、CFR、FCA、CPT 和 CIP。

CIF 贸易术语是当前国际贸易中最常用的术语。介绍了《2010 年国际贸易术语解释通则》中的 11 种贸易术语，讲述了《2010 年国际贸易术语解释通则》相对于《2000 年国际贸易术语解释通则》的变化。《2010 年国际贸易术语解释通则》中将贸易术语分为 11 种两大类，其中 DAT 与 DAP 是《2010 年国际贸易术语解释通则》中新增的两个术语，DAP 取代了 DAF、DES 和 DDU 三种术语。

掌握贸易术语的关键主要是从交货地点、风险转移界限、费用、责任及相关费用的负担，以及使用的运输方式等方面来考虑。在对外贸易业务中要灵活选用贸易术语。

思 考 题

1. 试析国际贸易术语的含义、性质和作用。
2. 有关国际贸易术语的国际惯例有哪些？各有何不同？
3. 常用的国际贸易术语有哪些？
4. 非常用的国际贸易术语有哪些？
5. 什么是象征性交货和实际交货？请举例说明。
6. 到达合同与装运合同有何区别？
7.《2010 通则》删除了《2000 通则》中的哪些术语？新增了哪些术语？
8. 比较 DES 与 CIF 的区别。
9. 比较 FOB、CFR、CIF 三种贸易术语的异同点。
10. 如果合同规定的内容与国际贸易惯例有冲突以什么为准？

1. 我方进口商以 FOB 条件从巴西进口橡胶，但由于我方租船困难，不能在合同规定的时间内到装运港接运货物，从而出现了较长时间的货等船现象，于是巴西方面要求撤销合同并向我方进口商提出赔偿损失的要求。巴西出口商的做法是否合理？

资料来源：肖春蓉. 国际贸易实务[M]. 北京：电子工业出版社，2013.

2. 买卖双方按 CIF 条件签订了一笔初级产品的交易合同。在合同规定的装运期内，卖方备妥了货物，安排好了从装运港到目的港的运输事项。在装船时，卖方考虑到从装运港到目的港距离较近，且风平浪静，不会发生什么意外，因此没有办理海运货物保险。实际上，货物也安全及时抵达目的港，但卖方所提交的单据中缺少了保险单，买方因市场行情发生了对自己不利的变化，就以卖方所交的单据不全为由，要求拒收货物拒付货款。请问，买方的要求是否合理？此案应如何处理？

资料来源：孙勤. 国际贸易理论与实务[M]. 北京：机械工业出版社，2010.

第四章

国际货物运输

由谁支付运费引起的纠纷案

2008年5月宁波天星进出口公司以FOB中国口岸与日本M公司成交矿砂一批，日商即转手以CFR悉尼价售给澳大利亚的G公司，日商来证价格为FOB中国口岸，目的港悉尼，并提出在提单上标明运费已付。请分析日方为何这样做？我方应如何处理才能使我们的利益不受损害？

案例分析：日商这样做的目的是想将运费转嫁由我方承担。我方可采取以下两种做法确保我们的利益不受损害：一是要求日方修改信用证，将“运费已付”改为“运费到付”；二是要求日方在装船前将中国口岸到悉尼的运费付给我方，在此基础上同意在提单上标明“运费已付”字样。

资料来源：陈启虎.国际贸易实务[M].北京：机械工业出版社，2012.

学习目标：

1. 掌握国际货物运输的主要方式及其特点，尤其是海洋货物运输的相关知识，学会正确选择运输方式。

2. 掌握合同装运条款的基本内容，特别是对分批装运的有关规定。熟悉装运时间、装运港和目的港、分批装运和转运、装运通知、装卸时间、装卸率、滞期费和速遣费、OCP条款的规定方法。

3. 掌握海运提单种类、性质和作用的同时，应学会如何订好合同中的装运条款，以保证按时、按质、按量完成国际货物运输任务。

主要名词或概念：

分批装运、转运、装运港、目的港、装运时间、装卸率、滞期费、速遣费、班轮运输、租船运输、集装箱运输、国际多式联运、美国OCP运输、海运提单、清洁提单、已装船提单、指示提单、倒签提单、过期提单、预借提单国际贸易的交接是国际贸易中必不可少的一个环节，买卖双方在订立国际货物的买卖合同时，都需要合理选定交货时间、运输方式，订好各项装运条款，并运用好有关装运单据。其中交货条件是合同的主要条款之一。在国际货物买卖合同签订之后，按合同交货是卖方应履行的最基本的义务。国际货物的交付通常包括交货时间，装运港和目的港，运输方式，分批装运和转运，货运单据，对货物运输保险责任的规定等内容。

第一节 运 输 方 式

国际货物运输是国际贸易中必不可少的一个环节。其方式包括有海洋运输、铁路运输、航空运输、内河运输、邮包运输、管道运输以及各种运输方式组合而成的多式联合运输等。为了合理地选择运输方式，必须对各种运输方式的特点及其营运的有关知识有所了解。

一、海洋运输

海洋运输是指在国内外港口之间通过一定的航线和航区进行货物运输的一种方式。在各种运输方式中，海洋运输是一种最主要的运输方式，目前国际货运总量的80%是通过海洋运输完成的，在我国，这一比例高达90%以上。

（一）海洋运输的特点

1. 运量大

在科学技术日益发展的今天，10万吨级、20万吨级的海轮已屡见不鲜，50万～70万吨的超级油轮也早已投入海上运输，一艘万吨级海轮的载重量相当于250～300个火车车皮的载重量，船舶向大型化发展。

2. 运费低

海洋运输可以利用天然航道，通过能力强，运行航程远，分摊到每货运吨上的成本低，容易形成规模经济。

3. 适应性强

海洋运输不像公路或铁路那样受道路或轨道的限制，而且船舶的容量大，用途多，对各种货物包括超长、超重的货物都有较强的适应性。如果遇到政治、经贸环境、军事以及自然条件等因素的变化，可以随时调整和改变航线驶往目的港。

当然，海洋运输也存在航行速度慢、运输时间长、航期不易准确、易受气候和自然条件影响等特点，但比较起来，在各种运输方式中海洋运输仍使用得最为广泛。

（二）海洋运输的方式

按照船舶经营方式的不同，海洋运输可分为班轮运输（liner transport）和租船运输（shipping by chartering）。

1. 班轮运输

班轮运输是在一定航线上，以固定的船期、固定的运费来往于一系列港口之间的货物运输方式。

（1）班轮运输的特点。

①“四个固定”，即固定船期、固定航线、固定停靠港口和收取固定运费。

②“一个负责”，即船公司负责装卸，装卸费用计入运费之中，货方不用另行支付，班轮公司和托运人双方不计滞期费和速遣费。

③ 船方出租的是部分舱位，承运货物品种、数量灵活，运输质量高，因此适合零星分散货物运输。

④ 船货双方在承运期间的权利、义务与责任，以船方签字的提单条款为依据。

由此可见，利用班轮运载货物是十分灵活和方便的，对数量少、分运批次多、交货港口分散的货物尤为合适。

（2）班轮运费。班轮运费是根据航运公司的运价表，按规定标准和费率计算的，相对来说运价比较稳定。班轮运费由基本运费和附加运费组成。

基本运费是普通货物在正常运输条件下，运至某基本港的运费。

基本运费的计算标准，主要有以下几种：

① 以货物的重量作为计价标准，即以“重量吨”为标准，在运价表中商品名称后以“W”表示。

② 以货物的体积作为计算运费的标准，即以“尺码吨”为标准。在运价表中商品名称后以“M”表示。

③ 按重量和体积较高者计收，以“W/M”表示。

注意 W/M 比值叫积载系数。积载系数大于 1 的为重货，以重量计征；积载系数小于 1 的为轻货，以体积计征。重量吨和尺码吨统称为运费吨（计费吨）。国际上一般采用国际单位制（公制），重量单位为公吨，体积（尺码）单位为立方米，计算时 1 立方米作为 1 尺码吨。

④ 按货物的价格计算运费，即按货物的 FOB 价计收，一般不超过 5%。在运价表中以“Ad.Val”表示，即拉丁文“ad.valoyem”（从价缩写）。这种计收方式适用于贵重商品或价很高的商品，如古玩、黄金、白银、宝石等。

⑤ 按货物重量或体积或从价计收，即在重量吨或尺码吨或从价三种计算标准中，从高收费。在运价表中以“W/M or Ad.Val”表示。

⑥ 按货物的计数计收，如车辆按“每辆”计收运费。在运价表中以“Unit”表示。

⑦ 由货主或船公司临时议定运费，也称为“临时议定价格”，在运价表中以“即enRate”表示。临时议定的费用率一般比较低，通常适用于粮食、矿石、煤炭等运量大、货价较低的商品。

附加费是班轮公司在收取基本运费的基础上，根据不同情况，为了抵补运输途中额外增加的开支或在蒙受一定损失时而收取的费用。附加费名目繁多，一般有以下几种：

① 超重附加费，它是指由于货物单件重量超过一定限度而加收的一种附加费。

② 超长附加费，它是指由于单件货物长度超过一定限度而加收的一种附加费。

③ 直航附加费，它是指凡是运往非基本港口的货物，由于托运人要求直航而收取的费用。

④ 转船附加费，它是指因转船运输增加费用而收取的附加费。

⑤ 港口附加费，它是指由于港口装卸条件差、速度慢、港口费用高而向货方收取的附加费。

⑥ 绕航附加费，它是指由于正常航线不能通行，船舶绕道航行而向货方收取的附加费。

⑦ 燃料附加费，它是指由于原油价格上涨，船舶开支增加而向货方收取的附加费。

⑧ 选港附加费，它是指货方在预先提到的多个卸货港中进行选择而向船方支付的附加费。

除上述各种附加费外，还有货币贬值附加费、港口拥挤费、变更卸货港附加费等，附加费名目随着客观环境的变化而变化。

（3）班轮运费的计算方法。

① 根据商品名称从货物等级表中查出商品的等级和标准。

② 根据等级和计费标准，在航线费率表中查出基本费率。

③ 查出附加费。

④ 基本费率和附加费率之和即为每运费吨的单位运价。

⑤ 单位运价乘以该商品的总重量或总体积即得出总运费。

计算公式如下：

$$F = F_b + \sum S$$

式中：F——运费总额；

F_b——基本运费；

S——各项附加费。

$$F_b = fQ$$

式中：f——基本费率；

Q——货运量。

若附加费按百分比计算，则

$$\sum S = (S_1 + S_2 + \cdots + S_n) F_b$$

因此，$F = (1 + S_1 + S_2 + \cdots + S_n) fQ$

若附加费按绝对数计算，则

$$\sum S = (S_1 + S_2 + \cdots + S_n) Q$$

因此，$F = fQ + (S_1 + S_2 + \cdots + S_n) Q$

值得注意的是混装货物计费：不同商品混装在同一包装内，全部货物按其中收费较高者计收；同一票货物，如包装不同，其计费标准和等级也不同，如托运人未按不同包装分别列明毛重和体积，则全票货物均按收费较高者计收；同一提单内有两种以上的货名，如托运人未分别列明不同货物的毛重和体积，则全部货物均按收费较高者计收。

2. 租船运输

租船是指租船人在市场上向船东租赁船舶的业务。租船运输没有固定航线、固定船期、固定的装运港口，也没有固定的运价，一切都可根据货主的不同需要，结合租船市场上的供求情况而定。租船运输一般适用于大宗货物的运输。租船运输一般可分为定程租船、定期租船和光船租船。

（1）定程租船。定程租船也称程租船或航次租船，它是以船舶完成一定航程为标准的租船方式。定程租船又可分为单航次、连续单航次、来回航次、连续来回航次等多种形式。

在定程租船条件下，船方负担船员工资、港口费、船费燃料和物料以及码头捐税等；租船方负担运费、货物的装卸费（包括平仓费和理舱费）和船舶滞期费等。

定程租船由船方直接负责船舶的经营管理，船方除负责船舶航行、驾驶和管理外，还需对货物的运输负责。因此，这种方式对租船方比较便利。

（2）定期租船。定期租船又称期租船，是指按一定的期限租船，即船舶所有人把船舶出租给承租人使用一定期限的租船方式。租期可长可短，短的可以是数日，长的可达几年或十几年。

在承租期间，租船人支付租金（按月或天支付），已取得船舶使用权，并可按自己的需要来安排船舶的营运和调度，承担由此产生的燃料费、港口费、垫舱物料费、拖轮费等。船方负担船员开工资、膳食费用，同时还需负责保持船舶在出租期间的适航性。适航性是指船舶应当能够正常运转，具有安全航海能力，适合接收和保管货物的性能。

（3）光船租船。光船租船是指船舶所有人将船舶出租给承租人使用一定期限，但船东只是空船出租，船上工作人员均由租船人配备，租船人同时承担租赁期间船舶营运的一切费用。这种业务实际上属于单纯的财产租赁，在国际贸易中不经常使用。

近年来，国际上发展出一种介于航次租船和定期租船之间的租船方式，即航次期租，这是以完成一个航次运输为目的，按完成航次所花的时间，按约定的租金率计算租金的方式。

租船运输通常适用于大宗货物的运输，因此，我国大宗货物，如粮食、油料、矿产品和工业原料等进出口通常采用租船运输方式。就外贸企业来说，使用较多的租船方式是定程租船。

二、铁路运输

铁路运输是现代运输业的主要运输方式之一，与其他运输方式相比，它具有运量大，速度快，运输准确性和连续性强，受气候等自然条件影响小，安全可靠，运输成本低等优点。因此，在国际货物运输中，铁路运输成为仅次于海洋运输的主要运输方式，海洋运输的进出口货物，也大多是靠铁路运输进行货物的集中和分散的。

（一）国际铁路货物联运

使用统一的国际联运票据，由铁路负责经过两国或两国以上铁路的全程运送，并由一国铁路向另一国铁路移交货物，不需发货人和收货人参加，这种运输称为国际铁路货物联运。

采用国际铁路货物联运，有关当事国事先必须有书面的约定。欧洲国家的铁路联运工作开始较早，1890 年欧洲各国在瑞士首都伯尔尼举行的各国铁路代表大会上制定了《国际铁路货物运送规则》，在 1938 年修改后改称为《国际铁路货物运送公约》（简称《国际货约》)，又称《伯尔尼货运公约》。从 1951 年 4 月 1 日起，我国同苏联开办铁路联运，同年 11 月，苏联和东欧各国签订《国际铁路货物联运协定》，简称《国际货协》。

目前，我国对朝鲜、俄罗斯的大部分进出口货物以及东欧一些国家的小部分进出口货物，都是采用国际铁路联运的方式运送的。按照《国际货协》有关规定，从参加《国际货协》的国家向未参加《国际货协》的国家或相反方向运送货物，亦可办理联运。具体做法是：从参加《国际货协》的国家发货，使用国际铁路货协的联运运单，当货物运到离开《国际货协》参加国的最终出口国国境站时，由铁路边境站负责办理适当的联运票据继续转运至最终到站，从未参加《国际货协》的国家向参加《国际货协》的国家铁路发货，其继续转运发送事宜，则由参加《国际货协》的第一过境铁路的进口国国境站负责办理。

（二）国内铁路运输

国内铁路运输是指仅在本国范围内按《国内铁路货物运输规程》的规定办理的货物运输。我国出口货物经铁路运至港口装船及进口货物卸船后经铁路运往各地，均属国内铁路运输的范畴。

供应港段、澳地区的物资经铁路运往香港、九龙也属于国内铁路运输的范围，由对港铁路运输和港铁路运输两部分构成。它是一种特殊的两票运输的租车方式。具体做法是：从交货地至深圳北站的国内段运输，由发货人和发货地外运机构依照对港铁路运输计划的安排，填写国内铁路运单，将货物运往深圳北站，收货人为中国对外贸易运输公司深圳分公司。深圳分公司作为各种外贸企业的代理，负责在深圳与铁路局办理货物运输单据的交换，并向深圳铁路局租车，然后申报出口，经查验放行后，将货物运输至九龙港。货车出轨后，由深圳外运分公司在香港的代理人——香港中国旅行社向香港九广铁路公司办理港段铁路运输的托运、报关等工作，货车到达九龙目的站后，由香港中国旅行社将货物卸交给香港收货人。

由于在香港的货物，鲜活商品较多，为争取时间，并按规定配额发运，外贸与铁路双方协作，先后开辟有“751”“753”和“755”三次快运货物列车，分别由湖北江岸站、上海新龙华站和郑州北站发车，沿途列车不解体直达深圳，从而加快了运送速度，保证了商品质量，并有利于对香港市场保证均衡供应达到“优质、适量、均衡和应时”的要求。

三、航空运输

航空运输是一种现代化的运输方式，它与海洋运输、铁路运输相比，具有运输速度快、货运质量高，且不受地面条件的限制等优点。因此，它最适宜运送急需物资、鲜活商品、精密仪器和贵重物品。近年来，随着国际贸易的迅速发展以及国际货物运输技术的不断现代化，航空运输也日趋普遍。目前，我国进口采用空运的有计算机、成套设备中的精密部件、电子产品等；出口采用空运的有丝绸、纺织品、海产品、水果和蔬菜等。

（一）航空运输的方式

航空运输的方式主要有班机运输、包机运输、集中托运和航空快运业务四种。

1. 班机运输

班机是指在固定时间、固定航线、固定始发站、目的站和途经站运输的飞机。由于班机的航线基本稳定，又定期开航，收发货人可以确切掌握起运和到达时间，这对于市场上急需的商品、贵重物品、鲜活易腐货物的运送是非常有利的。但是班机运输一般是客货混载、舱位有限，不能满足大批量货物及时出运的需要。

2. 包机运输

包机运输可分为整包机和部分包机两种形式。

整包机是指航空公司或包机代理公司按照与租机人事先约定的条件和费率，将整架飞机租给租机人，从一个或几个航空站装运货物至指定目的地的运输方式。它适合运输大宗货物，运价比班机要低。

部分包机是指由几家航空货运代理公司（或发货人）联合包租一架飞机，或者由包机公司把一架飞机的舱位分别租给几家航空货运代理公司装卸货物的运输方式。这种方式适合于货物较多，但又不够整架飞机的货物运输。部分包机的运费比班机要低，但运送时间相对要长。

3. 集中托运

集中托运方式是航空货运代理公司把若干批单独发运的货物组成一整批向航空公司托运，填写一份总运单，发送到同一站，由航空货运代理公司委托当地代理人负责收货、报关，并分拨给各实际收货人的运输。这种方式节省运费，又可提早结汇，在国际航空运输中使用得比较普遍。

4. 航空快运业务

航空快运业务（也称快递业务）是专门经营该项业务的航空货运代理公司，派专人用最快的速度在货主、机场、用户之间运输和交换货物的运输服务业务。该项业务是在国际间两个航空货运代理公司之间通过航空公司进行的。航空快件业务有三种形式：机场到机场；门到门（或桌到桌）；派专人送货。这种业务具有快捷灵便、安全可靠、送交有回音、查询快等特点。

（二）航空运输的承运人

1. 航空运输公司

航空运输公司是航空货物运输中的实际承运人，负责办理从始发机场至到达机场的运输，并对全程运输负责。

2. 航空货运代理公司

航空货运代理公司可以是货主的代理人，负责办理航空货物运输的订舱，在始发机场和到达机场的交、接和与进出口报关等事宜；也可以是航空公司的代理人，办理接货并以航空承运人身份签发航空运单，对运输过程负责。

中国对外贸易运输总公司既是中国民航的代理，也是我国各进出口公司的货运代理，它充任航空货运代理公司的职责。为此，中国对外贸易运输公司同世界许多国家和地区的货运代理公司建立了航空货运代理业务。

（三）航空运输的运价

航空运输货物的运价是指从启运机场至目的机场的运价，不包括其他额外费用（如提货、仓储费等）。货运一般是按重量（公斤）和体积重量（6 000 立方厘米折合 1 公斤）计算的，而以两者中高者为准。空运货物是按一般货物、特种货物和货物的等级规定运价标准的。

四、集装箱运输

集装箱运输是指将货物（一定数量的单件货物）装入标准规格的集装箱内，然后利用陆、海、空运输将货物送到目的地的一种新型的现代化运输的方式。集装箱运输，尤其是海运集装箱，目前已成为全世界普遍采用的一种重要的运输方式。以集装箱为媒介，能够连接各种运输方式，进行大量、快速、廉价、安全的连贯运输，可以产生多方面的运输经济效益，这不仅对于运输本身，而且对于运输有关的国际贸易、金融、法律和惯例、海关监管等方面的理论与实务也带来了重大影响。集装箱运输被认为是运输领域里的一次革命。

（一）集装箱的含义

集装箱是指具有一定强度、刚度和规格，专供周转使用的大型装货容器。其外形像一个箱子，又称货柜、货箱。

集装箱应具备下列条件：

（1）具有足够的强度，可以周转使用；

（2）有适当装置进行快速装卸；

（3）便于货物的装满和卸空；

（4）具有 1 立方米以上的容积。

（二）集装箱的特点

（1）受天气限制小。

（2）减少货损、偷窃和污染的发生。由于集装箱是一个坚固密封的箱体，集装箱本身就是一个坚固的包装。货物装箱并铅封后，途中无须拆箱倒载，一票到底，即使经过长途运输或多次换装，也不易损坏箱内货物。集装箱运输可减少被盗、潮湿、污损等引起的货损和货差，深受货主和船公司的欢迎，并且由于货损货差率的降低，减少了社会财富的浪费，也具有很大的社会效益。

（3）节省包装，减低了转运费用。为避免货物在运输途中受到损坏，必须有坚固的包装，而集装箱具有坚固、密封的特点，其本身就是一种极好的包装。使用集装箱可以简化包装，有的甚至无须包装，实现杂货无包装运输，可大大节约包装费用。

（4）简化货运手续，加速船舶周转。由于集装箱装卸效率很高，受气候影响小，船舶在港停留时间大大缩短，因而船舶航次时间缩短，船舶周转加快，航行率大大提高，船舶生产效率随之提高，从而，提高了船舶运输能力，在不增加船舶艘数的情况，可完成更多的运量，增加船公司收入，这样高效率导致高效益。

（5）节约劳动力，改善劳动条件。普通货船装卸，一般每小时为35吨左右，而集装箱装卸，每小时可达400吨左右，装卸效率大幅度提高。同时，由于集装箱装卸机械化程度很高，因而每班组所需装卸工人数很少，平均每个工人的劳动生产率大大提高。

（三）集装箱的类型

集装箱可按用途、材质、装载货物的种类、尺寸规格等进行分类，不同类型的集装箱尺寸规格基本相同。国际标准化组织为统一集装箱规格，推荐了三个系列13种规格的集装箱。而在国际航运上运用的主要为：

（1）20英尺（8英尺×8英尺×20英尺）（我国常用），可装货物重量约17公吨，体积约25立方米。

（2）40英尺（8英尺×8英尺×40英尺），可装货物重量约25公吨，体积约55立方米。

（四）集装箱运输机构

1. 集装箱堆场

堆场是专门用来保管和堆放集装箱（重箱和空箱）的场所，是整箱货办理交接的地方，一般设在港口的装卸区内。

2. 集装箱货运站

集装箱货运站又叫中转站或拼装货站，是拼箱货办理交接的地方，一般设在港口、车站附近，或内陆城市交通方便的场所。

（五）装箱、交接方式

1. 装箱方式

（1）整箱货（FCL）：在海关的监督下，货方负责装拆箱的货物（可在货主仓库或集装箱货场交货）。

（2）拼箱货（LCL）：由承运人负责装拆箱的任何数量的货物（在集装箱货运站交货）。

2. 交接方式

按货物交接地点不同，集装箱交接方式有：门到门、门到场、门到站、场到门、场到场、场到站、站到门、站到场、站到站等方式。按集装箱所载货物性质，集装箱交接方式又可分为以下几种：

（1）（整箱交，整箱收）FCL—FCL；

（2）（整箱交，拆箱收）FCL—LCL；

（3）（拼箱交，整箱收）LCL—FCL；

（4）（拼箱交，拆箱收）LCL—LCL。

集装箱运输有两种方式：一种是使用FOB、CIF、CFR贸易术语实行“港港交货”，这是传统的运输交货方式；另一种是使用 FCA、CIP、CPT 贸易术语，实行“门到门”的运输交货方式。现在，国际贸易中普遍使用后一种方式，因为它能给发货人和收货人带来诸多便利。

五、国际多式联运

（一）国际多式联运含义

国际多式联运是指利用各种不同的运输方式来完成某项运输任务，包括陆海联运、陆空联运、海空联运等。

20 世纪 60 年代末国际多式联运首次出现于美国，试办后取得显著效果，受到贸易界和货运界的欢迎，随后在美国、欧洲、非洲被广泛采用。

（二）构成国际多式联运应具备的条件

（1）必须有一个多式运输合同。

（2）必须使用一份包括全程的多式运输单据。

（3）必须至少有两种不同运输方式的连贯运输。

（4）必须是国际间的货物运输。

（5）必须有一个多式运输经营人对全程运输负责。

（6）必须是全程单一的运费率。

国际多式联运的主要特点是：不管路途多远，运程中手续多么复杂，货主只办理一次托运，支付一笔运费，取得一张联运单据，如货物在运输途中发生货损或灭失这类问题，只找一头解决，也就是说多式联运经营人（或称之为总承运人）对全程运输负责总。因此，这种运输方式具有手续简便、安全准确、运输迅速、节省包装等优点，是目前国际上许多国家广泛采用的运输方式。

六、大陆桥运输

大陆桥运输是指使用横贯大陆的铁路或公路运输系统作为中间桥梁，把大陆两端的海洋运输连接起来的连贯运输方式，即海—陆—海连贯运输。

（一）大陆桥运输线路

1. 北美大陆桥

北美大陆桥是指利用北美的大铁路从远东到欧洲的“海陆海”联运。该大陆桥运输包括美国大陆桥运输和加拿大大陆桥运输。

美国大陆桥有两条运输线路：一条是从西部太平洋沿岸至东部大西洋沿岸的铁路和公路运输线；另一条是从西部太平洋沿岸至东南部墨西哥湾沿岸的铁路和公路运输线。

2. 西伯利亚大陆桥

西伯利亚大陆桥（或称亚欧第一大陆桥）全长 1.3 万千米，东起俄罗斯东方港，西至俄芬（芬兰）、俄白（白俄罗斯）、俄乌（乌克兰）和俄哈（哈萨克斯坦）边界，过境欧洲和中亚等国家。

我国通过西伯利亚铁路可进行陆桥运输的路线有三条：①铁—铁路线；②铁—海路线；③铁—公路线。

西伯利亚大陆桥存在的问题 ：运输时间不稳定；铁路运输中，货物位置难确认；往返货源不平衡。

3. 新亚欧大陆桥

新亚欧大陆桥，或称作“新丝绸之路”，始于中国东部连云港，终于荷兰鹿特丹，全长 1 万多千米。它在穿越亚欧大陆腹地的草原、山地和戈壁时，与古丝绸之路重合，使得太平洋和大西洋通过新亚欧大陆桥沟通起来，实现了海—陆—海的连通。

（二）大陆桥运输的特点

（1）采用海陆联运方式，全程由海运段和陆运段组成。

（2）比海运路程短，但增加了装卸次数。所以在某地域大陆桥运输能否发展，主要取决于它与全程海运比较在运输费用、运输时间等方面是否有优势。

（三）大陆桥运输的优越性

（1）缩短了运输里程。

（2）降低了运输费用。

（3）加快了运输速度。

（4）简化了作业手续。

（5）保证了运输安全，简化了货物的包装。

第二节 装 运 条 款

装运条款是买卖合同中的重要条款，装运条款涉及面很广，它的内容及其具体订立与合同的性质和运输方式有着密切的关系。装运条款的内容主要包括装运时间、装运港、目的港、分批装运与转运、装卸时间、装卸率和滞期费、速遣费、装运通知等内容。

一、装运时间

装运时间通常称为装运期，是指卖方将货物装上运输工具或交给承运人的期限。通常以装运时间作为交货时间，但在不同的贸易术语下交货时间和装运期是有区别的，例如，在 FOB、CIF 和 CFR 条件下，卖方在装运港把货物装上船，取得货物单据并将其交给买方，即视为履行交货 。在使用这三种贸易术语的情况下，货物的装运期和货物的交货时间正好吻合，这时，交货时间和装运期为同一时间。但是，采用其他贸易术语的合同，其交货和装运就不一定是在同一时间，交货和装运是两类完全不同的概念，要注意两者的使用，以免引起不必要的纠纷。

（一）装运时间的规定方法

在国际贸易货物的交接中，对交货时间的规定主要有以下几种方法。

（1）明确规定具体期限。明确具体期限目前常采用以下几种规定方法：

① 规定在某月内装运。例如，1 月份装运。

② 规定在某月月底以前装运。例如，6 月底或以前装运，即自订立合同之日起，最迟不得超过 6 月 30 日就应装运。

③ 规定某月某日以前装运。例如，7 月 15 日以前装运，即自订立合同之日起，最迟不得超过 7 月 15 日即应装运。

④ 跨月装运。即规定在 2 个月、3 个月或几个月内装运。例如 1/2 月份装运或 1/2/3 月份装运，指货物可分别在 1 月 1 日到 2 月 28 日或 1 月 1 日到 3 月 31 日这一期限内的任何一天装运。

以上四种方法，都明确规定了具体的装运期限。这类规定方法，可以使卖方有一定的时间准备货源和安排运输，也可以让买方预先准备接货和支付货款。因而在国际贸易中运用较多。

（2）规定在收到信用证或预付货款后若干天装运。对某些外汇管理较严的国家和地区，或专为买方生产、加工的特定商品，为了防止买方不按时履行合同而造成损失，一般规定在收到信用证后一定时间内装运。例如“买方必须不迟于 8 月 10 日将信用证开到卖方，卖方收到信用后 50 天内装运”。由于交货时间是以买方开出信用证为前提的，如买方拒绝开证或拖延开证，则卖方仍很被动，因而，采用这种方法卖方必须限定买方开到信用证的最迟时间。

收到预付款后若干天装运是指收到买方电汇、信汇或票汇后若干天装运。

（3）规定收到信汇、电汇、票汇后一定时间内装运。

（4）规定近期装运术语。这种方法一般是在买方急需货物而卖方又备有现货的情况下采用。这类常见的术语有“立即装运”“即期装运”“尽快装运”等。以上这些表示装运时间的术语，各国的理解不尽相同，国际上也无统一的解释，使用这些术语容易引起争议和纠纷。除有特殊原因或买卖双方对此有一致的理解外，应尽量避免使用这类术语。国际商会制定的《跟单信用证统一惯例》也明确规定不宜使用此类词，如果使用，银行将不予置理。

（二）规定装运时间应注意的问题

装运时间是合同中的一项重要内容，关系到合同的履行，因此，规定装运时间必须切实可行，并注意考虑下列问题：

1. 买卖合同中的装运时间的规定，要明确具体，装运期限应当适度

海运装运期限的长短，应视不同商品和租船订舱的实际情况而定，装运期限过短，势必给船货安排带来困难;装运期过长也不合适，特别是在收到信用证后多少天内装运的条件下，装运期过长，会造成买方积压资金，影响卖方的售价。

2. 应注意货源情况、商品的性质和特点，以及交货的季节性等

（1）货源情况。卖方在签订合同时，要对自己的货源心中有数，要清楚了解自己库存货物的品种、规格、数量以及安排生产的可能性和生产周期的长短，若盲目成交，到时可能无法交货。

（2）商品的性质。应根据不同商品的性质和特点，规定不同的装运期。例如，烟叶容易发霉受潮，就应当避免在雨季装运；沥青、动物油容易受热熔化，就应当避免在夏季装运。此外，还应当考虑商品的加工、包装、检验和国内运输条件等情况。

（3）交货的季节性。所规定的交货期应与国外市场需求的季节性相适应，以提高商品在国外市场上的竞争力。如北欧、加拿大东海沿岸港口冬季易封冻结冰，故装运时间不宜订在冰冻时期。反之，热带某些地区，则不宜订在雨季装运等。

（4）在规定装运期的同时，应考虑开证日期的规定是否明确合理。装运期与开证日期是互相并联的，为保证按期装运，装运期和开证日期，应该互相衔接起来。

二、分批装运和转运

分批装运和转运都直接关系到买卖双方的利益，因此，买卖双方应根据需要和可能在合同中做出具体的规定。一般来说，合同中如说明允许分批装运和转运，对卖方交货比较有利。

（一）分批装运

分批装运又称分期装运，是指一个合同项下的货物分若干批或若干期装运。在大宗货物或成交数量较大的交易中，买卖双方根据交货数量、运输条件和市场销售等因素，可在合同中规定分批装运条款。

1. 分批装运规定方法

（1）分批等时装运。

① 分批等时等量装运。如：出口总量 1 500 公吨，要求 7—9 月每月月底装运 500 公吨。

② 分批等时不等量装运。如：出口总量 1 000 公吨，要求 3—5 月每月月初装运出口，其中，3 月初装运 300 公吨，4 月初装运 300 公吨，5 月初装运 400 公吨。

（2）分批等量装运。如：出口总量 1 500 公吨，要求 1—5 月每月装运 300 公吨。

2.《跟单信用证统一惯例 600》对分批装运的规定

国际上对分批装运的解释和运用有所不同。按有些国家的合同法规定，如合同对分批装运不作规定，买卖双方事先对此也没有特别约定或习惯做法，则卖方交货不得分批装运。国际商会制定的《跟单信用证统一惯例 600》对分批装运作出了规定。

（1）如果信用证没有禁止分批，应视为可以分批装运。

（2）如果信用证仅注明允许分批，而未具体规定每一批的具体数量，应视为可以全数也可以分批装运，每批数量不限。

（3）凡同一船只、同一航次的多次装运，即使运输单据上出单日期或装运港口不同，也不视为分批装运。（一笔成交的货物，在不同的时间和地点分别装在同一航次、同一条船上，即使分别签发了若干不同内容的提单，也不能按分批装运论处。）

（4）对于分批装运的货物，如果其中任何一批未按时完成装运，则该期及以后各期均告失效。

（二）转运

卖方在交货时，如驶往目的港没有直达船或船期不定或航次间隔太长，为方便于装运，则应在合同中订明“允许转船”。

按《跟单信用证统一惯例600》规定：“转运”一词在不同运输方式下有不同的含义，在海运情况下是指到装货港和卸货港之间的海运过程中，货物从一艘船卸下再装上另一艘船的运输；在航空运输的情况下，是指在起运机场至目的地机场的运输过程中，货物从一架飞机上卸下再装上另一架飞机的运输；在公路、铁路或内河运输情况下，则是指在装运地到目的地之间用不同的运输方式的运输过程中，货物从一种运输工具上卸下，再装上另一种运输工具的行为。

《跟单信用证统一惯例600》规定，除非信用证另有规定，可允许转运。为了明确责任和便于安排装运，买卖双方是否同意转运以及有关转运的办法和转运费的负担等问题，应在买卖合同中订明。

（三）合同中的分批、转运条款

国际货物买卖合同中的分批、转运条款通常是与装运时间条款结合起来规定的，合同中分批、转运条款举例如下：

（1）5/6/7月份装运，允许分批和转运。

（2）6/7月份分两批装运，禁止转运。

（3）11/12月份分两次平均装运，由香港转运。

三、装运港和目的港

装运港一般是指货物起始装运的港口。目的港是指货物最终卸货的港口。在FOB、CFR和CIF条件下，装运港是卖方交货的地点。在国际货物买卖合同中，装运港一般是由卖方提出，经买方同意后确定的， 目的港通常是由买方提出并经卖方同意后确定的。

（一）装运港和目的港的规定方法

1. 装运港和目的港规定一个

如：装运港：上海；　目的港：新加坡

2. 规定两个或两个以上港口为装运港和目的港

如：装运港：天津和青岛；目的港：伦敦和利物浦

3. 采用选择港

（1）从两个或两个以上港口中选择一个。如：伦敦/汉堡/鹿特丹。

（2）规定从某一航区的港口中选择一个。如：地中海主要港口、西欧主要港口、中国口岸、印度口岸。

在通常情况下，只规定一个装运港和一个目的港，并列明港口名称；在大宗商品交易条件下，可酌情规定两个或两个以上的装运港和目的港，并分别列明港口名称；在商定合同时，如明确一个或几个装运港和目的港有困难，可以采取“选择港口”的规定办法。

（二）确定国内外装运港和目的港的注意事项

1. 对国外装运港或目的港的规定，应力求具体明确

在磋商交易时，如外商笼统地提出以“欧洲主要港口”或“非洲主要港口”为装运港或目的港，不宜轻易接受。因为，欧洲或非洲港口众多，究竟哪些港口为主要港口，并无统一解释，而且各港口距离远近不一，港口条件也有区别，运费和附加费相差很大，所以，我们应避免采用此种规定的港口。

2. 不能接受内陆城市为装运港或目的港的条件

因为接受这一条件，我方要承担从港口到内陆城市这段路的运费和风险。

3. 必须注意装卸港的具体条件

必须注意有无直达班轮航线，港口和装卸条件以及运费和附加费水平等。如果租船运输，还应进一步考虑码头泊位的深度、有无冰封期、冰封的具体时间以及对船舶国籍有无限制等港口制度。

4. 应注意国外港口有无重名问题

世界各国港口重名的很多，例如：维多利亚港，世界上有12个之多，波特兰等也有数个。为防止发生错误，引起纠纷，在买卖合同中应明确注明装运港或目的港所在国家和地区的名称。

5. 选择港不宜过多

采用选择港不宜超过3个，且必须在同一航线。

6. 要选择安全港

必须选择安全港，以免增加运输风险。

总之，买卖双方在确定装运港和目的港时，通常都是从本身利益和实际需要出发，根据产销和运输等因素考虑的。为了使装运港和目的港条款订得合理，我们必须从多方面加以考虑，特别是国外港口很多，情况复杂，在确定国外装运港和目的港时，更应格外谨慎。

四、装卸时间

（一）装卸时间的规定方法

装卸时间是指租船人承诺在一定期限内完成装卸作业的时间。它是租船合同的一项重要内容。

租船运输情况下，装卸时间的长短影响到船舶的使用周期和在港费用，直接关系到船方利益。因而在租船合同中，除需规定装卸时间外，还需规定一种奖励处罚措施。

装卸时间的规定方法很多，主要有下列几种：

1. 日或连续日

所谓日，是指午夜至午夜连续 24 小时的时间，也就是日历日数。以“日”表示装卸时间的，以装货开始到卸货结束，整个经过的日数，就是总的装货或卸货时间。在此期间内，不论是实际不可能进行装卸作业的时间（如雨天、施工或其他不可抗力）还是星期日或节假日，都应计为装卸时间。这种规定，对租船人很不利。

2. 累计 24 小时好天气工作日

这是指在好天气情况下，不论港口习惯作业为几小时，均以累计 24 小时作为一个工作日。如果港口规定每天作业 8 小时，则一个工作日跨及几天的时间。这种规定对租船人有利，而对船方不利。

3. 连续 24 小时好天气工作日

这是指在好天气情况下，连续作业 24 小时算一个工作日，中间因坏天气影响而不能作业的时间予以扣除。这种方法一般适用于昼夜作业的港口。当前，国际上采用这种规定的较为普遍，我国一般都采用此种规定方法。

由于各国港口习惯和规定不同，在采用此种规定办法时，对星期日和节假日是否计算也应具体订明。如在工作日之后加订“星期日和节假日除外”，或者规定“不用不算，用了要算”或“不用不算，即使用了也不算”。星期六或节假日前一天怎样算法，也都予以明确。

除了具有一定含义的日数表示装卸时间的办法外，有的关于装卸时间并不按日数或每天装卸货物的吨数来规定，而只是按“港口习惯速度尽快装卸”。这种规定不明确，容易引起争议，故采用时应审慎行事。

（二）装卸时间的起算和止算

对于装卸时间的起始，各国的法律规定或习惯并不完全一致，有的从船舶抵港后就开始起算，有的则从船舶停靠码头后开始起算，还有的规定只有装卸作业正式开始时才起算，但一般规定是以船舶到港后船长向承租人或其代理人发出“装卸准备就绪通知书”，并经过一定的规定时间后开始起算；如下午上班后接到通知，则从次日上午 8:00 起算。我国规定的递交（与接受）“装卸准备就绪通知书”的时间是以上午 10:00 到下午 5:00，星期六是从上午 10:00 到 12:00。关于止算时间，现在世界各国习惯上都以货物装完或卸完的时间，作为装卸时间的止算时间。

五、装卸率

所谓装卸率，即指每日装卸货物的数量。装卸率的具体确定，一般应按照港口习惯的正常装卸速度，遵循实事求是的原则。装卸率的高低，关系到完成装卸任务的时间和运费水平，装卸率规定过高或过低都不合适。规定过高，完不成装卸任务，要承担滞期费的损失，反之，规定过低，虽能提前完成装卸任务，可得到船方的速遣费，但船方会因装卸率低，船舶在港时间长而增加运费，致使租船人得不偿失。因此，装卸率的规定应当适当。

六、滞期费和速遣费

滞期费是指在规定的装卸期限内，租船人未完成装卸作业，给船方造成经济损失，租船人对超过的时间应向船方支付的一定罚金。速遣费是指在规定的装卸期限内，租船人提前完成装卸作业，使船方节省了船舶在港的费用开支，船方应向租船人就节省的时间支付一定的奖金。按惯例，速遣费一般为滞期费的一半。滞期费和速遣费通常为每天若干金额，不足一天者，按比例计算。

七、装运通知

装运通知包括两个方面的含义：其一是货物装运前买方将运载工具有关的情况通知卖方，其二是货物装运后卖方将运载工具的有关情况通知买方，目的使买卖双方互相配合，做好货物交接的衔接工作，来保证合同的正确履行。

装运通知的内容一般包括：

（1）合同号、信用证号、订单号及相应日期、发票金额。

（2）货物的名称、规格、重量、数量、唛头。

（3）装运港名称、船公司名称、船名、预计开航日期、预计抵达日期。

（4）提单号或装运单据号。

按照国际惯例，在 FAS 和 FOB 合同条件下，卖方应在双方约定的装运时间开始前 1 个月或 1 个半月向买方发出货物备妥的通知，要求买方及时派船接货。买方接到上述通知后，应在船舶到达装货港前 10 天左右或按约定时间将所租载货船舶的名字、船旗、船员的国籍、船舶估计到港日期和应载货物等通知卖方，以便卖方做好装船准备。

另外，在 FOB、CFR 和 CIF 合同条件下，卖方在货物装船之后，应无延误，将有关合同号、货物品名、装运船名、装船完毕的日期、已装件数、重量、发票金额等通知买方，以便后者办理保险、进口、报关或做好接货的准备工作。

八、OCP 条款

OCP 是 overland common points 的缩写，意为“内陆地区”，是指货运目的地为美国内陆的一个区域，在海运货物卸在沿海港口再陆运至内陆运输可达的地点。从远东地区向美国 OCP 地区出口货物，如按 OCP 条款达成交易，出口商可以享受较低的 OCP 海运优惠费率，进口商在内陆运输中也可以享受 OCP 优惠费率。相反方向，凡从美国内陆地区启运经西海岸港口装船出口的货物同样可按 OCP 运输条款办理。该条款是太平洋航运公会为争取运往美国内陆地区的货物经美国西海岸港口转运而制定的。

OCP 运输是一种特殊的国际运输方式。它虽然由海运、陆运两种运输形式来完成，但并不是也不属于国际多式联运。国际多式联运是由一个承运人负责的自始至终的全程运输，而 OCP 运输，海运、陆运段分别由两个承运人签发单据，运输与责任风险也是分段负责。使用 OCP 条款应注意以下问题：

（1）货物的最终目的地必须是 OCP 地区。

（2）货物必须经由西海岸港口中转。

（3）提单上必须表明 OCP 字样，并且在提单目的港一栏中除写明西部港口，还要加注内陆城市名称。

第三节　运 输 单 据

运输单据是承运人签发给托运人的表示收到货物的证明文件，它是交接货物、向银行结算货款或进行议付所必须具备的重要单据。按照运输方式划分，运输单据可分为海运提单、铁路运单、航空运单、邮政包裹收据等。本节主要介绍海洋运输中的海运提单。

一、海运提单

（一）海运提单的作用

海运提单，简称提单，是指货物的承运人或其代理人，在收到货物后，签发给托运人的一种证明文件。海运提单是国际贸易中各种单据的核心，它将贸易双方当事人及各种关系人联系起来，具有多方面的功能和作用。提单的性质和作用主要体现在以下几个方面。

1. 提单是承运货物收据

提单是承运人或其代理人，应托运人的要求所签发的货物收据，证明承运人已如数收到提单上所列的货物。提单一经签发，承运人就承担提单上所载明的货物妥善保管，安全运输，并向持单人交付货物的义务。

2. 提单是货物所有权的凭证

提单是一种物权证件，本身就代表着提单上所载明的货物。收货人或提单合法持有人有权凭提单在目的港向承运人或其他代理人提取货物。由于提单是货物所有权的证明文件，因此可以视为有价证券。除不能转让的提单外，提单持有人可以于货物抵目的港之前，在国际市场上进行转让或凭提单向银行办理抵押贷款。

3. 提单是运输协议的证明

承运人接受托运人的货物，并签发提单，即可视为运输协议（合同）的成立。双方的权利和义务一般都列在提单的背后，它是解决承运人与托运人在运输中产生争议的依据。

（二）海运提单的种类

1. 根据货物是否装船可区分为已装船提单和备运提单

（1）已装船提单。已装船提单是指轮船公司已将货物装上指定轮船后所签发的提单。已装船提单在国际贸易中应用比较广泛，按国际市场银行业务的惯例，出口商向银行议付货款时所提交的提单，必须是已装船提单。这种提单的特点是提单上必须用文字表明货物已装于某某船上，并载有装船日期，有船长或其代理人的签字。

（2）备运提单。备运提单是指轮船公司在收到托运货物等待装船期间，向托运人签发的提单。备运提单又称收讫待运提单。由于该提单上没有明确肯定的装船日期，并且一般不注明载货船只的名称，将来货物能否装船无保障，因此买方或受让人一般不愿接受。

2. 根据提单上对货物外表状况有无不良批注可区分为清洁提单和不清洁提单

（1）清洁提单。清洁提单是指货物在装船时外表状况良好，承运人或其代理人未在提单上列加任何货损、包装不良或其他不良批注的提单。在国际贸易中，银行办理议付货款时，为安全起见，一般只接受出口商提交的清洁提单。

（2）不清洁提单。不清洁提单是指承运人或其代理人签发提单时在提单上加注货物外表状况不良或存在缺陷等有批注的提单。例如在提单上批注“包装不同”“两箱损坏”“包装破裂”等内容的提单均属不清洁提单，根据《跟单信用证统一惯例600》的规定，除非信用证明确规定可以接受外，银行拒绝接受不清洁提单。此外，不清洁提单也难以作为物权凭证自由转让。

3. 根据提单收货人抬头方式可区分为记名提单、不记名提单和指示提单

（1）记名提单。记名提单是指在提单收货人一栏内明确收货人名称的提单。这种提单只能由指定的收货人提货，不能转让流通，因此又称为“不可转让提单”。记名提单在国际贸易中使用不多，一般只用于运输贵重物品或有特殊用途的货物。

（2）不记名提单。不记名提单又称空白提单，是指在收货人一栏内填写“来人”字样的提单，不记名提单不需任何手续就可转让。提单持有人仅凭提单就可提货。这种提单转让和提货很简单，但一旦遗失，容易引起纠纷。不记名提单因风险太大，在国际贸易中很少使用。

（3）指示提单。指示提单是指在收货人一栏内不明确写明收货人的名称，只填写凭“指示”或“凭某某指定”字样的一种提单。前者称空白指示提单，后者称记名指示提单。

指示提单通过背书可以转让，所以又称转让提单。背书方式可分为两种，一种是空白背书，另一种是记名背书。前者是指仅有背书人在提单背面签字盖章，而不注明背书人的名称；后者是指背书人除在提单的签字盖章外，还需列明被背书人的名称。在国际贸易中，指示提单使用得比较普遍。在我国进口业务中，大多采用“凭指定”空白背书的提单，习惯上称为“空白抬头，空白背书提单”。

4. 根据运输方式可区分直达提单、转船提单和联运提单

（1）直达提单。直达提单由某一轮船把货物直接从装运港运抵目的港的提单，这种提单，船方责任明确，纠纷较少。在国际贸易中，如果信用证规定货物不准转船，卖方必须取得承运人签字的直达提单才能向银行议付货款，否则，银行将拒付。

（2）转船提单。转船提单指从装运港装货后的船舶不能直接驶抵目的港，而需在中途港口换船转运所签字的提单。转船提单一般注有“在××港转船”等字样。转船以后会延误到货时间、增加货物受损或其他风险的可能性，对货方很不利，因此，托运人都争取直达运输，并在合同和信用证内明确规定不许转船。如果由于具体的运输原因，中途转船反而可以加速货物的运输时，经买卖双方约定，也可以使用转船提单。

（3）联运提单。联运提单是指需经两种或两种以上的运输方式联合运输的货物，由第一航程承运人签字而由几个承运人联合完成全程运输任务并负责办理转运手续的提单。在国际贸易中，只要取得第一承运人所签字的提单，不论货物在途经过多少次转运均被认为是“已装船提单”，尽管第一承运人只负第一航程的责任。

5. 根据提单内容繁简可区分为繁式提单和略式提单

（1）繁式提单。繁式提单是指提单背面列有承运人和托运人权利、义务等项详细条款的提单，又称全式提单。

（2）略式提单。略式提单是指提单仅保留正面项目，而略去背面承运人与托运人权利、义务等条款的提单。

6. 按船舶营运方式可区分为班轮提单和租船提单

（1）班轮提单。班轮提单是指由班轮公司作为承运人并由其所签字的提单。

（2）租船提单。租船提单是指承运人根据租船合同承运货物后签字给托运人的提单。银行或买方接受这种提单时，通常要求卖方提供租船合同的副本。

7. 其他特殊提单

（1）过期提单。关于过期提单有两种说法：一种是指晚于货物到达目的港的提单；另一种是指超过提单签发日期 21 天后向银行交付的提单。这两种情况下的提单，都叫过期提单。前一种情况在近年运输中经常出现，为了使这种过期提单能被接受，故在买卖合同和信用证中应规定“过期提单可以接受”的条款。后一种情况是可以避免的，因此，《跟单信用证统一惯例 600》规定，如信用证未规定向银行交单的特殊期限，银行将拒受迟于出单日期 21 天后提交的单据。

（2）预借提单。预借提单是指货物在装船前或装船完毕以前，托运人为及时结汇，向承运人预先借用的提单。船舶公司签发提单的日期理应是货物全部装船完毕，也就是大副出具收据的那一天，这是一项很严肃的法律行为。因此，预借提单是一种违法的做法。

（3）倒签提单。倒签提单是指承运人签发提单时，倒签日期的一种提单。由于货物实际装船日期晚于信用证上规定的日期，如按实情签发的提单，势必不能结汇。为使提单日期与合同规定的装运期限相符，承运人应托运人的请求，按信用证规定的装运日期签发提单。这种做法与预借提单一样属于欺骗行为，是一种违法的做法，对于托运人和承运人来说都有很大的风险。

（4）舱面提单。舱面提单又称甲板提单，是指对装在甲板上的货物所签发的提单。这种提单上一般都注有“装甲板”字样，舱面货风险很大，根据《海牙规则》的规定，承运人对于装于舱面（甲板）货物的损坏或灭失不负责任。因此，买方和银行一般不愿接受舱面提单，信用证中另有规定的除外。

（三）海运提单在银行结汇中的实际运用

（1）银行一般会接受的提单：已装船提单、清洁提单、指示提单、直达提单、联运提单、班轮提单、全式提单、正本提单。

（2）银行一般不会接受的提单：备运提单、记名提单、不记名提单、租船提单、略式提单、舱面提单、转船提单。

（3）银行绝对不会接受的提单：不清洁提单、副本提单、过期提单、预借提单、倒签提单。

（四）海运提单的内容与缮制要点

1. 正面内容

（1）托运人（发货人）：与承运人签订运输合同的人。

（2）收货人。

（3）被通知人。

（4）船名。

（5）装运港。

（6）卸货港。

（7）唛头。

（8）包装种类与件数。

（9）商品名称。

（10）毛重和体积。

（11）运费支付。

（12）签发地点与日期。

（13）承运人签章。

（14）提单签发的份数。

（15）提单号码。

2. 背面内容

背面内容一般记录托运人与承运人双方约定的事项。

（1）《海牙规则》。《海牙规则》是1924年8月国际法协会制定的，1931年生效。它是海上货物运输领域影响最为广泛的国际公约，较多地维护了承运人的利益。

（2）《维斯比规则》。1968年，国际海事委员会通过了《维斯比规则》。它对《海牙规则》进行了修订，1977年生效。

（3）《汉堡公约》。《汉堡公约》是1978年联合国海上货物运输会议上通过的。做了比较全面的修改，比较合理地规定了托运人与承运人的责任。

（五）不可转让海运单

货物在海上运输，本应签发海运提单，承运人才能凭提单把货物交给收货人。随着EDI和电子商务在国际贸易领域的广泛应用，特别是由于现代船舶航行速度的提高，如果船舶先于提单到达卸货港，常常被迫停滞在港内等候提单，对船公司和进口商都不方便。这种情况曾影响到北欧、美国、日本和远东及中东等地区的许多海港。

为了解决这一问题，仿照空运单据，开始使用不可转让为前提的海运单，以利于进口商及时提货、简化手续、节省费用，于是海运单开始广泛运用。它的作用与性质：①是承运人或其代理人出具的货物收据；②是承运人和托运人之间运输契约的证明。

注意海运单有别于提单。海运单仅是一个流通票据，不是物权凭证。故不得转让。收货人不凭海运单提货，而是凭到货通知单提货。因此，海运单收货人一栏应填写实际收货人的名称和地址，以便货物到达目的港后通知收货人提货。

二、其他运输单据

货物运输单据除海运提单外，还有航空运单，公路或铁路运单等。它们之间的共同特点都是运输凭证，但其功能作用与海运提单不尽相同。

航空（铁路或公路）运单是作为承运人的航空公司（铁路或公路部门）接受托运人的委托办理承运时签发的代表运输契约的凭证。航空（铁路或公路）运单不能凭以提取货物，也不是货物所有权凭证。

本章小结

装运条款是国际货物买卖合同中的主要条款之一，明确合理地规定装运条款，能避免引起不必要的麻烦。

国际货物运输是国际贸易不可缺少的重要环节。海洋运输是应用最广泛的一种运输方式，其经营方式有班轮运输和租船运输两种。

除海洋运输外，国际贸易中常用的运输方式还包括铁路运输、航空运输、邮政运输、集装箱运输、国际多式联运、公路运输、内河运输、大陆桥运输等。集装箱运输目前已成为国际上普遍采用的一种重要的运输方式。国际多式联运可以改善不同运输方式间的衔接工作，实现各种运输方式的连续运输。

不同的运输方式使用的运输单据不同，它是交接货物、处理索赔与理赔和结算货款的重要单据。主要单据有海运提单、铁路运单、航空运单、邮政收据和多式联运单据等。海运提单的性质和作用可以概括为承运货物收据、物权凭证和运输契约的证明。海运提单按不同的分类方法可以分为：已装船提单和备运提单，清洁提单和不清洁提单，记名提单、不记名提单和指示提单，直达提单、转船提单和联运提单，繁式提单和略式提单，班轮提单和租船提单等。

思考题

1. 什么叫分批装运？规定方法有几种？
2. 国际货物运输方式包括哪些？各自的特点如何？
3. 国际多式联运应具备哪些条件？
4. 何谓班轮运输？有哪些特点？
5. 班轮运费的计收标准有哪些？
6. 何谓滞期费、速遣费？在买卖合同中为什么要规定滞期和速遣条款？
7. 海运提单种类有哪些？
8. 海运提单的性质和作用如何？

1. 卖方按CIF价格条件出口货物一批，合同规定“9月份装运，信用证的有效期为10月15日”。卖方9月15日发货，取得清洁已装船提单，备齐全套单据向银行议付了货款。但买方收到货物后，发现货物受损严重，且短少50箱。买方因此拒绝收货，并要求卖方退回货款。试问：（1）买方有无拒收货物并要求退款的权利？为什么？（2）此案中的买方应如何处理此事才合理？

资料来源：孟海樱.国际贸易实务[M].北京：机械工业出版社，2013.

2. 我公司与德商签订一出口合同，德商按时开来了信用证，证中规定的装运条款为：1月装100公吨，2月装150公吨，3月装150公吨。我公司1月按规定如数装运并顺利收到货款。考虑到货源分散，经与船舶公司协商同意，于2月10日在烟台、2月11日在青岛共装运150公吨在“月亮河号”船上。当我公司持单据到银行要求付款时，遭到开证行的拒绝。问：开证行的拒付是否合理？为什么？

资料来源：贺政国，马泓，陈晓梅.国际贸易实务学习指导[M].北京：电子工业出版社，2013.

第五章

国际货物运输保险

国际货物运输保险的选择

某轮载货后，在航行途中不慎发生搁浅，事后反复开倒车，强行起浮，但船上轮机受损并且船底划破，致使海水渗入货舱，造成货物部分损失。该船行驶至邻近的一个港口船坞修理，暂时卸下大部分货物，前后花费了 10 天时间，增加支出各项费用，包括员工工资。当船修复后装上原货起航后不久，A 舱起火，船长下令对该舱灌水灭火。A 舱原载文具用品、茶叶等，灭火后发现文具用品一部分被焚毁，另一部分文具用品和全部茶叶被水浸湿。试分别说明以上各项损失的性质，并指出在投保 CIC（1981.1.1 条款）何种险别的情况下，保险公司才负责赔偿？

案例分析：

（1）属于单独海损的有：搁浅造成的损失；A 舱被焚毁的一部分文具用品。因为该损失是由于风险本身所导致的。属于共同海损的有：强行起浮造成的轮机受损以及船底划破而产生的修理费以及船员工资等费用；A 舱被水浸湿的另一部分文具用品和全部茶叶。因为该损失是由于为了大家的利益而采取的对抗风险的人为措施所导致的。

（2）投保 CIC（1981.1.1 条款）的平安险，保险公司就负责赔偿，因为平安险承包共同海损；对于本案中的单独海损，是由于搁浅和失火意外事故导致的部分损失属于平安险承包范围。

资料来源：http：//www.docin.com/p-1615255433.html.

学习目标：

1. 能够了解货物在运输途中遇到的风险、发生的损失和费用等知识。
2. 掌握我国海洋货物运输保险条款的有关内容，熟悉国际货物保险实务。

主要名词或概念：

海上风险、外来风险、全部损失、部分损失、推定全损、共同海损、单独海损、平安险、水渍险、一切险、一般附加险、特殊附加险在国际货物交接的过程中，可能会遇到各种不同的自然灾害和意外事故，使货物遭受部分损失或全部灭失，从而给买方或卖方造成经济损失。为了使货物在运输过程中可能遭受到的意外损失得到补偿，货物的买方或卖方便需要按合同的规定向保险公司办理保险手续。投保人同保险公司订立保险契约，被保险人（买方或者卖方）向保险人（保险公司）按一定的金额投保一定的险别，交付一定的保险费用，从而将货运过程中可能遭到的风险交由保险公司承担。

国际货物运输保险包括海上货物运输保险、陆地运输保险（包括铁路和公路货运保险）、航空货物运输保险、邮包货物运输保险等多种形式。其中，海上货物运输的历史最为悠久，业务量最大，在国际货物运输保险中占主要地位，是国际贸易中无形贸易的重要组成部分。因此，与海洋货物运输保险有关的法律制度和基本原则，对陆地、航空、邮包货物运输保险有着决定性的影响。

第一节　海上货物运输保险

海运货物保险承担的范围，包括海上风险、海上损失与费用以及外来原因所引起的风险损失。国际货物市场对上述各种风险与损失都有着特定的解释。正确理解海运货物承保的范围和各种风险的损失与含义，对合理选择险别和正确处理保险的票据，具有十分重要的现实意义。

一、海上风险与损失

海运保险是各类保险单中发展最早的一种，这是由于商船在海洋航行中风险大，海运事故频繁。在国际海运保险业务中，各国保险界对海上风险与海上损失，都有着其特定的解释。因此，我们首先应对各种海上风险和损失的确切含义有所了解。

（一）海上风险

海上风险一般包括自然灾害和意外事故两种，按国际保险市场的理解，这些风险所指的内容如下：

1. 自然灾害

所谓的自然灾害，是仅指恶劣气候、雷电、洪水、流冰、地震、海啸以及其他人力不可抗性的灾害，而非指一般自然力所造成的灾害。

2. 海上意外的事故

海上意外事故不同于一般的意外事故，它所指的主要是船舶搁浅、触礁、碰撞、爆炸、水灾、沉没、船舶失踪或其他类似事故。

（二）海上损失

海上损失（简称海损）是指保险货物在货运过程中，由于海上风险所造成的损失或灭失。根据国际保险市场的一般解释，凡与海陆连接的陆运过程中所发生的损失或灭失，也属于海损范围，就货物损失的程度而言，海损可分为全部损失和部分损失；就货物损失的性质而言，海损又可分为共同海损和单独海损。

1. 全部损失和部分损失

全部损失有实际全损和推定全损两种。前者是指货物全部灭失或完全变质，或不可能归还被保险人；后者指货物出现货物事故后，认定实际全损已不可避免，或者为避免实际全损所需支付的费用与继续将货物运抵目的地的费用之和超过保险值。凡不属于实际全损和推定全损的损失为部分损失。

2. 共同海损和单独海损

（1）在海洋运输中，船舶、货物或其他财产遭遇共同危险，为了解除共同危险，有意采取合理的救难损失。凡属共同海损范围内的牺牲和费用，均可通过共同海损理算，由有关获救受益方（即船方、货方和运输收入方）根据获救价值按比例分摊，称为共同海损分摊。

以上表明，共同海损涉及各方的利害关系。因此，构成共同海损是有条件的，共同海损必须具有下列特点：

① 共同海损的危险必须是共同的，采取的措施是合理的，这是共同海损成立的前提条件。如果危险还没有危及船货各方的共同安全，即使船长有意作出合理的牺牲和支付了额外的费用，也不能算作共同海损。

② 共同海损的危险必须是真实存在的而不是臆测的，或者是不可避免地发生的。

③ 共同海损的牺牲必须是自动的和有意采取的行为，其费用必须是额外的。

④ 共同海损必须是属于非常情况下的损失。

（2）单独海损是指仅涉及船舶和货物所有人单方面的利益的损失，它与共同海损的主要区别是：

① 造成海损的原因不同。单独海损是承保风险所直接导致的船、货损失；共同海损，则不是承保风险所直接导致的损失，而是为了解除或减轻共同危险人为造成的一种损失。

② 承担损失的责任不同。单独海损的损失一般由受损方自行承担；而共同海损的损失，则应由受益的各方按照受益大小的比例共同分摊。

（三）施救费和救助费用

海上风险还会造成费用上的损失。由海上风险所造成的海上费用，主要有施救费用和救助费用。所谓施救费用，是指被保险的货物在遭受承保责任范围内的事故灾害时，被保险人或者代理人与受让人，为了避免或减少损失，采取了各种抢救或者防护措施而所支付的合理费用。救助费用则有所不同，它是指被保险货物在遭受了承包责任范围内的灾害事故时，由保险人和被保险人以为的第三者采取了有效的救助措施，在救助成功后，由被救助方付给旧主人的一种报酬。

二、外来风险和损失

外来风险和损失，是指海上风险以外由于其他各种外来的原因所造成的风险和损失，外来风险和损失包括下列两种类型：

（1）一般的外来原因所造成的风险和损失。这类风险损失，通常是指偷窃、短量、破碎、雨淋、受潮、受热、发霉、串味、玷污、渗漏、碰损和锈损等。

（2）特殊的外来原因造成的风险和损失。这类风险损失，主要是由于军事、政治、国家政策法令和行政措施等原因所致的风险损失，如战争和罢工等。

除上述各种风险损失外，保险货物在运输途中还可能发生其他损失，如运输途中的自然损耗以及由于货物本身特点和内在缺陷所造成的货损等。这些损失不属于保险公司承保的范围。

三、海上货物运输保险合同

海上货物运输保险合同是指保险人与被保险人签订的，由被保险人向保险人支付的保险费并规定在保险标的发生承保范围内的海上风险而遭到的损失时，由保险人向被保险人给予赔偿的契约。

在海上货物运输的保险中，被保险人在订约前，应当如实地把所知的保险标的具体情况告知保险人，以便保险人决定是否承保。如果被保险人隐瞒某些情况或所报不实，保险人有权解除合同。坚持诚信是订立保险合同必须遵守的原则。

（一）海上货物运输保险合同的订立

保险合同是保险人与被保险人双方订立的合同。根据英、美等国的习惯，被保险人并不直接与保险人接触，而是委托保险经纪人代行投保。

中国人民保险公司办理投保按两种手续进行：

（1）如果由收货人直接投保，应填具投保单一式二份，写明货物名称、保险金额、运输路线、运输工具、投保险别等事项。其中一份由保险公司签章后交由被保险人作为承保的凭证；另一份留在保险公司凭以出具保险单。投保人拿到保险单，保险合同即告成立。

（2）如果由外贸进出口公司投保出口货物运输保险，为减少手续，一般不填具投保单，而利用有关出口单据的副本（如出口货物明细单等）来代替投保单。

（二）海上货物运输保险合同的形式

海上货物运输保险合同要通过签署正式的书面凭证才能确立。这通常包括保险单、保险凭证、保险批单等形式。

1. 保险单

保险单简称保单、大保单，是保险人与被保险人之间的订立的保险契约，也是保险人对被保险人的承保证明。当发生保险范围内的损失或灭失时，被保险人可以凭保单向保险人要求赔偿。保险单可以转让，并且通常是被保险人向银行进行押汇的证件之一。

保险合同的全部条款和有关项目均以印就的格式分列在保险单的正面和背面。它的主要内容包括：保险人与被保险人的名称、货物名称、包装种类即件数、唛头及件号、装运港和目的港的名称、转运船只的名称及开航日期、保险金额、承保险别、保险费和费率、赔款偿付地点、保险公司代理人名称、出单公司的地址、出单日期等。

2. 保险凭证

保险凭证也称保险证书、小保单，是一种简化的保险单，他发给被保险人，证明货物已经投保，保险单已经签发。这种证明文件只在正面书写有关事项，载明被保险人的名称、保险货物名称、载运船只名称、保险期限、保险金额等，无保险人与被保险人的权力与义务的条款。这种保单以正式保险单的保险条款为准。中国人民保险公司承保对外贸易进出口公司向新、马等国和港、澳地区出口货物时，将保险险别与保险金额加注进出口公司开出的发票上，其他事项以发票所列事项为准。

3. 保险批单

保险批单是保险人签发保险单或保险凭证之后，应被保险人的要求，修改补充原保险单或保险凭证内容而成的单证。它附在原保险的凭证上，成为保险合同的组成部分，但不构成独立的合同形式。

第二节 海上货物运输保险的险别

保险险别是指保险人对风险和损失的承保责任范围。在保险业务中，各种险别的承保责任通过各种不同的保险条款来规定，为了适应国际货物海运保险的需要，中国人民保险公司根据我国保险实际情况并参照国际保险市场的习惯做法，分别制定了各种条款，总称为“中国保险条款”，其中包括海洋运输货物保险条款、海洋运输货物战争险条款以及其他专门条款。投保人可根据货物特点和航线与港口实际情况自行选择投保适当的险别。

按中国保险条款规定，我国海运货物保险的险别包括下列几种类型：

一、基本险别

中国人民保险公司所规定的基本险别包括平安险、水渍险和一切险。

1. 平安险

平安险的原文原意为“单独海损不赔”，即保险标的物所遭受的单独海损原则上不在承保范围之内，只对标的物的承包范围内所发生的全部损失、共同海损有赔偿责任。但是，国际贸易的长期实践逐渐突破了原有的严格限制，现代保险公司对某些单独海损也可酌情实行赔偿。平安险承保人的责任范围比较窄小，它主要包括：

（1）被保险的货物在运输途中由于恶劣气候、雷电、海啸、地震、洪水等自然灾害造成整批货物的全部损失或推定全损。若被保险的货物用驳船运行或运离海轮，则每一驳船所装的货物可视作一个整批。

（2）由于运输工具遭到搁浅、触礁、沉没、互撞与流冰或其他物体碰撞以及失火、爆炸等意外事故所造成的货物全部或部分损失。

（3）在运输工具已经发生搁浅、触礁、沉没、焚毁等意外事故的情况下，货物在此以前后又在海上遭受恶劣气候、雷电、海啸等自然灾害所造成的部分损失。

（4）在装卸或转船时由于一件或数件甚至整批货物落海所造成的全部或部分损失。

（5）被保险人对遭受承保责任内的危险货物采取抢救、防止或减少货损的措施所支付的合理费用，但以不超过该批被毁货物的保险金额为限。

（6）运输工具遭遇海难后，在避难港上因卸货引起的损失，以及在中途港或避难港上因卸载、存仓和运送货物所产生的特殊费用。

（7）共同海损的牺牲、分摊和救助的费用。

（8）运输契约中如订有“船舶互撞责任”条款，则根据该条款规定应由货方偿还船方的损失。

上述责任范围表明，在投保平安险的情况下，保险公司对由于自然灾害所造成的单独海损无赔偿责任，而对于因意外事故所造成的单独海损则要负赔偿责任。此外，如在运输过程中运输工具发生搁浅、触礁、沉没、焚毁等意外事故，则不论在事故发生之前或之后由于自然灾害所造成的单独海损，保险公司也要负赔偿责任。

2. 水渍险

投保水渍险后，保险公司除担负上述平安险的各项责任外，还对被保险货物如由于恶劣气候、雷电、海啸、地震、洪水等自然灾害所造成的部分损失负赔偿责任。

3. 一切险

投保一切险后，保险公司除担负平安险和水渍险的各项责任外，还对被保险货物在运输途中由于外来原因而遭受的全部或部分损失，也负赔偿责任。

从上述三种基本险别的责任范围来看，平安险的责任范围最小，它对自然灾害造成的全部损失和意外事故造成的全部或部分损失负赔偿责任，而对自然灾害造成的部分损失，一般不负赔偿责任。水渍险的责任范围比平安险的责任范围大，凡因自然灾害和意外事故所造成的全部和部分损失，保险公司均负责赔偿。一切险的责任范围是三种基本险别中最大的一种，它除包括平安险、水渍险的责任范围外，还包括被保险货物的运输过程中，由于一般外来原因所造成的全部或部分损失，如货物被盗窃、钩损、碰损、受潮、发热、淡水雨淋、短量、包装破裂和提货不着等。由此可见，一切险是平安险、水渍险加一般附加险的总和。在这里还需特别指出的是，一切险并非保险公司对一切风险损失均负赔偿责任，它只对水渍险和一般外来原因引起的可能发生的风险损失负责，而对货物的内在缺陷、自然损耗以及由于特殊外来原因（如战争、罢工等）所引起的风险损失，概不负赔偿责任。

我国的《海洋运输货物保险条款》除规定了上述各种基本险别的责任外，还对保险责任的起讫，也作了具体规定。在海运保险中，保险责任的起讫，主要采用“仓至仓”条款，即保险责任自被保险货物运离保险单所载明的起运地仓库或储存处所开始，包括正常运输中的海上、陆上、内河和驳船运输在内，直至该项货物运抵保险单所载明的目的地，收货人的最后仓库或储存处所或被保险人用作分配、分派或非正常运输的其他储存所为止。但被保险的货物在最后到达卸载港卸离了海轮后，保险责任以60天为限。

二、附加险别

在海运保险业务中，进出口商除了投保货物的上述基本险别外，还可根据货物的特点和实际需要，酌情再选择若干适当的附加险别。

附加险别包括一般附加险和特殊附加险。

（一）一般附加险

一般附加险不能作为一个单独的项目投保，而只能在投保平安险或水渍险的基础上，根据货物的特性和需要加保一种或若干种一般附加险。如加保所有的一般附加险，这就叫投保一切险。可见一般附加险被包括在一切险的承保范围内，故在投保一切险时，不存在再加保一般附加险的问题。

由于被保险货物的品种繁多，货物的性能和特点各异，而一般外来的风险又各种各样，所以一般附加险的种类也很多，其中主要包括偷窃提货不着险、淡水雨淋险、渗漏险、短量险、钩损险、污染险、破碎险、碰损险、生锈险、串味险和受潮受热险等。

（二）特殊附加险

1. 战争险和罢工险

凡加保战争险时，保险公司则按加保战争险条款的责任范围，对由于战争和其他各敌对行为所造成的损失负赔偿责任。按中国人民保险公司的保险条款规定，战争险不能作为一个单独的项目投保，而只能在投保上述三种基本险别之一的基础上加保。战争险的保险责任起讫和货物运输险不同，它不采取“仓至仓”条款，而是从货物装上海轮开至货物运抵目的港卸离海轮为止，即只负责水面风险。

根据国际保险市场的习惯做法，一般将罢工险与战争险同时承保。如投保了战争险又需加保罢工险时，仅需在保单中附上罢工险条款即可，保险公司不再另行收费。

2. 其他特殊附加险

为了适应对外贸易货运保险的需要，中华人民保险公司除承保上述各种附加险外，还承保交货不到险、进口关税险、舱面险、拒收险、黄曲霉素险以及我国某些出口货物运至港澳存仓期间的火险等特殊附加险。

第三节　我国的陆、空、邮运货物保险

陆运、空运货物与邮包运输保险是在海运货物保险的基础上发展起来的。由于陆运、空运与邮运同海运可能遭致货物损失的风险种类不同，所以陆、空、邮货运保险与海上货物保险的险别及其承保责任范围也有所不同，现分别简要介绍。

一、陆上货物运输保险

陆上货物运输保险在国际上尚未制定出为各国普遍采用的条款，但各国根据本国的情况一般制定有自己的保险条例和法规。中国人民保险公司陆上运输货物保险条款承保以火车、汽车为运输工具承运货物的风险，险别分为陆运险和陆运一切险两种。

（一）陆运输的保险责任范围

1. 自然灾害

被保险货物在运输过程中遭受暴风、火灾、雷电、地震、洪水等灾害而造成的全部

或部分损失时，保险公司负责赔偿。

2. 意外事故

火车或汽车等陆上运输工具发生碰撞、倾覆、出轨、隧道坍塌、岩崩等事故造成被保险货物的全部或部分损失时，保险公司负责赔偿。

陆运险对陆上运输过程中的驳运阶段的损失也有规定。驳运工具（如渡轮）由于搁浅、触礁、沉没、碰撞等造成被保险货物的全部或部分损失时，保险公司也负赔偿责任。

对由于发生在保险责任范围内的事故而采取抢救，防止或减少货损措施支付的合理费用，保险公司也负责赔偿，但以不超过被保险货物的保险金额为先。

（二）陆运一切险的保险责任范围

陆运一切险比陆运险的责任范围大。它除了上述属于陆运险的责任范围外，还对一切外来原因造成被保险货物的短少、短量、损坏损失以及偷窃、提货不着、破碎、渗漏、碰损、钩损、淡水雨淋、生锈、受潮受热、霉烂、玷污、串味等，也负责赔偿。

（三）陆上货物运输保险的除外责任

陆上货物运输保险条款也规定，如因被保险人的故意行为、过失行为，或属于发货人的责任、被保险货物本质特性，以及市价跌落、运输延迟等所引起的损失和费用，保险公司不负责赔偿；对未加投保战争险、罢工险而由战争或罢工所造成的损失也不负责赔偿。

（四）陆上货物运输保险责任的起讫

陆上货物运输保险也采取“仓至仓条款”，保险责任从被保险货物运离保险单所载明的起运地的发货人仓库或储存处所时开始，包括正常陆运和运输过程中的水上驳运在内，直到被保险货物运交保险单所载明的目的地后，如果没有及时送交收货人的仓库或储存处所，则保险责任期限最长不能超过被保险货物到达最后卸载车部全部卸离陆上运输工具后 60 天。

二、空运货物保险

1. 空运风险与损失

货物在空运过程中，有可能因自然灾害、意外事故和各种外来风险而导致货物全部或部分损失。常见的风险有雷电、火灾、爆炸、飞机遭受碰撞、倾覆、坠落、失踪、战争破坏以及被保险物由于飞机遭到恶劣气候或其他危难事故而被抛弃等。为了转嫁上述风险，空运货物一般都需要办理保险，以便当货物遭到承保范围内的风险损失时，可以从保险公司获得赔偿。

2. 空运货物保险的险别

空运货物的保险险别有航空运输险和航空运输一切险。这两种基本险都可单独投保，在投保其中之一的基础上，经投保人与保险公司协商可以加保战争险等附加险。加保时须另付保险费。在加保战争险前提下，再加保罢工险，则不另收保险费。

航空运输险和航空运输一切险的责任起讫也采用“仓至仓”条款。航空运输货物战争险的责任期限，是自货物装上飞机时开始至卸离保险单所载明的目的地飞机时为止。

三、邮包运输保险

1. 邮包运输风险与损失

邮包运输通常须经海、陆、空辗转运送，实际上属于“门到门”运输，在长途运送过程中遭受自然灾害、意外事故以及各种外来风险的可能性较大。寄件人为了转嫁邮包在运送当中的风险损失，故须办理邮包运输保险，以便在发生损失时能从保险公司得到承保范围内的经济补偿。

2. 邮包运输保险的险别

根据中国人民保险公司制定的《邮政包裹保险条款》的规定，有邮包险和邮包一切险两种基本险，其责任起讫是，自被保险邮包离开保险单所载起运地至寄件人的处所运行邮局时开始生效，直至被保险邮包运达保险单所载明的目的地邮局发到通知书给邮件人当日午夜起算为止，但在此期限内，邮包一经递交至收件人处所，保险责任即告终止。

在投保邮包运输基本险之一的基础上，经投保人与保险公司协商可以加保邮包战争险等附加险。加保时，也须另加保险费。在加保战争险的基础上，如加保罢工险，则不另收费。邮包战争险承保责任的起讫，是自被保险邮包经邮政机构收讫后自储存处所开始运送时生效，直至该项邮包运达保险单所载明的目的地邮政机构送交收件人为止。

第四节 国际货物运输保险程序

在国际货物买卖过程中，由哪一方负责投保，根据买卖双方签订的价格条件来确定。例如，按 FOB 条件和 CFR 条件成交，保险由买方办理；如按 CIF 条件成交，保险由卖方办理。办理货运保险的一般程序如下：

一、确定保险的金额

投保金额是计算保险费的依据，又是货物发生损失后计算赔偿的依据。按照国际惯例，对投保金额应按发票上的 CIF 价另加 10%的预期利润计算。但是，各国市场情况不尽相同，对进出口贸易的管理办法也各异。向中国人民保险公司办理进出口货物运输保险，可按两种办法进行：一种是逐笔投保，另一种是按签订预约保险总合同办理。

1. 出口方面

（1）如果按 CIF 条件作价成交，其保险费的计算公式是

保险费＝CFR 货值×投保加成（110%）×保险费率

（2）如果按 CFR 条件作价成交，其保险费的计算公式是

保险费＝[CFR 货值×投保加成（110%）×保险费率]÷[1－（保险费率×投保加成）]

2. 进口方面

（1）如果按 FOB 条件作价成交，其保险费的计算公式是

保险费＝[FOB 货值×（1＋运费率）×保险费率]÷（1－保险费率）

（2）如果按 CFR 条件作价成交，其保险费的计算公式是

保险费＝（CFR 货值×保险费率）÷（1－保险费率）

二、填写投保单

保险单是投保人向保险人提出投保的书面申请，其主要内容包括被保险人的姓名，被保险货物的名称、标记、数量及包装，保险金额，运输工具名称，开航日期及起讫地点，投保险别，投保日期及签章等。

关于投保险别，如果合同上已经订明，按照合同规定办理。在有信用证的条件下，应该做到合同条款、信用证条款、保险单条款一致。如果合同上没有明确规定投保险别，则应参考货物的性质、包装、用途、运输工具、运输路线、运输季节、货物残损规律等因素加以确定。投保险别必须合理、明确，避免使用“水险”“惯常险”“水（火）损失”等含糊名词。该保的不应漏保，如玻璃器皿要加保破碎险，不该保的就不要保，如钢轨就不该加锈蚀险。若合同上没有规定要加某种保险，但对方却临时提出要加某种保险，此种超过合同规定险别的保险费可以向对方另行收取。

三、支付保险费，取得保险单

保险费按投保险别的保险费率计算。保险费率是根据不同的险别、不同的商品、不同的运输方式、不同的目的地，并参照国际上的费率水平来制定的。它分为“一般货物费率”和“指明货物加费费率”两种。前者是一般货物的费率，后者是指特别列明的货物（如某些易碎、易损货商品）在一般费率的基础上另行加收的费率。

海运险的一般货物费率中按照平安险、水渍险和一切险计算。如果在主要险别的基础上加保的附加险是某项商品的主要风险，一般应按一切险计算费率。陆运、空运和邮运险分为主要险和一切险两种费率。投保主要险后所保附加险的费率计收办法与海运险相同。但是，即使同一险别，在不同国家和不同港口的费率也有差异。

战争险不论海运、空运、陆运还是邮运，其费率都相同，而且一般无国家、地区和港口差异。

交付保险费后，投保人即可取得保险单。保险单实际上已构成保险人与被保险人之间的保险契约，是保险人对被保险人的承保证明。在发生保险范围内的损失或灭失时，投保人可凭保险单向保险人要求赔偿。

四、提出索赔手续

当被保险的货物发生属于保险责任范围内的损失时，投保人可以向保险公司提出赔偿要求。按《1990 通则》E 组、F 组、C 组包含的八种价格条件成交的合同，则视情况由买方或者卖方索赔。

被保险货物运抵目的地后，收货人如发现证件短少或有明显残损，应立即向承运人或有关方面索取货损或货差证明，并联系保险公司指定的检验理赔代理人申请检验，提出检验报告，确定损失程度，同时向承运人或者有关责任方提出索赔。属于保险责任的，

可以填写索赔清单，连同提单副本、装箱单、保险单正、磅码单、修理配置费凭证、第三者责任方的签证或商务记录以及向第三者责任方的来往函电等向保险公司索赔。索赔应当在保险有效期内提出办理，否则保险公司可以不予办理。

本章小结

国际货物在运输过程中可能会遇到各种风险，就海上货物运输保险而言，保险人承保的范围主要包括风险、损失和费用，以及外来原因引起的风险损失。海上风险包括自然灾害和意外事故。外来风险包括一般外来风险和特殊外来风险。海上损失按损失程度的不同可分为全部损失和部分损失；按性质可分为共同海损和单独海损。海上货物保险保障的费用包括施救费用和救助费用。

我国海洋货物运输保险条款包括三种基本险别，即平安险、水渍险和一切险。附加险包括一般附加险和特殊附加险。在此基础上又介绍了陆上、航空和邮包运输保险。最后介绍了海上货物运输保险实务。

思考题

1. 什么是推定全损？被保险人可获得怎样的赔偿？
2. 构成共同海损需具备哪些条件？
3. 保险单证有哪些性质和作用？在国际贸易中通常有哪些类型的保险单证？
4. 海上货物保险实行“仓至仓”条款，试说明在什么情况下，即使货物还未到达买方仓库，保险公司的责任也告终止？

某出口企业按CIF条件，出口冷冻食品一批，合同规定投保平安险加战争险、罢工险，货到目的港适逢罢工，货物无法卸载，又因货船无法补充燃料而停止制冷。等到罢工结束，该批冷冻食品已变质。

讨论：这种因罢工而引起的损失，保险公司是否负责赔偿？

资料来源：刘秀玲.国际贸易实务与案例[M].北京：清华大学出版社，2008.

第六章

检验、索赔、不可抗力和仲裁

仲裁协议的作用

中国某公司曾与美国某商人签订一项买卖机械设备零件的合同，合同背面载有仲裁条款。后在履约过程中，双方发生争议，美国商人遂向美国法院起诉中方公司。该法院受理此案后，即向中方公司发出传票，中方公司以合同背面载明的仲裁条款为证，提出抗辩，要求美国法院不予受理。美国法院核实材料后，承认它对本案无管辖权。本争议案仍按双方约定的仲裁条款，通过仲裁途径解决。

案例分析：仲裁协议最主要的作用就是排除了法院对本争议案的管辖权，并使约定的仲裁机构取得对本争议案的管辖权。因此，在本案合同约定了仲裁条款的情况下，争议双方均不得就彼此间的争议诉诸法院，法院也无权受理本争议案，本案争议只能由双方约定的仲裁机构来解决。本案合同项下的申请人向美国法院起诉，不仅违反了双方协议，而且也有悖国际贸易法律的一般规定，中方及时就此提出抗辩，以维护自身的合法权益，是十分必要的。

资料来源：http://wenku.baidu.com/view/fc929934b90d6c85ec3ac68c.html.

学习目标：

1. 能够了解和掌握检验、索赔、仲裁和不可抗力的知识。
2. 重点掌握检验时间和地点的规定方法，仲裁的基本程序和不可抗力成立的条件。
3. 学会解读和拟订合同中的检验、异议索赔、仲裁和不可抗力条款。

主要名词或概念：

商品检验、索赔、违约、仲裁、不可抗力

在国际货物销售合同中，除了品名、品质、数量、包装、装运、保险、支付等主要条款外，还包括检验、索赔、不可抗力和仲裁等一般条款。

在合同履行过程中，买卖双方常常会对出现的某些问题发生争议。如何认识、解释和处理这些争议，也是买卖双方关心的问题，需要在合同签订前充分磋商，取得一致意见，并订明于合同之中，使之在处理时有“章”可循，有“法”可依。因此，即使是这些一般条款，也是合同中不可缺少的重要组成部分。

第一节　进出口商品的检验

一、商品检验及其作用

商品检验，是指在国际贸易业务中，由国家设置的商品检验机构或向政府注册的第三者身份的民间公证鉴定机构，对进出口商品的品质、数量、包装、卫生、安全以及残损短缺等进行检验、鉴定并出具证书的工作。

进出口商品检验是适应现代国际商品交换发展的需要而产生、发展和完善起来的。在国际贸易中，买卖双方大都远隔重洋，一般难以当面验看，互交货物，也不能当场进行货款结算，而且货物在长途运输过程中还可能发生货物残损或意外事故，存在着种种风险。为了查明事故或风险的原因，分清有关当事人的责任，求得妥善处理，在长期的国际贸易实践中，逐渐形成一种被买卖双方所能接受的习惯做法，即由有资格的、有权威的，独立于买卖双方利益冲突之外的第三者国家商检机构或民间公证鉴定机构对进出口商品进行检验、鉴定，并对检验、鉴定的结果出具证书，作为交接货物、结算货款、处理索赔和理赔的依据。

在进出口商品中由于有些不法外商或不可靠的中间商采用投机手段，以次充好、以旧顶新、以少充多、掺杂使假等现象屡见不鲜，即使是发达国家的名牌货，有时也会出现这样那样的问题。尤其是我国进口的机械产品、成套设备以及重要的原材料，因其质量上的缺陷存在各种隐患，如不及时检验发现，不仅将降低其生产效率，或缩短其使用寿命，还可能发生严重事故。就我国出口商品而言，如果质量不好，不利于外销和取得好的销价，即使勉强出口，也会给国家造成经济损失和不良政治影响。特别是在当前国际贸易领域竞争激烈的情况下，奖出限入的保护贸易政策盛行，国外消费者对商品质量的要求越来越高，加之各国对商品安全性能及食品卫生等方面都有不同的限制法令，这都表明加强出口商品检验工作的重要性。

现在，商品检验不仅已经成为保证出口商品质量、增强国际市场竞争力、扩大出口贸易、提高经济效益的一个重要手段，而且已经成为把好进口商品质量关、维护国家和人民合法权益的一项重要措施，从而构成买卖双方交易洽商贸易合同的一项必不可少的内容。对此，各国均十分重视，纷纷通过立法予以确保，《联合国国际货物销售合同公约》也有类似规定。

二、进出口商品检验的内容、依据和范围

1. 进出口商品检验的内容

《中华人民共和国进出口商品检验法》（以下简称《商检法》）第6条作出明确规定：“商检机构实施进出口商品检验的内容，包括商品的质量、规格、数量、重量、包装以及

是否符合安全、卫生要求。”

2. 进出口商品检验的依据

一般来讲，进出口商品检验的依据有两种：一是法律、行政法规；二是贸易合同。

《商检法》第 6 条规定：“法律、行政法规规定有强制性标准或者其他必须执行的检验标准的进出口商品，依照法律、行政法规规定的检验标准检验；法律、行政法规未规定有强制性规定或者其他必须执行的检验标准的，依据对外贸易合同约定的检验标准检验。”这就是说，在我国进出口发展贸易合同中所签订的商品检验内容，一是要符合我国有关法规规定的要求，否则其合同内容在我国是无效的。如果违反了对方国家有关标准法规，我国出口商品也会被拒之对方国门之外。二是不能违反海关、商检等有关部门所颁布的法规。例如，我国出口棉坯布不得违反国家商检局颁布的《全国出口棉花检验要求》规定的有关商检条款。

至于对外贸易合同的检验依据，指的是在对外贸易合同中，对商品的检验要求可实施不约定商品检验标准的方法，而是根据买卖双方的需要，协商约定检验条款。合同中约定的这个检验条款，便是该商品的法定检验依据，例如，合同中约定的某种品质条款，可以是行业产品标准，或企业产品标准，也可以是双方商定的品质标准。无论合同中写出什么品质条款，都可以作为法定检验依据，但都不能超越有关法规的要求。

应当指出，进出口商品虽然有上述两种检验依据，但从对外贸易业务来讲，主要的依据是对外贸易合同（含信用证）所规定的检验条款。当然，该合同的检验条款以不能悖于买卖双方国家有关法律和行政法规的要求为前提。

3. 进出口商品检验的范围

进出口商品检验的范围，包括有关法律、法规以及对外贸易合同规定的应由商检机构实施检验的进出口商品。

我国进出口商品检验的范围，首先是《商检机构实施检验的进出口商品种类表》（以下简称《种类表》）中规定的商品。《商检法》第 4 条、第 5 条规定，国家商检部门根据对外贸易发展的要求，制订、调整并公布《种类表》，对列入《种类表》的进出口商品，必须经过商检机构或国家商检部门、指定的商检机构实施检验。不经检验的进口商品，不准销售、使用；未经检验合格的出口商品，不准出口。可见，列入《种类表》的进出口商品属于强制性或法定检验的商品。

属于法定检验商品范围的还有：

（1）根据《中华人民共和国食品安全法》（试行）规定，应实施卫生检验的出口商品；

（2）根据《中华人民共和国进出境动植物检疫法》规定，应实施检疫的进出口动植物产品；

（3）根据《商检法》规定，对装运出口粮食、食品冷冻品等易腐食品的船舱和集装箱，必须经商检部门检验符合装运技术条件，并发到证书后，方准装运；

（4）凡列入《国际海上危险货物运输规则》内的危险品，必须经商检机执行包装鉴定，检验合格发给证书后，方准装运出口。

（5）对外贸易合同规定由国家设立的商检机构检验的进出口商品，也应视同法定检验商品。

另外，《商检法》第 5 条还规定，应由商检机构检验的进出口商品，经收货人、发货人申请国家商检部门审查批准，可以免于检验。对此，国家商检局发布并于 1990 年 4 月 1 日开始执行的《进出口商品免检办法（试行）》，详细规定了免检验商品的具体管理办法。至于商检机构对不实行直接检验的进出口商品，《商品法》规定了监督管理办法。该法第 17 条规定："商检机构对本法规定必须经商检机构检验的进出口商品以外的进出口商品，可以抽样检验。出口商品经抽查检验不合格的，不准出口。"

三、进出口商品检验的一般程序

进出口商品检验程序一般由报验、抽样、检验和签证四个环节组成。

（一）报验

报验是指对外贸易关系人（包括出口商品的生产、供货部门，进口商品的收货、用货部门，运输、保险契约的有关部门）向商检部门提出的检验申请，是商品检验的必办手续，有以下三种做法。

1. 出口检验申请

要填写《出口检验申请单》，提供相关的买卖合同、信用证、来往函电等证件和资料。报验时间，一般为发运前 7～10 天，如果报验单位不在商检部门所在地，则应在发运前 10～15 天内申报。

2. 进口检验申请

要填写《进口检验申请单》，并附上买卖合同、发票、海运提单（或铁路、航空、邮政的运单）、品质证书、装箱单、装运通知单。收用货部门验收的，应附验收记录等资料；进口货物有残损、短缺的，应附理货公司与轮船大副共同签署的货物残损报告单，大副批注或铁路商务记录等有关证明材料。报验时间，最晚不得少于对外索赔有效期的三分之一时间。

3. 委托检验

要填写《委托检验申请单》，并应自送样品。委托检验的结果，一般不能用于作为对外索赔的依据。

（二）抽样

抽样是检验的基础。除委托检验外，一般不得由报验人送样，而是商检部门接受报验后，随即派抽样员赴存货现场自行抽样。抽样时，要按照约定的方法和比例，从货架的不同部位抽取一定数量的、能代表全批货物质量的样品（样本）供检验之用。抽样完毕，由抽样员当场发给抽样收据。

（三）检验

检验是商检部门的中心工作，必须做到准确、迅速、证货相符，否则会影响检查结果的准确性、有效性。因此，商检部门在接受报验后，要认真研究申报的检验项目，确定检验内容，按照检验的依据和合同（信用证）对品质、规格、包装的规定以及其规定的检验标准和检验方法，对抽样进行检验。

（四）签证

商检证书是商检机构对进出口商品检验、鉴定的结果所出具的证书。它是买卖双方交接货物的依据，也是买卖双方收付货款、处理索赔和理赔的依据。因此，要求它所载事实清楚，论证严谨、周密。商检机构根据《种类表》或买卖合同（信用证）的规定，对进出口商品进行检验，签发商检证书或放行单。

四、商品检验条款的主要内容

国际货物买卖合同中的商品检验条款主要包括下述内容：检验的时间和地点，检验的机构、标准、方法和证书，复验的期限、机构和地点等。

（一）商品检验的时间和地点

商品检验的时间和地点实际上涉及买卖双方对商品进行检验的权力，即对商品的品质、数量、包装等是否与合同（信用证）一致的检验，是以卖方的检验为最后依据，还是由买方的检验为最后依据的问题，对此，各国的规定和做法不尽相同。目前，通常有以下几种规定。

1. 离岸品质，重量为准

出口货物在装运港装船前，由买卖双方约定的检验机构检验后所出具的符合合同条款规定的品质、重（数）量、包装等检验证书，作为卖方交货的品质、重（数）量的最后依据。货抵目的港后，买方也可自行复检，但无权就此向卖方提出品质、重（数）量方面的任何异议，除非买方能够证明，货物到达目的地（港）时的质变与缺量是由于卖方未履行合同规定或因货物隐蔽的疵点所致。这实际上否定了买方的复验权。当然，货物在运输途中所发生的货损，则不在此列。

2. 到岸品质，重量为准

有些货物如密封包装的货物，或规格、精密度高的货物，不便在装运港（地）开装检验，而要在货抵目的港（地）后才能检验，可采取到岸品质、重（数）量检验的做法，即货抵目的港（地）后，由双方约定的目的（地）商检机构检验货物并以其出具的检验证书作为卖方交货的品质、重（数）量的最后依据。当发现货物的品质、重（数）量与合同不符而责任又在卖方时，买方可向卖方提出索赔或按双方事先的约定处理。

3. 离岸重量，到岸品质

这种规定是以装运港商检机构检验货物的重（数）量，并以其出具重（数）量证书作为最后依据，以目的港商检机构检验货物的品质并以其出具的品质证书作为最后依据。这是一种折中做法，旨在调和双方在检验环节上的矛盾，多用于大宗货物交易的检验中。

4. 装运港检验，目的港复检

按这种规定，货物由装运港商检机构检验后所出具的检验证书作为卖方交货和议付货款的凭证之一，同时又允许货抵目的港后由双方约定的商检机构在约定的时间内进行复验，经过复验，如发现货物的品质、重（数）量与合同不符而责任在卖方，买方可凭目的港商检机构出具的复验证书向卖方提出异议和索赔。这种做法兼顾了买卖双方的利益，在一般情况下对买卖双方较为公平合理，符合国际贸易惯例和法规规则，因而在国际贸易中广泛应用，在我国进出口业务中也常被采用。

（二）检验的机构、标准、方法和证书

1. 商检机构

商检机构一般是指接受委托对国际贸易中的商品进行检验和公证鉴定工作的专业性机构，在国际贸易中，从事商品检验的机构大致分为以下三类：

（1）官方检验机构，由国家设立的检验机构；

（2）非官方检验机构，由私人或同业工会、协会开设的公证行或公证人；

（3）半官方检验机构，指一些有一定权威的，由国家政府授权、代表政府行使商品检验的民间机构。

一般来说，商检机构是交易双方之外的第三者，与买卖双方没有利害关系，而且应具有足够的技术力量和仪器设备，办事公平合理。但是，由于各国商检机构的背景、能力、技术、信誉各有不同，加之商品性质、交易条件以及各国检验的规章制度各异。因此，买卖双方应该在对以上因素作出综合判断的基础上，就一笔业务协商选定商检机构，并在合同中订明。

我国的商检机构，根据《商检法》规定，设有国家商检局及其在全国各地的地方商检局。中国进出口商品检验总公司及其在全国各地的分公司，根据商检局指定，也以第三者身份办理进出口商品的检验和公证鉴定业务。

国家商检局的主要任务有以下三项：

（1）法定检验。根据《商检法》等法规的规定，国家商检局对属于法定检验范围的进出口商品实施法定检验。经其检验合格并签订检验证书的，才能出口，或通关调拨使用或销售，上述一切均有海关监管。

（2）公证鉴定。公证鉴定是国家商检局根据对外贸易关系人的申请，或受国外检验机构的委托，办理进出口商品的各项鉴定业务，并签发各种鉴定证书，作为对外贸易关系人办理进出口商品的交接、结算、报关、纳税、处理争议、索赔等业务的有效凭证。我国这项业务统一由商检局及其指定的商检公司办理。国外检验机构要在我国境内设立商检机构，办理公证鉴定业务，必须经国家商检局核准和统一管理。

（3）监督管理。对一切进出口商品的品质和检验工作实施监督管理，主要是对出口商品的生产、经营单位和进口商品的收购、用货单位的检验工作以及进出口商品的品质，进行监督检查和管理指导。

2. 检验标准和检验方法

（1）检验标准。国际贸易中的商品检验标准，通常有生产国标准、进口国标准、国际通用标准和买卖双方协定标准等。

（2）检验方法。商品的检验方法大体分为两大类：一是感官检验鉴定法，包括味觉、视觉、嗅觉、听觉和触觉检验等方法；二是理化鉴定法，包括化学鉴定、物理鉴定、微生物学鉴定、生理学鉴定等方法。

检验标准和检验方法涉及各国不同的规章制度以及许多复杂的技术问题，即使是同一种商品，采用不同的检验标准和检验方法，尤其是后者，往往会得到不同甚至完全相反的结果，容易产生争议。因此，在买卖合同或信用证中，不仅要订明检验标准，同时也要订明具体的检验方法，以此作为商品检验、鉴定的依据，避免不必要的麻烦。

3. 检验证书

商检机构根据约定的检验标准和检验方法对商品进行检验，鉴定后，便签发商检证书。在国际贸易中，常见的商检证书有：

（1）品质检验证书，是关于进出口商品的品质、规格、等级的证书；

（2）重量检验证书，是关于进出口商品重量的证书；

（3）数量检验证书，是关于进出口商品数量的证书；

（4）兽医检验证书，是关于动物产品在出口前经兽医检验、符合检疫要求的证书；

（5）卫生（健康）检验证书，是关于出口食品、食用动物产品未受传染病感染的证书；

（6）消毒检验证书，是关于动物产品经过消毒处理的证书；

（7）产地检验证书，是关于出口商品产地的证书，或应给惠国要求而为出口产品所出具的产地证书；

（8）价值检验证书，是关于出口商品价值或发货人提供的发票上价值完全正确的证书；

（9）验残证书，是关于进口商品残损情况，作定残损贬值程度、判断致损原因的证书，以供索赔时使用。

此外，还有验舱货载衡量等证书。

上述检验证书基本满足了不同商品的不同检验项目的需要。

至于在一笔具体的业务中究竟需要何种检验证书，应根据商品的种类、性质、有关法律和贸易习惯以及政府的涉外经济政策而定，并在商检条款中明确规定。

（三）复验的期限、机构和地点

国际贸易中的商品，由于其本身的品质问题，或者经过运输发生品质、重（数）量、包装方面的变化，致使货到后检验结果与发货前或发货时检验的结果有出入，这就涉及买方是否有复验权的问题。如果合同规定买方有复验权，那么，就要对复验的期限、机构及地点作出明确规定。

复验期的长短，应根据商品的性质、特点以及港口情况而定。一般来说，需要经过安装、测试、试车、正式投产几个阶段的商品，如成套设备的复验期长一些，一般机电产品的复验期则短一些。在复验期的规定上，还要考虑到某些商品的特殊规定，如质量保证期限、试用期限等。由于复验期实际上就是索赔期，对于买方来说，超过了复验期就等于丧失了索赔期。因此，复验期规定是否合理，对于买方显得尤为重要。

至于复验机构，通常由买方选择。在我国的出口业务中，国外买方选择的检验机构，应由我方事先确认，以利于检验业务的相互合作。

对于进口商品的复验地点，应视不同情况分别作出规定：进口商品通常应在到货口岸或集中存货地点进行检验；成套设备、大型矿山机械等应在收获、用货地点检验；用集装箱运输的货物，可安排在拆箱地点检验；同批到货分拨各地使用的，应尽可能安排在到货口岸检验，等等。

第二节　索　　赔

一、约定索赔条款的意义

国际贸易涉及的面很广，情况复杂多变，在履约过程中，如一个环节出问题，就可能影响合同的履行，加之市场情况千变万化，如出现对合同当事人不利的变化，就可能导致一方当事人违约或毁约，而给另一方当事人造成损害，从而引起争议。受损害的一方为了维护自身权益，便向违约方提出索赔。违约方对受损害方的索赔要求进行处理，称为理赔。由此可见，索赔与理赔是一个问题的两个方面，即对守约方而言是索赔，对违约方而言是理赔。在国际贸易中索赔情况时有发生，特别是在市场剧烈动荡和价格瞬息万变的时候，更是频繁出现。索赔事件多发生在交货期、交货品质和数量等问题上。

一般来说，买方向卖方提出索赔的情况较多。当然，买方不按期接运货物或无理拒收货物和拒付货款的情况也时有发生，因此，也有卖方向买方索赔的情况。在我国进出口业务中，履行出口合同时，多系外商向我方索赔；履行进口合同时，则我方向外商索赔的情况较多。为了便于处理这类问题，买卖双方在合同中，一般都应订立索赔条款。索赔条款有两种规定方式，一种是异议与索赔条款，另一种是罚金条款。在一般货物买卖合同中，多数只订异议与索赔条款。而在大宗商品和机械设备合同中除了订明异议与索赔条款外，往往还需另订罚金条款。

二、索赔条款的内容

（一）异议与索赔条款

异议与索赔条款的内容，主要包括索赔的依据、索赔的期限、索赔的办法等。

1. 索赔的依据

在索赔条款中，一般都规定提出索赔应出具的证据和出证机构，如双方约定：货到目的港卸货后若发现品质、数量或重量与合同规定不符，除应由保险公司或船公司负责外，买方于货到目的港卸货后若干天内凭双方约定的某商检机构出具的检验证明向买方提出索赔。

2. 索赔的期限

守约方向违约方提出索赔的时限，应在合同中订明，如超过约定时限索赔，违约方可不予受理。因此，索赔期限的长短应当规定合适。在规定索赔期限时应考虑不同商品的特性和检验条件。对于有质量保证期限的商品，合同中还应加订质保期。此外，在规定索赔期限时，还应对索赔期限的起算时间一并作出具体规定，通常有下列几种起算方法：

（1）货到目的港后××天起算；

（2）货到目的港卸离海轮后××天起算；

（3）货到买方营业处所或用户所在地后××天起算；

（4）货物检验后××天起算。

3. 索赔的方法

异议索赔条款对合同双方当事人都有约束力，不论何方违约，受损害方都有权提出索赔。鉴于索赔是一项复杂而又重要的工作，所以处理索赔时，应弄清事实，分清责任，并区别不同情况，有理有据地提出索赔。至于索赔金额因订约时难以预卜，只能事后本着实事求是的原则酌情处理，故在合同中一般不作具体规定。

（二）罚金与违约金条款

此条款一般适用于卖方延期交货或买方延期接运货物、拖延开立信用证、拖欠货款等场合。在买卖合同中规定罚金与违约金条款，是促进合同当事人履行合同义务的重要措施，能起到避免和减少违约行为的预防性作用，在发生违约行为的情况下，能对违约方起到一定的惩罚作用，对守约方的损失能起到补偿性作用。可见，约定此项条款，采取违约责任原则，对合同当事人和全社会都是有益的。

罚金或违约金与赔偿损失虽有相似之处，但仍存在差异，其差别在于：前者不以造成损失为前提条件，即使违约的结果，并未发生任何实际损失，也不影响对违约方追究违约金责任。违约金数额与实际损失是否存在损失的大小没有关系，法庭或仲裁庭也不要求请求人就损失举证，而其在追票程序上比后者简便得多。

违约金的数额一般由合同当事人商定，我国现行合同法也没有对违约金数额作出规定，而以约定为主。按违约金是否具有惩罚性，可分为惩罚性违约金和补偿性违约金，世界大多数国家都以违约金的补偿性为原则，以惩罚性作为例外。根据我国合同法的规定，在确定违约金数额时，双方当事人应预先估计因违约可能发生的损耗赔偿确定一个合适的违约比率。在此需要着重指出的是，在规定违约金的情况下，即使一方违约未给对方造成损失，违约方也应支付约定的违约金。为了体现公平合理原则，如一方违约给对方造成的损失大于约定的违约金，守约方可以请求法院或仲裁庭予以增加；反之，如约定的违约金过分高于实际造成的损失，当事人也可请求法院或仲裁庭予以适当减少，这样做，既体现了违约金的补偿性，也在一定程度上体现了它的惩罚性。违约方支付约定的违约金后，并不能免除其履行债务的义务。

第三节 不可抗力

不可抗力是国际贸易中通用的一个业务术语，也是许多国家和国际公约的一项法律原则，一般都应订入买卖合同之中。

一、不可抗力的含义

不可抗力是指买卖合同签订后，发生当事人无法预见、无法预防、无法避免和无法控制的事件，以致不能履行或不能如期履行合同，它不是由于合同当事人的过失或疏忽，而是由于发生了意外，发生意外事件的一方可以免除履行合同的责任或推迟履行合同。因此，不可抗力是一项免责条款。

在国际贸易中，对不可抗力的含义及其叫法并不统一。在英美法中，有“合同落空”原则的规定，其意思是指合同签订后，不是由于合同当事人的过失，发生了当事人意想不到的事件，致使订约目的受到挫折，从而造成“合同落空”。发生事件的一方，可据此免除责任。

在大陆法系国家的法律中，有所谓“情势变迁”或“契约失效”原则的规定，其意思是指签订合同后，不是由于合同当事人的原因而发生了当事人预想不到的情况变化，致使合同不可能再履行或对原来的法律效力需作效应的变更。不过，法院对引用此项原则来免除履约责任的要求是很严格的。

根据《联合国国际货物销售合同公约》规定，合同签订后，如发生了当事人订约时无法预见和事后不能控制的障碍，以致不能履行合同义务，可免除责任。

上述各种解释表明，各国对不可抗力的叫法与说明不同，但其精神原则大体相同。

二、约定不可抗力条款的意义

在国际贸易中，买卖双方洽商交易时，对成交后由于自然力量或社会原因而可能引起的不可抗力事件是无法预见、无法控制的，加之，国际上对不可抗力事件及其引起的法律后果并无统一的解释，为了避免因发生不可抗力事件而引起不必要的纠纷，防止合同当事人对发生不可抗力事件的性质、范围做任意的解释，或提出不合理的要求，或无理拒绝对方的合理要求，故有必要在买卖合同中订立不可抗力条款，明确规定不可抗力事件的性质、范围、处理原则和处理办法，以利合同的履行。

三、不可抗力的法律后果

鉴于不可抗力是许多国家和国际公约的一项法律原则，就需要明确不可抗力的法律后果。

不可抗力事故引起的法律后果一般根据不可抗力事故对合同的影响程度分为两种情况：一是终止合同，二是解除合同。

如果发生的不可抗力事故只是暂时或在一定时间内阻碍合同履行，只能终止合同或延期履行合同，但不能解除有关当事人履行合同的义务。一旦事故后果得以消除，仍然要履行合同。如果发生的不可抗力事故已经破坏了合同的根本基础，使履行合同成为不可能，即可解除有关当事人履行合同之责。

对于不可抗力的法律后果，各国法律和国际公约都作了自己的规定和解释。《联合国国际货物销售合同公约》（1980 年）第 79 条第 1 款规定：“当事人不履行义务，不负责任，如果他能证明此种不履行义务，是由于某种非他所能控制的障碍，而且对于这种障碍，没有理由预期他在订立合同时能考虑到或能避免或克服它的后果。”这就是说，如果当事人一方由于发生了他所不能控制的障碍（自然灾害或意外事故），而这种障碍在订立合同时又是无法预见、避免或克服的，便可免除履行合同之责。

四、不可抗力条款的规定

合同中的不可抗力条款是买卖双方就不可抗力的有关内容所作出的合同约定，通常包括：不可抗力导致的范围，不可抗力事故的法律后果，出具事故证明文件的机构，以及事故发生后通知对方的期限。各国法律都承认这种约定的有效性。

1. 不可抗力事故的范围

鉴于这项内容一般容易引起争议，通常应当尽可能规定得具体一些，即规定哪些自然灾害或意外事故构成不可抗力，哪些则不能构成，不宜含糊、笼统，以防出现不同的解释和纠纷，尤其要防止外商随意扩大不可抗力事故的范围来推卸责任。

关于不可抗力事故范围，在我国进出口合同中大体有以下三种规定方法：

（1）概括式。对不可抗力事故不作明规定，如“由于公认的不可抗力的原因造成卖方不能交货或延期交货，卖方不承担责任”。如此规定，过于空泛，难以作为解决问题的依据，一则易被对方曲解利用，二则易被法院置之不理，从而制约了整个合同的效力。

（2）列举式。对不可抗力事故作出具体的规定，如“由于战争、洪水、火灾、雪灾、暴风、地震的原因造成卖方不能按时交货或延期交货，则可能推迟交货时间，或者撤销部分或全部合同”。此种规定方式虽然有具体、明确的特点，但由于不可抗力事故种类很多，难免有失偏颇，一旦发生未列明的不可抗力事故，势必产生争执。

（3）综合式。这是一种将概括和列举结合采用的规定方式，如“由于战争 、洪水、火灾、雪灾、暴风、地震以及其他人力不可抗拒的原因，卖方或买方不能在本合同第×条规定的有效期内履行合同，则本合同未交货部分即被视为取消。买卖双方的任何一方不负任何责任”。此种规定方法既明确具体，又涵盖无遗，比较灵活，可适应多变情况。我国多采用此种规定方法。

2. 出具不可抗力事故证明机构

在我国，该证明文件由中国国际经济贸易促进委员会或其设在各个口岸的分会出具；在国外，一般由事故发生地的商会或合法的公证机构出具。

3. 事故发生后通知对方的期限

当发生的不可抗力事故影响到合同的履行时，遭受事故的一方应立即（有些则要求在 15 天内）通知对方，并在一定期限内提供不可抗力事故的证明文件，对方接到通知应及时答复，如有异议也应及时提出。

五、援引不可抗力条款应注意的事项

（1）遭受不可抗力事故的一方应立即通知对方，并提供相应的有效的事故证明文件，而对方在接到通知后应及时答复，不得长期拖延不理，否则要负违约责任。

（2）要认真分析事故的真伪虚实，确定是否属于不可抗力事故所约定的范围。如果事故超出了合同约定的范围，一般不应按不可抗力事故处理。

（3）根据事故的性质、影响合同履行的程度，提出并协商双方当事人都可接受的处理意见，或终止合同，或解除合同。对于超出合同约定范围的事故，要从严掌握和处理。

第四节　仲　　裁

一、仲裁的含义

对外经济贸易的仲裁是指交易双方当事人在争议发生前或发生后达成书面协议，自愿将经过双方友好协商或第三者调解未能解决的有关争议交给双方同意的第三者（即仲裁机构）进行裁决的一种解决争议的方式。由于仲裁是依据法律所允许的仲裁程序对争议作出的裁决，因而这种裁决具有法律约束力，双方当事人必须遵照执行。

友好协商固然是一种解决争议的便利方式，但往往难以达到预期的效果。通过司法诉讼也可以解决争议，但由于它是一种“对簿公堂”的方式，不仅费用高，耗时长，而且常常造成争议双方的关系紧张，不利于未来的业务发展。比较起来，仲裁裁决对双方具有约束力，较之一般的友好协商易于解决争议，较之司法诉讼又有较多的灵活性，费用较低，耗时也短。裁决是在双方自愿的基础上执行的，双方的气氛和感情也较为融洽，有利于未来业务的发展。因此，通过仲裁解决国际贸易业务中出现的争议，是国际上普遍采用的争议解决方式。

二、仲裁协议

仲裁协议是争议双方愿意将争议交付仲裁解决的书面协议，是申请仲裁的必备材料，因而仲裁协议必须是书面的。

1. 仲裁协议的形式

仲裁协议有两种形式：一种是在争议发生前，由买卖双方在合同中订立仲裁条款，这是买卖双方愿意把将来可能发生的争议交付仲裁解决的协议；另一种是争议发生后，争议双方同意，将已发生的争议交付仲裁解决的协议，称为“提交仲裁协议”。按照《中国国际经济贸易仲裁委员会仲裁规则》的规定，合同中的仲裁条款和提交仲裁协议均应视为与合同其他条款分离地、独立地存在的条款，成一个部分；合同的变更、解除、终止、失败或无效以及存在与否，均不影响仲裁条款或仲裁协议的效力。因此，两者在法律上没有任何差别，其作用和效力是完全相同的。

2. 仲裁协议的作用

根据多数国家仲裁法的规定，仲裁协议的作用主要表现在三个方面：

（1）它是争议双方凭仲裁方式解决争议的依据，双方须受仲裁协议的约束。

（2）它是仲裁机构取得争议案件管理权的依据，这是一项基本原则。这表明，没有仲裁协议的争议案件，任何仲裁机构都不会受理。

（3）只要争议双方提交了仲裁协议，即可排除法院对有关争议的管辖权，争议双方中的任何一方不得再向法院起诉，否则另一方可根据仲裁协议要求法院不予受理。

上述三方面的作用是相互联系而不可分割的，其中最重要的是第（3）点，即排除法院对争议案件的管辖权。不过，有些国家的法律规定，争议双方订立的仲裁条款不能完全排除法院的管辖权，对此应予注意。

三、合同中的仲裁条款

合同中的仲裁条款一般包括仲裁地点、仲裁机构、仲裁程序、仲裁效力、仲裁费用等内容。

1. 仲裁地点

仲裁地点是仲裁条款的主要内容，往往是双方当事人利益的焦点。仲裁地点与仲裁适用的法律密切相关，在哪里仲裁，就适用哪里的法律。不同的国家有不同的法律，仲裁地点不同，仲裁适用的法律也不同，就可能对争议双方的权利与义务作出不同的解释和裁决；而且由于当事人对本国的法律和仲裁做法比较熟悉和信任，都愿意在本国仲裁。

我国进出口贸易合同中的仲裁地点一般有三种规定方法：第一首先争取在我国仲裁；第二在争议的对方国家仲裁；第三在双方同意的第三国仲裁。在规定第三国作为仲裁地点时，应注意选择对我国比较友好的国家，该国的仲裁机构业务能力较强，办事公道，该国的仲裁法和仲裁程序我们也比较了解。对于与我国签有贸易协定的国家，仲裁地点按贸易协定的规定处理。

2. 仲裁机构

国际贸易中的仲裁，一种是由常设的仲裁机构受理，另一种是由临时仲裁机构受理。常设的仲裁机构分三类：

（1）一些国际组织设立的，如国际商会仲裁院（驻巴黎）。

（2）许多国家都有常设的仲裁机构，如中国国际经济贸易仲裁委员会和海事仲裁委员会、日本商事仲裁委员会、瑞典斯德哥尔摩商会仲裁院、意大利仲裁协会、英国伦敦仲裁院、美国仲裁协会等。

（3）临时性的仲裁机构，即为解决特定的争议案件而组成的仲裁庭，一旦争议案件审理完毕，即告解散。

3. 仲裁程序

仲裁程序主要是规定仲裁的手续、步骤和做法，例如仲裁的申请、仲裁员的选定、仲裁案件的审理、仲裁裁决的效力、仲裁费用的负担等。很多国家都制定有本国的仲裁程序，我国则定有《中国国际经济贸易仲裁委员会仲裁规则》。国际仲裁的一般做法是在哪个国家仲裁，就采用哪个国家的仲裁规则。当然，也有采用仲裁地点以外其他国家的仲裁规则的，前提是争议双方当事人已有约定。

4. 仲裁裁决的效力

国际上普遍的做法是仲裁裁决具有终局性，对争议双方当事人均有约束力。我国就是这样做的，即凡由我国国际经济贸易仲裁委员会作出的仲裁裁决均属终局性的，争议双方都不得向法院起诉要求变更。

但是，有下列情况之一者可撤销仲裁裁决：第一，仲裁裁决缺乏有效的仲裁协议作为依据；第二，仲裁员行为不当，如越权作出裁决；第三，法律规定不得提交仲裁审理的事项。

5. 仲裁费用的负担

一般规定，仲裁费用由败诉方负担，也有规定按仲裁裁决处理的。

仲裁条款的上述各项内容，究竟如何规定，应由买卖双方协商、订明，以免产生不必要的麻烦。

本章小结

在国际贸易中，买卖双方常常会因为各种原因而发生争议，有的还可能导致索赔、仲裁和诉讼等情况的出现。为了在合同履行过程中尽量减少争议或在争议发生时能妥善解决，交易双方通常都要在合同中订立一些预防争议及发生争议时如何处理的条款，如检验检疫、索赔、不可抗力及仲裁。我们应重视此类条款的签订。

思考题

1. 简述我国实施法定检验的进出口商品范围。
2. 简述不可抗力事件的范围及其法律后果。
3. 仲裁协议有哪些不同形式？其作用是什么？
4. 异议与索赔条款的基本内容是什么？
5. 索赔期限的起算时间有哪些规定方法？
6. 不可抗力应具备的基本条件有哪些？

国内某研究所与某日商签订一份进口一台精密仪表的合同。合同规定 9 月交货。到了 9 月 15 日，日本政府宣布该仪表属高科技产品，禁止出口，自宣布之日起 15 天内生效。后来，日商来电以不可抗力为由要求解除合同。

讨论：日商的要求是否合理？我方应如何处理较为妥当？

资料来源：刘秀玲.国际贸易实务与案例[M].北京：清华大学出版社，2008.

第七章

进出口商品的价格

佣金何时支付

中国某出口公司拟出口化妆品去中东某国。正好该国某中间商主动来函与该公司联系，表示愿意为推销化妆品提供服务，并要求按照每笔交易的成交金额给予佣金 5%。不久，经该中间商与当地进口商达成 CIFC5%、总金额 50 000 美元的交易，装运期为订约后的 2 个月，并签订了销售合同。合同签订后，该中间商即来电要求我出口公司立即支付佣金 2 500 美元。我公司复电称：佣金需待货物装运并收到全部货款后才能支付。于是，双方发生了争议。试问：这起争议发生的原因是什么？我出口公司应接受什么教训？

案例分析：这起争议发生的原因是事先未协商好佣金的支付时间。我出口公司应吸取的教训是今后与佣金商就何时支付佣金作出明确规定，并达成书面协议。一般而言，出口业务中，佣金应该在出口企业收到全部货款后才能支付。因为，中间商的服务，不仅在于促成交易，还应负责联系、督促实际买主履约，协助解决履约过程中可能发生的问题，以便合同得以圆满履行。

资料来源：http://blog.sina.com.cn/s/blog_afe3d5c10101emnj.html.

学习目标：

通过对本章的学习，能够了解价格的制定原则、影响因素，掌握作价的方法、成本的核算方法和价格的计算方法，学会解读和拟订合同中的价格条款。

主要名词或概念：

价格、佣金、折扣

货物的价格是国际货物买卖的主要交易条件。价格条款是买卖合同中必不可缺的条款。合同中价格条款和商品价格的确定，是涉及买卖双方利害关系的重要问题。根据《联合国国际货物销售合同公约》的规定，价格是构成法律意义上的要约的三大要素之一。

因此，在国际贸易中，买卖双方都非常重视商品的作价和价格条款的签订。在我国进出口业务中，正确掌握进出口商品的价格，合理采用各种作价办法，订好合同中的价格条款，具有十分重要的法律意义和经济意义。

第一节　商品的价格条件及影响价格的因素

在对外贸易中，我国进出口商品的作价原则是，在贯彻平等互利的原则基础上，根据国际市场价格水平，结合国别（地区）政策，并按照我们的经营意图确定适当的价格。由于价格构成因素不同，影响价格变化的因素也是多种多样的。因此，在确定进出口商品价格时，必须充分考虑影响价格的种种因素，加强成本和盈亏核算，并注意同一商品在不同情况下应有合理的差价。确定进出口商品价格除遵循上述原则外还应考虑下列因素：

一、交货地点和交货条件

在国际贸易中，由于交货地点和交货条件不同，买卖双方承担的责任、费用和风险也不同，在确定进出口商品价格时，必须首先考虑这一因素。例如，在同一距离内成交的同一商品，按 CIF 条件成交与按 DES（到货港船上交货）条件成交，其价格应当不同。

二、运输距离

国际商品买卖，一般都要经过长途运输，运输距离的远近关系到运费和保险费的开支，从而影响到商品的价格。因此，在确定商品价格时，必须核算运输成本，做好比价工作。

三、商品的品质和档次

在国际市场上，一般都是按质论价，即优质高价、劣质低价。品质的优劣，包装装潢的好坏，款式的新旧，商标，牌名的知名度，都影响商品的价格。

四、季节因素

在国际市场上，某些节令性商品，如赶在节令前到货，抢先应市，就能卖上好价。过了节令商品往往售价很低，甚至以低于成本的“跳楼价”出售。因此，应充分利用节令因素，争取按有利的价格成交。

五、成交量

按国际贸易的习惯做法，成交量的大小直接影响价格，成交量大，在价格上应予适当优惠，或采用数量折扣办法。反之，成交量小，可适当提价。

六、支付条件和汇率变动的风险

支付条件是否有利和汇率变动风险的大小，也影响商品的价格。

例如，在其他条件相同情况下，采取预付货款同采取凭信用证付款方式，其价格应有区别。同时，确定商品价格时，一般应采用对自身有利的货币成交。如采用不利货币成交时，应把汇率风险考虑到商品价格中，即适当提高卖价、降低买价。

第二节 货物的价格

货物的价格直接关系到买卖双方的经济利益，它往往是交易磋商的中心议题。合理的价格是达成交易的基础。国际市场上的商品价格由商品的国际价值决定，并随着国际市场供求关系的变化而变化。正确掌握国际市场价格变动规律，在贯彻平等互利的基本原则下，按照国际市场通常的做法，磋商和确定所交易的货物价格，是国际贸易实务的重要内容。

一、进出口商品作价原则

我国对外交易报价的原则，是随行就市，以国际市场价格水平为依据，但也根据不同货物、货源情况，结合购销意图，按照国别地区政策，贯彻平等互利原则，统一掌握制定，并由有关的商业协会加以协调。

1. 以国际市场价格水平为依据

国际市场价格受供求关系的影响，围绕着商品的价值上下波动。

国际市场价格是指一种商品在国际贸易中，在一定时期内，具有代表性的成交价格，通常是指：

（1）商品在国际集散中的价格，如纽约市场的棉花价格、伦敦市场的茶叶、有色金属价格、芝加哥的小麦价格等。

（2）主要进口国家或地区对某商品的进口价格。

（3）主要出口国家或地区对某商品的出口价格，以该商品输往当地市场的国际贸易价格为依据；某些没有国际市场价格的商品，也应参照类似的商品的国际市场价格作价。

2. 贯彻国别（地区）政策

在一般情况下，商品要按国际市场价格水平作价，但有时为了配合我国的外交政策，对有些国家或地区，可以略低于国际价格水平出售，也可以略高于国际市场价格购买。

3. 结合购销意图

在制定某商品的进出口价格时，应该结合购销意图；滞销、积压商品可考虑适当降低价格以刺激需求；畅销商品价格可上调，但也不必过快过猛。为了控制市场，与对手竞争，有时低价销售。有些商品是为了开拓市场、打开销路，价格也可以适当地低于当地的价格水平。

二、影响价格的其他因素

购销市场上的商品价格构成十分复杂，变化多端，影响价格变动的因素很多，这些因素也是我们在对外交易确定价格时必须熟悉的，并加以灵活运用，考虑不同的差价，以促进我国对外贸易的发展，提高经济效益。

1. 品质差价

根据产品的质量和档次差别，贯彻“按质论价、优质优价”原则。产品的品质应包括商品的包装和装潢。精致的包装是提高售价的重要因素。

2. 季节差价

根据不同商品销售的季节特征，季节性强的商品应抢先应市，并在适销季节要适当卖高价，增加外汇收入；在淡季时，价格可以略低。

3. 地区差价

同一类商品在不同的国家或地区，由于运输距离、交货地点的差异，货物价格中所含的相应费用水平也不一样。一般来说，离产地较远、运距长的商品的卖价可以相应提高。另外，由于供应、习惯和其他条件因素的缘故，不同国家的价格水平也可以有一定的差别。

4. 成交数量差价

原则上非紧俏商品的成交数量越小，价格越高，加大数量则可适当给予减价优惠，以鼓励客商经营我商品的积极性。

5. 支付条件差价

如果以即期信用证方式付款，可以考虑价格的优惠；反之，若以远期信用证付款或跟单托收方式，价格水平可相应提高。

6. 软硬币差价

出口应争取选用往常保持上浮趋势的硬币，进口则应当选择有下浮趋势的软币支付。如争取不到，则可以通过适当加价或要求降价的方式，或者采用订立“保值条款”的办法来避免汇率变动可能产生的风险或损失。

其他如新老客户、新老产品等都是影响所交易货物价格的主要因素，也是进出口业务中，制定价格策略需要考虑到的。影响对外贸易作价因素很多，但是公司在决定出口价格时的基础是国内企业的成本。自1994年1月起，我国已实现了单一的、有管理的浮动汇率的外汇制度。企业必须注重进出口业务的成本效益核算。同时，在对外贸易中注意行业内部的协调，避免自我竞争，防止肥水外流。

第三节　作价方法

如何规定进出口商品的价格，有多种方法可以选择，应根据具体交易情况加以选用。

一、固定价格

固定价格即固定作价法，是指买卖双方在签订合同时，将货物价格一次定死，不再变动。在合同有效期内，即使约定价格与实际市场价格相差很远也不得变更。这种固定作价的办法有利于结算，但是，市场价格变化，会给某一方造成损失，从而使履约发生困难。因此，在采用固定价格时，特别是大宗交易，一般应加订保值条款，规定如果计价和支付货币币值发生变动，价格可根据保值货币作相应调整，以防止汇率变动可能产生的风险损失。可以考虑的保值方式有：黄金保值条款和外汇保值条款，也可以选择期货交易的套期保值方式。

二、暂不固定价格

暂不固定价格也称暂不固定作价法，是指货物价格暂不固定，买卖双方约定未来确定价格的依据和方法，就是买卖双方在磋商订约时，若对价格变动趋势难以把握，可先暂定一个活价合同，约定成交的品种、数量和交货期，以及最后作价的时间和方法，具体价格待以后按约定的方法再商定。例如在合同中规定，以某月某日某地的商品交易所的该商品的收盘价为基础加（或减）若干美元。按这种作价办法成交，买卖双方都不承担价格变动的风险。

三、暂定价格

暂定价格即暂定作价法，是指买卖双方在合同中规定一个临时价格，待日后交货期前一定时间，双方再确定最后价格；由于国际上，某些商品价格瞬息万变，买卖双方在合同中的成交价格不算正式价格，而仅供双方参考，作为开立信用证和批汇的依据；等到交货前一定时期或装运时，再商定正式价格进行结算，多退少补，例如每件400磅、5 000港元 CIF 香港（上列价格为暂定价，于装运月份15天前由买卖双方另行协商确定价格）。这种做法，如缺乏明确的定价依据，双方可能在商定最后价格时各持己见而不能取得一致，导致无法履行合同。所以，订有暂定价格的合同有较大的不稳定性。

四、滑动价格

滑动价格即滑动价格作价法，是指先在合同中规定一个基础价格，交货时或交货前一定时间，按工资、原材料价格变动的指数作相应调整，以确定最后价格。某些生产周期长的机器设备和原材料商品，买卖双方为了避免承担价格变动的风险，往往采用滑动价格的规定法。在合同中订有价格调整系数，具体规定有关价格调整的办法。例如“以上基础价格按下列调整公示根据×××（机构）公布的××年×月的工资指数和物价指数予以调整”。

除上述四种方式以外，有时也采用部分固定作价、部分暂不作价法，是指在大宗交易分期交货的情况下，买卖双方为了避免远期交货部分的商品价格变动的风险损失，而采取近期交货部分固定作价、远期交货部分暂作价，根据市场变化情况以后另行商定。

第四节 计价货币的选用

国际货物买卖计价的货币属于外汇，是以外国货币来表示的用于国际结算的一种支付工具，包括外国货币、外币有价证券、外币支付凭证等。常用的外币有美元（USD）、日元（JPY）、英镑（GBP）、欧元（EUR）、港元（HK）等。贸易中选用什么货币，应根据国家的方针政策、外汇市场的变动，以及使用的货币本身是否可兑换、是否稳定等因素综合考虑决定。一般来说，与对方国家有贸易支付协定的，应使用协定中所规定的货币；如无支付协定，一般应选用“可兑换的货币”。

“可兑换的货币”是指可以在国际外汇市场上自由买卖的货币，也称自由外汇。可兑换货币有软、硬之分。硬货币是指币值比较稳定的货币，软货币是指币值疲软的货币。经验告诉我们，出口贸易中我们应争取使用“硬货币”计价，进口贸易中则应争取使用“软货币”计价。至于每笔出口或进口业务中使用何种货币，可根据具体情况由买卖双方商定。在选用货币时还需要注意汇率。汇率是一个国家的货币与另一个国家的货币的计价，也就是用一个国家的货币表示另一个国家货币的价值。在我国的进出口贸易中，有时外商用一种货币（如人民币）报价后，要求我国用另一种货币（如美元）报价。这时就需要进行折算。折算是根据外汇管理部门公布的当日牌价进行的。

一般来说，如我国出口商品原用人民币报价，在折成外币价格时应以人民币买入价折算；如我方出口商品按外币价格折成人民币对外报价，其折算方法恰好相反，应以卖出价折算。这样对我方有利。

国际上的汇率制度有两种：一是固定汇率制；另一是浮动汇率制。固定汇率制就是两国的货币比价基本固定，或者将两国外汇汇率的波动界限规定在一定的幅度之内。这种制度在 1973 年以前为主要资本主义国家所实行。浮动汇率制就是政府对汇率不加固定，也不规定上下浮动的界限，而听任外汇市场根据外汇的供求情况，自行决定本国货币对外国货币的汇率。这种制度自 1973 年起，已在主要资本主义国家普遍实行。

在实行浮动汇率制的情况下，在确定进出口交易的计价货币时，要密切注意不同货币的浮动趋势。原则上进口时应选择呈现下浮趋势的货币计价，出口时应采用呈现上浮趋势的货币计价。

第五节 佣金和折扣

佣金是中间商（包括经纪人、代理商等）介绍交易或代买代卖而收取的报酬。折扣是卖方按价格给予买方一定百分比的减让。佣金和折扣都与商品的价格有直接关系。佣金和折扣，如果运用得当，可以增强出口商品在市场上的竞争能力，调动商人的经营积极性，从而扩大贸易。对于进口商品，除了基价不合理的可以压低基价外，也可通过佣金和折扣的运用争取到有利的价格。佣金和折扣的名目很多。例如，由于特殊情况而给予的特别折扣；因订购数量较大而给予的数量折扣；在年度终了时根据成交金额而给予的年终回扣；按累进方式而给予的累计佣金以及作为试订而给予的样品折扣等。佣金或折扣的百分比应根据不同商品、不同市场、不同对象等具体情况而慎重确定。

在国际贸易中，凡价格中包括佣金的称为含佣价，其表示方法可用文字说明。例如，“每台 2 000 美元 CIF 旧金山包括 2%佣金”，也可以在价格术语上加注英文字母“C”。例如，“每台 2 000 美元 CIFC 2%旧金山”。这种在价格中表明的佣金成为明佣。有时，买卖双方约定的佣金不在价格中表明，这在习惯上成为暗佣。凡价格中不包含佣金或折扣的，则称为净价。有时为了强调成交价格是净价，可在价格术语后注明“净价”。例如，“每台 2 000 美元 CFR 旧金山”。佣金和折扣一般是按交易金额的百分比计算的，但佣金有时也可按成交数量来计算，即每达到一定数量收取佣金若干。在我国出口业务中，如按 CFR 价格或 CIF 价格成交，其佣金应以 FOB 金额作为计算的基数，因为运费和保险费是由我方付给外轮公司和保险公司的，不应在这些费用上再付给买方佣金。但是，在外贸实践中，常有以 CFR 或 CIP 价格作为计算佣金的基数。为了避免误解，如果买卖双方商定以 FOB 净价作为佣金的基数，则应在合同中注明。

佣金的计算公式是

佣金＝计算佣金的基数（含佣价）×佣金率

例如，CFR 的发票金额为 100 元，运费为 10 元，暗佣率为 5%，如果买卖双方约定按 FOB 价格计算佣金，则应付佣金为 CFR 价减运费乘佣金率，即（100－10）元×5%＝4.5 元。

如果已知净价而欲求出包括一定佣金率后的含佣价，其计算方式如下：

（1）假定 CFR 净价为 5 000 港元，佣金率为 5%，代入上述公式，即 5 263.5 港元；

（2）假定 CIF 净价为 2 000 美元，佣金率为 3%，代入上述公式，即 2 062 美元。

这里需要提醒的是，CFRC 5%计算的结果并非 5 250 港元，而是 5 263.5 港元，否则还原时 CFR 的净价就不是 5 000 港元，而变成为 4 987.5 港元。同理，CIFC 3%计算的结果应是 2 062 美元，并非 2 060 美元。折扣通常由买方在付款时预先扣除。佣金除个别在付款时预先扣除外，一般是由卖方收到货款后另行付给中间商。具体支付办法一般由双方事先商定或按照信用证规定办理。在支付佣金时应注意防止错付、重付或漏付等事故的发生。

第六节　合同中的价格条款

一、价格条款的内容

合同中的价格条款，一般包括商品的单价和总值两项基本内容，至于确定单价的作价办法及与单价有关的佣金与折扣的运用，也属于价格条款的内容。

1. 单价

每公吨 150 美元 FOB 广州（USD 150 Per M/T FOB Guangzhou）。

2. 总值

总值是单价与数量的乘积，也即一笔交易的货款总金额。总值所使用的货币应与单价所使用的货币一致。

二、规定价格条款的注意事项

（1）根据拟采用的运输方式和经济意图，选择适当的贸易术语。具体来说，要考虑以下几个问题：

① 有利于发展本国的运输业和保险业。在国际贸易中，各国为了保护和发展本国的运输业与保险业，无不鼓励本国进出口商进口采用 FOB 或 FCA 术语，出口采用 CIF 或 CIP 术语。有些发展中国家甚至以法律形式对此作出规定。因此，我们在选择贸易术语时，从发展本国的运输业和保险业角度考虑，也应力争进口采用 FOB 术语，出口采用 CIF 和 CIP 术语。这样做也有利于节省运费和保险费的支出。

② 有利于船货的顺利衔接和货物的安全。在出口贸易中采用 CIF 或 CIP 便于出口方根据自己组织货源的情况及时办理租船订舱，并在出口方负责的国内运输中遇到风险可获得保险赔偿。如果采用 FOB，进口方安排的运输工具不能如愿到达交接地点，就会增加出口方的仓储负担。进口方虽然负责保险，但是出口方负责的国内运输中的风险是没有保障的，除非自己另外再去投保。

③ 有利于节省运费。在装运港口发生拥挤情况下，船公司大多不愿行驶上述区域，或者会加收额外费用。在此情况下，考虑节省运费，采用 FOB 术语对出口方就比较有利。此外，在运费看涨情况下，出口方则宜采用 FOB 术语，使运费可能上涨的负担由买方负担。

④ 适应集货箱运输和多式联运的广泛运用与发展。FCA、CPT 和 CIP 三种术语将会替代 FOB、CFR 和 CIF，因此 FCA、CPT 和 CIP 不仅适用于各种运输方式，而且在海运或有海运的多式联运中这三种贸易术语比仅适用于海运的 FOB、CIF 和 CFR 具有优越性，主要表现在出口业务中：如果货物是以集装箱船、滚装船或多式联运方式运输的，FCA、CPT 和 CIP 比 FOB、CIF 和 CFR 至少有两个优点，一是减少了出口商承担的风险范围；二是提前获得运输单据，从而提前了出口交单收汇的时间，有利于出口方的资金周转。

⑤ 有利于对外贸易的发展和贸易方式的灵活运用。可根据具体情况采用其他贸易术语，如 EXW、PAS 和 DES 等。

（2）合理确定商品的单价，防止作价偏高或偏低。

（3）争取选择有利的计价货币，以免遭受币值变动带来的风险，必要时可加订保值条款。

（4）灵活运用不同的作价方法，力求避免承担价格变动的风险。

（5）参照国际贸易的习惯做法，注意佣金和折扣的合理运用。

（6）如对交货品质、交货数量订有机动幅度而又同意机动部分的价格另订，必须明确规定另订价格的具体办法。

（7）如包装材料和包装费另行计价，对其计价办法也应一并规定。

（8）单价中涉及的计量单位、计价货币、装卸地名称，必须书写正确、清楚，以利合同的履行。

本章小结

货物的价格是买卖双方磋商的中心议题和矛盾的焦点，也是买卖合同中的主要交易条件。在长期国际贸易的实践中，为简化谈判程序，人们对不同的交货条件和成交价格的构成因素，采用不同的贸易术语来表示。影响货物国际价格的具体因素主要有：商品质量和档次的高低、运输距离的远近、成交量的大小、风险成本的高低、市场需求及季节性需求的变化、贸易术语不同等。在国际货物买卖合同价格条款中，必须对计价货币作出明确的规定。为避免外汇风险，在出口业务中，一般尽可能争取多使用“硬币”，在进口业务中，则应争取多使用“软币”。另外还要注意作价方法的选择。国际贸易的作价方法主要有：固定价格、非固定价格。在国际贸易中还涉及佣金和折扣问题，佣金和折扣运用得好，可达到促销的目的。

思考题

1. 国际货物买卖的价格可分为哪些种类？

2. 在国际贸易中，制定价格应掌握哪些原则？

3. 定价的方法中有哪些？如何运用？

4. 试述国际贸易中的佣金和折扣的含义与作用。

5. 佣金的计算方法有哪几种？若合同对此未作规定，仅列明佣金率，按习惯应如何计付佣金？

6. 在出口业务中，如何正确使用佣金和折扣？

7. 在国际货物买卖合同中订立价格条款时，应该注意哪些问题？

我国某出口公司拟出口一批羽绒服去俄罗斯，正好该国某佣金商主动来函与该出口公司联系，表示愿意为推销羽绒服提供服务，并要求按每笔交易的成交金额给予5%的佣金。不久，经过该佣金商中介，与当地进口商达成CIFC5%、总金额为10万美元的交易，装运期为订约后2个月内，并签订了销售合同。合同签订后，该佣金商即来电要求我国该出口公司立即支付佣金5 000美元。出口公司复电称，佣金需待货物装运并收到全部货款后才能支付。于是，双方发生了争议。

讨论：这起争议发生的原因是什么？我国该出口公司应接受什么教训？

资料来源：刘秀玲.国际贸易实务与案例[M].北京：清华大学出版社，2008.

第八章

国际货物买卖货款的收付

买方可以止付吗？

中东某商人从西欧购买一项商品，买卖双方约定采用信用证方式付款，并明确分两批交货和分两批开立信用证。第一张信用证开出后，已经顺利结汇。第二张信用证开出后，买方因第一批货物质量有问题，向卖方索赔的事项尚未了结，便通知银行停止使用其开出的第二张信用证，但银行仍凭卖方第二批正确的票据付了款。当银行通知买方对第二批货物付款赎单时，遭到买方拒绝，银行向法院起诉，结果银行胜诉。请分析原因。

案例分析：本案例合同规定按信用证付款方式成交，而信用证是独立于合同之外的一种自主的文件，在信用证付款条件下，银行处于第一付款人的地位，他对受益人承担独立的责任。由于银行开出的是不可撤销信用证，而且按一般惯例规定，银行只管单证，不管货物，当银行通知买方付款赎单时，只要单证一致，作为开证申请人的买方就必须付款赎单。本案例合同项下的买方，以上一批交货质量有争议为由而拒绝向银行付款赎单，是毫无道理的。因此，法院判决正确。

资料来源：http://waimao.100xuexi.com/SpecItem/SpecDataInfo.aspx?id=D6B92F97-B2D5-49A0-BDEC-EB8881BE1FBA.

学习目标：

1. 能够了解各种支付工具的知识，并掌握汇票的有关知识。
2. 了解并掌握汇款、托收和信用证等基本支付方式，对信用证要重点掌握。
3. 了解银行保函和国际保理业务的基本知识，学会解读和拟订合同中的支付条款。

主要名词或概念：

支票、本票、汇票、汇付、托收、信用证、银行保函、国际保理

在国际贸易中，货款的收付直接影响双方的资金周转和融通，以及各种金融风险和费用的负担，它关系到买、卖双方的利益和得失。因此，买卖双方在磋商交易时，都力

争约定对自己有利的支付条件。我国对外贸易货款的收付，一般是通过外汇来结算的。货款的结算主要涉及交付工具、付款时间、地点及支付方式等问题，买卖双方必须对此达成一致的意见，并在合同中作出明确的规定。

第一节 结 算 工 具

国际货物买卖货款结算，很少使用现金，通常使用票据，其中主要是汇票，其次是本票和支票。这些票据是国际上通行的结算工具和信用工具。

一、汇票

（一）汇票的含义和内容

汇票是由一个人向另一个人签发的，要求在见票时，或在规定的某一时间，或在可确定的将来某一时间，对某特定的人或其指定的人或持票人支付一定金额款项的书面命令。

汇票的必要项目，各国票据法规定不一，一般包括：

（1）载有“汇票”字样；

（2）无条件的支付命令；

（3）一定的金额；

（4）付款日期或期限及付款地点；

（5）付款人的名称及地址，付款人即受票人，在贸易业务中，通常是进口人或其指定的银行；

（6）出票日期及出票地点；

（7）出票人及其签名，在贸易实物中，出票人通常是出口人或银行；

（8）受款人名称，在贸易业务中，受款人通常是出口人或其指定的银行。

由于汇票不仅是信用工具和结算工具，而且可经议付或贴现转让给他人，又是一种流通工具。这就要求汇票的内容必须符合其定义的各个方面，尤其是它的必要项目要齐全，否则，就有遭受拒付的风险。

（二）汇票的种类

汇票的种类很多，常见的如下：

1. 按付款时间不同，分为即期汇票和远期汇票

即期汇票是指在提示或见票时立即汇款的汇票；远期汇票是指在将来的某一特定日期付款的汇票。远期汇票的付款时间，有以下几种规定方法：

（1）见票后若干天付款。

（2）出票后若干天付款。

（3）提单签发日后若干天付款。

（4）指定日期付款。

2. 按照出票人的不同，汇票分为银行汇票和商业汇票

（1）银行汇票，是指出票人和受票人都是银行的汇票。

（2）商业汇票，是指出票人是商号或个人，付款人可以是商号、个人，也可以是银行的汇票。

（3）按照有无随附商业单据，汇票可分为光票和跟单汇票。

① 光票，是指不附带商业单据的汇票。银行汇票多是光票。

② 跟单汇票，是指附带有商业单据的汇票。商业汇票一般为跟单汇票。

一张汇票往往可以同时具备几种性质，例如，一张商业汇票，同时又可以是即期的跟单汇票、一张远期的商业跟单汇票，同时又是银行承兑汇票。

（三）汇票的使用及程序

汇票的使用一般经过出票、提示、承兑、付款环节，如需转让，还要背书。当汇票遭到拒付时，还会涉及做成拒绝证书和行使追索权等法律问题。

1. 出票

出票，是创造汇票的行为，即由出票人在汇票上填写付款人、付款金额、付款时间和地点以及受款人等项目并签字后交给受票人的行为。汇票上受款人的抬头有三种写法：

（1）限制式抬头。如“Pay×××Co.only”或 Pay×××Co.not negotiable”。这种汇票不能转让，只能由抬头人收取货款。

（2）指示式抬头。“Pay×××Co.or order”或“Pay to the order of ×××Co”。这种汇票也可以经过背书进行转让。

（3）持票人或来人抬头。如“Pay Bearer”。这种汇票无须背书即可转让。

2. 提示

提示，是指持票人将汇票提交付款人，要求其付款或承兑的行为。付款人见到汇票称为见票，如其所见的是即期汇票，则提示付款人见票后立即付款；如其所见的是远期汇票，则提示付款人见票后办理承兑手续，到期时付款。

3. 承兑

承兑，是指付款人对远期汇票承诺到期付款的行为。办理承兑时，付款人应在汇票的正面写上“承兑”字样，注明承兑日期并签字，交还持票人。承兑汇票的付款人，即成为承兑人，承兑人有责任到期付款。

4. 付款

对即期汇票，付款人在持票人提示时即应付款；对远期汇票，付款人在办理承兑手续后，在汇票到期日付款。付款后，汇票上的一切账务责任即告终止。

5. 背书

背书，是背书人（受款人）在汇票背面签名加批，将汇票权利转让给受让人（被背书人，即其他债务人），并与受让人连带负担汇票债务责任的行为。其要点是：

（1）汇票的转让是汇票权利即收款权的转让。一经转让，该汇票权利不再由背书人享有，而转由受让人（被背书人）享有。

（2）汇票也是一种流通工具，要流通即转让，就要经过背书人背书，经过背书的汇

票可以不断转让下去。对于受让人来说，所有在他以前的背书人及原出票人都是他的“助手”，而对于出让人来说，所有在他让予以后的受让人都是他的“后手”，前手对后手负有担保汇票必然会被承兑或付款的责任。

（3）一张远期汇票的持票人，如果想在汇票付款日之前取得票款，可以进行贴现。其手续是持票人将经过其被书的汇票转让给受让人（一般为银行或贴现行或金融公司），受让人扣除从转让日起至付款日止的利息后，将原款付给持票人。

6. 拒付

拒付，一般是指汇票在提示时，遭到付款人拒绝付款或拒绝承兑的统称。在处理汇票遭到拒付问题上，要注意以下几点：

（1）向付款人进行交涉的根据不是汇票，而是买卖合同。

（2）当付款人承兑汇票即承诺到期付款后，持票人一般可收回票款；如果已承兑的汇票遭到拒付，持票人可凭以向法院起诉，要求承兑人付款。

（3）汇票在转让中遭到拒付时，最后的持票人可行使追索权，即有权向其前手直至出票人进行追索。但有些国家的票据法规定，遭拒付的持票人要行使追索权，应及时请付款地的法院或公证机构做出拒绝证书，即证明拒付事实的文件，凭以向法院起诉，要求付款人付款。

（4）汇票的出票人或背书人为了避免承担被追索的责任，也可在背书时加注“不受追索”字样，但带有此种批注的汇票，难以转让或贴现。

二、本票和支票

国际货物买卖价款的收付，除汇票外，有时也使用本票和支票。

1. 本票

本票是由出票人本人签发的，保证即期或在可以确定的将来时间向受款人无条件支付一定金额的票据。

构成本票的必要项目包括无条件支付承诺、付款期限（未载明付款期限者，视为见票即付）、出票人签字、受款人名称或来人抬头。有些国家的票据法还把写明“本票”字样、出票日期和地点、付款地点等列为本票要件。出票人和背书人同对本票签字而对本票的债务负责，是本票的当事人。但本票出票人始终是本票的主债务人，其责任类似汇票中的承兑人，因此，本票有“自付票据”之称。

本票按其出票人不同，分为一般本票和银行本票。一般本票，又称商业本票，它是由工商企业或个人签发的本票。商业本票又有即期与远期之分。银行本票是由银行签发的本票，但都是即期的。其中，来人抬头、见票即付的本票被称为银行券。有些国家将其作为法定货币使用。

在国际贸易业务中，大都使用银行本票。

2. 支票

支票是以银行为付款人的即期汇票，即存款人对银行签发的授权银行对某人或指定人或持票人即期无条件地交付一定金额的书面命令。

构成支票的必要项目包括无条件书面支付命令、一定的金额、付款银行名称、出票人签字、受款人名称或其指定人或来人抬头等。有些国家的票据法还把注明“支票”字样、出票日期和地点、付款地点等列为支票要件。支票如未注明即期者，仍视为见票即付，出票人、背书人等因对支票签字而对支票的债务负责，是支票的当事人。

支票的出票人必须是在付款银行有存款的存户，其所签发支票的票面金额不得高于其在银行的存款。凡票面金额高于其在银行存款的支票，称为空头支票。空头支票的持有人向付款银行提示支票要求兑款时会遭到拒绝，支票的出票人也要负法律责任。

支票原来主要为存户向银行取款所用，现在较为广泛地用于国际贸易贷款的支付上。在我国出口贸易中，国外进口商也会使用支票支付货款。

第二节　汇付与托收

汇付和托收也是国际贸易中经常采用的支付方式。交付方式根据资金的流向与支付工具的传递方向，可以分为顺汇和逆汇两种方法。顺汇是指资金和流动方向与支付工具的传递方向相同。汇付方式采用的是顺汇方法。逆汇是指资金的流动方向与支付工具的传递方向相反。托收方式收取货款采用的是逆汇方法。

一、汇付

（一）汇付的含义及其当事人

1. 汇付的含义

汇付又称汇款，指付款人主动通过银行或其他途径将款项汇交收款人。国际贸易货款的收付如采用汇付，一般是由买方按合同约定的条件（如收到单据或货物）按时将货款通过银行，汇交给卖方。

2. 汇付方式的当事人

在汇付业务中，通常涉及 4 个当事人：

（1）汇款人，即汇出款项的人，在进出口交易中，汇款人通常是进口人。

（2）收款人，即收取款项的人，在进出口交易中通常是出口人。

（3）汇出行，即汇款人委托汇出款项的银行。通常是在进口地的银行。

（4）汇入行，即受汇出行委托解付汇款的银行。因此，又称解付行，在对外贸易中，通常是出口地的银行。

汇款人在委托汇出行办理货款时，要出具汇款申请书。此项申请书是汇款人和汇出行之间的一种契约。汇出行一经接受申请，就有义务按照汇款申请书的指示通知汇入行。汇出行与汇入行之间，事先订有代理合同，在代理合同规定的范围内，汇入行对汇出行承担解付汇款的义务。

（二）汇付的种类

汇付方式可分信汇、电汇和票汇三种。

1. 信汇

信汇是指汇出行应汇款人的申请，将信汇委托书寄给汇入行授权解付一定金额给收款人的一种汇款方式。

信汇方式的优点是费用较为低廉，但收款人收到汇款的时间较迟。

2. 电汇

电汇是指汇出行应汇款人的申请，拍发加押电报，电传或SWIFT给在另一国家的分行或代理行（即汇入行）指示解付一定金额给收款人的一种汇款方式。

电汇方式的优点是收款人可迅速收到汇款，但费用较高。

3. 票汇

票汇是指汇出行应汇款人的申请，代汇款人开立以其分行或代理行为解付行的银行即期汇票，支付一定金额给收款人的一种汇款方式。

票汇与电汇、信汇的不同在于票汇的汇入行无须通知收款取款，而由收款人持票登门取款；这种汇票除有限制转让和流通的规定外，经收款人背书，可以转让流通，而电汇、信汇的收款人则不能将收款权转让。

（三）汇付的特点

1. 风险大

对于货到付款的卖方或对于预付货款的买方来说，能否按时收汇或能否按时收货，完全取决于对方的信用。如果对方信用不好，则可能钱货两空。

2. 资金负担不平衡

对于货到付款的卖方或预付货款的买方来说，资金负担较重，整个交易过程中需要的资金，几乎全部由他们来提供。

3. 手续简便，费用少

汇付的手续比较简单，银行的手续费用也较少。因此，在交易双方相互信任的情况下，或在跨国公司的各子公司之间的结算，可采用汇付方式。

（四）汇付的适用范围及合同的汇付条款

利用汇付方式进行货款结算的范围是：寄售和售定出口的货款回收，预付货款和订金，汇交和退还履约金，汇付佣金，等等。

从具体的业务讲，汇付方式通常用于预付货款、随订单付现、交货付现和记账交易等。前两种做法，对出口人来说是先收款后交货，有利于其资金周转。这时进口人有一定风险。后两种做法，对出口人来说是先交货后收款，不利于其资金周转。这是出口人对进口人的信任表示，但对出口人有一定的风险。

交易合同中的汇付条款，一般应作如下规定：“买方应于×年×月×日前将全部货款用电汇（信汇/票汇）方式汇付卖方。”

二、托收

（一）托收的含义

国际商会制定的《托收统一规则》（VRC522）对托收作了如下定义：托收是指由接到托收指示的银行根据所收到的指示处理金融单据或商业单据以便取得付款/承兑，或凭付款承兑交出商业单据，或凭其他条款或条件交出单据。

金融单据又指资金单据，是指汇票、本票、支票、付款收据或其他类似用于取得付款的凭证。

商业单据是指发票、运输单据、物权单据或其他类似单据，或除金融单据以外的其他单据。

简言之，托收是指债权人（出口人）出具债权凭证（汇票、本票、支票等）委托银行向债务人（进口人）收取货款的一种支付方式。

托收方式一般都通过银行办理，所以，又叫银行托收。银行托收的基本做法是：出口人根据买卖合同先行发运货物，然后开立汇票（或不开汇票）连同商业单据，向出口地银行提出托收申请，委托出口地银行（托收行）通过其在进口地的代理行或往来银行（代收行）向进口人收取货款。

按照一般银行的做法，出口人在委托银行办理托收时，需附上一份托收指示书，在指示书中对办理托收的有关事项作出明确指示。银行接受托收后，即按托收指示书的指示办理托收。

（二）托收的各方当事人

托收方式所涉及的当事人主要有：

1. 委托人

委托人是指委托银行办理托收业务的客户，通常是出口人。

2. 托收银行

托收银行是指接受委托人的委托，办理托收业务的银行，一般为出口地银行。

3. 代收银行

代收银行是指接受托收行的委托向付款人收取票款的进口地银行。代收银行通常是托收银行的国外分行或代理行。

4. 提示行

提示行是指向付款人做出提示汇票和单据的银行。提示银行可以是代收银行委托与付款人有往来账户关系的银行，也可以由代收银行自己兼任提示银行。

5. 付款人

付款人是根据托收指示，向其作出提示的人。如使用汇票，即为汇票的受票人，也就是付款人，通常为进口人，即债务人。

在托收业务中，如发生拒付，委托人可指定付款地的代理人代为料理货物存仓、转售、运回等事宜，这个代理人叫作“需要时的代理”。委托人如指定需要时的代理人，必须在托收委托书上写明此代理人的权限。

（三）托收的性质与特点

托收的性质是商业信用。托收虽然是通过银行办理，但是银行只是按照卖方的指示办事，不承担付款的责任，不过问单据的真伪，如无特殊约定，对已运到目的地的货物不负提货和看管责任。因此，卖方交货后，能否收回货款，完全取决于买方的信誉。所以，托收的支付方式是建立在商业信用基础上的。

托收方式对卖方来说是先发货后收款，如果是远期托收，卖方还可能要在货到后才能收回全部货款，这实际上是向买方提供信用。而卖方能否按时收回全部货款，取决于买方的商业信誉。因此卖方要承担一定的风险。这种风险表现在：如果买方倒闭，丧失付款能力，或是因为行市下跌，买方借故不履行合同，拒不付款，卖方不但要承担无法按时收回货款，或货款落空的损失，而且要承担货物到达目的地后提货、存仓、保险的费用和变质、短量的风险，以及转售可能发生的价格损失。当然，上述各项损失是买方违约造成的，卖方完全有权要求其赔偿损失。但在实践中，在买方已经破产或逃之夭夭或撕毁合同的条件下，卖方即使可以追回一些赔偿，也往往不足以弥补全部损失。由于托收对买方有利，所以在进口业务中采用托收，有利于调动买方采购货物的积极性，从而有利于促进成交和扩大出口，许多卖方都把采用托收支付方式作为推销库存和增强对外竞争的手段。

（四）托收的种类

托收可分为光票托收和跟单托收两种。

1. 光票托收

光票托收是指金融单据不附有商业单据的托收，即提交金融单据委托银行代为收款。光票托收如以汇票作为收款凭证，则使用光票。在国际贸易中，光票托收主要用于小额交易、预付货款、分期付款以及收取贸易的从属费用等。

2. 跟单托收

跟单托收是指金融单据附有商业单据或不附有金融单据的商业单据的托收。跟单托收如以汇票作为收款凭证，则使用跟单汇票。

国际贸易中货款的收取大多采用跟单托收。在跟单托收的情况下，按照向进口人交单条件的不同，又可分为付款交单和承兑交单两种。

（1）付款交单（简称 D/P）。付款交单是指出口人的交单以进口人的付款为条件。即出口人发货后，取得装货单据，委托银行办理托收，并指示银行只有在进口人付清货款后，才能把商业单据交给进口人。

付款交单按付款时间的不同，又可分为即期付款交单和远期付款交单。

① 即期付款交单。即期付款交单是指出口人发货后开具即期汇票连同商业单据，通过银行向进口人提示，进口人见票后立即付款，进口人在付清货款后向银行领取商业单据。

② 远期付款交单。远期付款交单是指出口人发货后开具远期汇票连同商业单据，通

过银行向进口人提示，进口人审核无误后即在汇票上进行承兑，于汇票到期日付清货款后再领取商业单据。

（2）承兑交单（简称 D/A）。承兑交单是指出口人的交单是以进口人在汇票上承兑为条件。即出口人在装运货物后开具远期汇票，连同商业单据，通过银行向进口人提示，进口人承兑汇票后，代收银行即将商业单据交给进口人，在汇票到期时，方履行付款义务。承兑交单方式只适用于远期汇票的托收。由于承兑交单是在进口人承兑汇票后，即可取得货运单据，并凭以提货，这对出口人来说，已交出了物权凭证，其收款的保障只能取决于进口人的信用，一旦进口人到期不付款，出口人就有可能蒙受货物与货款两空的损失。所以，如采用承兑交单这种做法，必须从严掌握。

（五）托收的注意事项

在我国的出口业务中，应适当和慎重地使用托收方式，注意下列问题：

（1）认真考察出口人的资信情况和经营作风，并根据进口人的具体情况妥善掌握成交金额，不宜超过其信用程度。

（2）对于贸易管理和外汇管制较严的进口国家和地区不宜使用托收方式，以免货到目的地后，由于不准进口或收不到外汇而造成损失。

（3）要了解进口国家的商业惯例，以免由于当地习惯做法，影响安全迅速收汇。

（4）出口合同应争取按 CIF 和 CEP 条件成交，出口人可办理货运保险，也可投保出口信用保险。在不采用 CIF 或 CIP 条件时，应投保卖方利益险。

（5）采用托收方式收款时，要建立健全管理制度，定期检查，及时催收清理，发现问题应迅速采取措施，以避免或减少可能发生的损失。

（六）合同中的托收条款

现将合同中有关托收条款举例说明如下：

1. 即期付款交单

“买方应凭卖方开具的即期跟单汇票于见票时立即付款，付款后清单。”

2. 远期付款交单

（1）“买方对卖方开具的见票后××天付款的跟单汇票，于第一次提示时应即予以承兑，并应于汇票到期日立即予以付款，付款后交单。”

（2）“买方应凭卖方开具的跟单汇票，于汇票出票日后××天付款，付款后交单。”

3. 承兑交单（D/A）

（1）“买方对卖方开具的见票后××天付款的跟单汇票，于第一次提示时应即予以承兑，并应于汇票到期日立即付款，承兑后交单。”

（2）“买方对卖方开具的跟单汇票，于提示时承兑，并应于提单日后（或出票日后）××天付款，承兑后交单。”

第三节 信 用 证

信用证方式是银行信用介入国际货物买卖价款结算的产物。它的出现不仅在一定程度上解决了买卖双方之间互不信任的矛盾，而且还能使双方在使用信用证结算货款过程中获得银行资金融通的便利，从而促进国际贸易的发展，因此被广泛用于国际贸易之中，以至成为当今国际贸易中的一种主要结算方式。

一、信用证的含义及其主要内容

信用证是银行开具的有条件的书面付款承诺，是指一项约定，即由银行（开证行）依照客户（申请人）的要求和指示，或以自身的名义、在符合信用证条款的条件下，凭规定单据：

（1）向第三者（受益人）或其指定人付款，或承兑并支付受益人出具的汇票。

（2）授取另一家银行进行该项付款，或承兑并支付该汇票。

（3）授权另一家银行议付。

信用证属于银行信用，采用的是逆汇法。

信用证虽然是国际贸易中一种主要的支付方式，但它并无统一的格式。不过，其主要内容基本上是相同的，大体包括：

（1）对信用证自身的说明。信用证的种类、性质、编号、金额、开证日期、有效期及到期地点，当事人的名称和地址，使用本信用证的权利可否转让等。

（2）汇票的出票人、付款人、期限以及出票条款等。

（3）货物的名称、品质、规格、数量、包装、运输标志、单价等。

（4）对运输的要求：装运期限、装运港、目的港、运输方式、运费应否预付、可否分批装运和中途转运等。

（5）对单据的要求。单据的种类（如发票、装箱单、重量单、产地证、商检证、提单、保险单等），各种单据的份数等。

（6）特殊条款。根据进口国政治经济贸易情况的变化或每一笔具体业务的需要，可作出不同的规定。

（7）开证行对受益人和汇票持有人保证付款的责任文句。

二、信用证的当事人及其业务的一般程序

信用证的当事人较多，主要有：

1. 开证申请人

开证申请人，又称开证人，指向银行申请开具信用证的人，即进口人或实际买主。如银行以自身的名义主动开具信用证，则该证中的当事人就没有开证人，例如，备用信用证。

2. 开证行

开证行，指受开证人之托开具信用证、承担保证付款责任的银行，一般在进口人所

在地。

3. 通知行

通知行，指受开证行之托将信用证通知或转交出口人银行，它只证明信用证的表面真实性，并不承担其他义务。通知行一般在出口人所在地，通常是开证行的分行或代理行。

4. 受益人

受益人，指信用证指定的有权使用该证权利的人，即出口人或实际供货人。

5. 议付行

议付行，指愿意买入或贴现受益人跟单汇票的银行。它可以是指定银行，也可以是非指定银行。

6. 付款行

付款行系信用证指定的付款银行，一般是开证行本身，也可以是开户行指定的另一家银行（代付行），视信用证的规定而定。

此外，还涉及保兑行、偿付行、受让人等其他当事人。

三、信用证的种类

信用证的种类很多，从其性质、用途、期限、流通方式等不同角度，主要分为以下几种。

1. 跟单信用证和光票信用证

跟单信用证和光票信用证是根据信用证项下的票据是否随附货运单据划分的。

（1）跟单信用证。跟单信用证，是指开户行凭跟单汇票或仅凭单据付款的信用证。国际贸易所使用的信用证，绝大部分是跟单信用证。

（2）光票信用证。光票信用证，是指开证行仅凭不附单据的汇票付款的信用证。在采用信用证方式预付货款时，通常是用光票信用证。

2. 不可撤销信用证和可撤销信用证

不可撤销信用证和可撤销信用证是根据开证行付款保证的责任划分的。

（1）不可撤销信用证。不可撤销信用证，是指信用证一经开出，在有效期内，未经受益人和有关当事人的同意，开证行不得片面修改和撤销，只要受益人提供的单据符合信用证规定，开证行必须履行付款义务。这种信用证对受益人较有保障，在国际贸易中，使用最为广泛。

（2）可撤销信用证。可撤销信用证，是指开证行对所开信用证不必征得受益人或有关当事人的同意，有权随时撤销的信用证。凡是可撤销信用证，应在信用证上注明“可撤销”字样，以资识别。这种信用证一般对出口人很不利。因此，出口人一般不接受这种信用证。

3. 保兑信用证和不保兑信用证

保兑信用证和不保兑信用证是根据信用证是否加以保证兑付货款的角度划分的。

（1）保兑信用证。保兑信用证，是指由另一家银行即保兑行（通常是通知行，也可是其他第三者银行）对开证行开立的不可撤销信用证加有保证兑付责任的信用证，其要点是：

① 保兑的对象必须是不可撤销信用证。

② 对不可撤销信用证加保的银行，称为保兑行。

③ 对开证行开立的信用证加保，一般是应受益人的要求而作的。

④ 信用证一经保兑，受益人便取得了开证行和保兑的双重付款保证，收汇更为稳妥。

⑤ 凡使用保兑信用证，应在该证上注明“不可撤销”的字样和保兑行加保的文句。

（2）不保兑信用证。不保兑信用证，是指未经另一家银行加以保兑的信用证。

4. 即期信用证和远期信用证

即期信用证和远期信用证是根据付款期限划分的。

（1）即期信用证。即期信用证，此种信用证一般不需要汇票，也不需要领款收据，付款行或开证行只凭货运单据付款。证中一般列有“当受益人提交规定单据时，即行付款”的保证文句。

（2）远期信用证。远期付款信用证，此种信用证不要求受益人出具远期汇票，因此，必须在证中明确付款时间，如“装运后××天付款”或“交单日后××天付款”。

5. 可转让信用证和不可转让信用证

可转让信用证和不可转让信用证是根据受益人对信用证权利可否转让来划分的。

（1）可转让信用证。可转让信用证是指信用证的受益人（第一受益人）可以要求授权付款，承担延期付款责任，承兑或议付的银行（统）称“转让银行”，或当信用证是自由议付时，可以要求信用证中特别授权的转让银行，将信用证全部或部分转让给一个或数个受益人（第二受益人）的信用证。

（2）不可转让信用证。不可转让信用证（non-transferable credity），是指受益人不能将信用证的权利转让给他人的信用证。凡信用证中未注明“可转让“的，就是不可转让信用证。

四、合同中的信用证支付条款

在进出口合同中，如约定凭信用证付款，买卖双方应对具体事项作出明确规定。现将我国出口合同中信用证支付条款列举如下。

1. 即期信用证支付条款

“买方应通过卖方所接受的银行于装运月份前×天开立并送达卖方不可撤销即期信用证，有效期至装运月份后第15天在中国议付。”

2. 远期信用证支付条件

“买方应于×年×月×日前（或接到卖方通知后×天内或签约后×天内）通过×银行开立以卖方为受益人的不可撤销的（可转让）见票后×天（或装船日后×天）付款的银行承兑信用证。信用证议付有效期延至上述装运期后15天在中国到期。”

3. 循环信用证支付条款

“买方应通过为卖方所接受的银行于第一批装运月份前×天开立并送达卖方不可撤销循环信用证，该证在20××年期间，每月自动可供××（金额），并保持有效至20××年1月15日在北京议付。”

第四节　银行保函

在国际经济贸易交往中，交易双方往往缺乏信任和了解，给交易的达成和合同的履行造成一定的障碍。为促使交易双方顺利达成交易，使国际经济贸易活动正常进行，就出现了由信誉卓著的银行或其他机构办理的保函业务。担保人以自己的资信向受益人保证申请人履行双方签订的劳务合同或其他经济合同项下的责任与义务。

一、银行保函的含义

银行保函（简称 L/G）是指银行应其客户（申请人）的要求开立的保证文件，就委托人关于某一基础合同的债务或责任向第三方当事人（受益人或债权人）作出保证，如委托人未能履行合同规定的义务，则由银行向第三方当事人作出赔偿。

二、银行保函的关系人

1. 申请人

申请人，也称被担保人，即向银行申请开立保函的人。申请人多为经济交易中的债务人。

2. 担保人

担保人也称保证人，是根据申请人要求以自己的信用为其担保、出具保函的银行。

3. 受益人

受益人即银行保函项下担保权益的享受者，有权按保函规定出具票款通知或连同其他单据，要求担保人偿付担保款项。

三、银行保函的种类

银行保函的使用范围很广，它不仅适用于国际货物的买卖，还可应用于招标与投标、国际工程承包、国际融资、国际技术贸易、加工贸易、补偿贸易等其他国际经济合作领域。以下介绍三种最常用的银行保函。

1. 投标保函

投标保函是银行根据投标人的申请，向招标人开出的保证投标人在开标前不中途撤标，不片面修改投标条件，中标后不拒绝参加，并承诺当投标人出现上述违约行为时由其赔偿招标人全部损失的保函。投标保函主要用于国际投标与招标中，如大宗物资采购、工程承包、矿藏开发招标时，招标人通常要求投标人提交这种保函，作为参加投标的条件之一，目的在于表明参加投标人确有诚意和足够的资金及能力，并保证中标后不反悔，避免给投标人造成损失。

2. 履约保函

履约保函是银行应某项基础交易合同一方当事人（申请人）的请求，开立的以另一方当事人为受益人的保函，保证申请人未能履行合同中规定的义务，由银行支付给受益人一定的金额作为赔偿。

在进口贸易中，银行既可为进口商向出口商提供进口履约担保，也可为出口商向进口商提供出口履约担保。履约保函形式灵活，其应用范围较广泛，除用于一般的货物进出口外，还可用于国际工程承包、融资租赁、来料加工、补偿贸易、技术贸易和质量维修等业务。

3. 预付款保函

预付款保函也称还款保函，是银行应某项基础交易合同一方当事人（收到预付款的一方）的请求，开立的以另一方当事人为受益人的保函，保证申请人未能履行合同中规定的义务，由银行偿还受益人预付给申请人的金额。

预付保函适用于一般货物的进出口贸易、国际工程承包和国际技术贸易等一切带有预付性质的分期付款业务。

第五节 各种支付方式的选用

在国际贸易业务中，一笔交易的货款结算，可以只使用一种结算方式（通常如此），也可根据需要，不同的交易商品、交易对象可根据情况将两种或两种以上的结算方式结合使用，常见的不同结算方式结合使用的形式如下。

一、信用证与汇付结合

信用证与汇付结合是指部分货款用信用证支付，余数用汇付方式结算。例如，对于矿砂等初级产品的交易，双方约定：信用证规定凭装运单据先付发票金额若干，余数待货到目的地后，根据检验的结果，按实际品质或重量计算出确切的金额，另用汇付方式支付。

二、信用证与托收相结合

信用证与托收相结合是指一笔交易的货款，部分用信用证方式支付，余额用托收方式结算，这种结合形式的具体做法通常是：信用证规定受益人（出口人）开立两张汇票，属于信用证项下的部分货款凭光票支付，而其余额则将货运单据附在托收的汇票项下，按即期或远期付款交单方式托收。这种做法，出口人收汇较为安全，进口人可减少垫资，而为双方接受。但信用证必须订明信用证的种类和支付金额以及托收方式的种类，也必须订明“在全部付清发票金额后方可交单”的条款。

三、汇付与银行保函结合

汇付与银行保函结合使用的形式常用于成套设备、大型机械和大型交通运输工具（飞机、船舶等）等货款的结算。这类产品，交易金额大，生产周期长，往往要求买方以汇付方式预付部分货款或定金，其余大部分货款则由买方按信用证规定或开加保函分期付款或迟期付款。

1. 分期付款

分期付款是指在产品投产前，卖方提供出口许可证影印本和银行保函的情况下，买方用汇付方式先向卖方交付部分货款或订金，其余货款可按生产或工程进度和交货进度分期偿付，买方开出不可撤销信用证，即期付款。在分期付款条件下，最后一笔贷款，一般在卖方完成全部交货责任或承担质量保证期满，经检验合格后再予付清。

2. 迟期付款

迟期付款是指买方先用汇付方式支付一定比例的货款或订金，其余货款可迟期偿付，有的还可规定，按生产（或工程）进度和交货进度分期交付部分货款，其余大部分货款在交货（或完工）后若干年内分期付清。

本 章 小 结

国际货款结算要比国内货款结算复杂。国际贸易结算中使用的票据主要有汇票、本票和支票，以汇票为主。结算的基本方式有汇付、托收和信用证。汇付和托收属于商业信用，对买卖双方有一定的风险。信用证属于银行信用，它的特点表现在独立性、单据买卖和银行信用方面。在信用证结算方式下银行承担第一性的付款责任。随着国际贸易的发展，国际结算方式逐渐多样化，在国际贸易业务中，一笔交易的货款结算，可以只使用一种结算方式，也可根据需要将两种或两种以上的结算方式结合使用，常见的不同结算方式结合使用的形式有：信用证与汇付结合，信用证与托收相结合，汇付与银行保函结合。恰当选择结算方式，能够及时安全收汇。

思　考　题

1. 本票与汇票的主要区别是什么？
2. 汇票的主要种类有哪些？即期汇票与远期汇票的主要区别是什么？
3. 汇付有哪三种方式？有何区别？
4. 托收有哪些方式？不同种类的托收方式使用中应注意哪些问题？
5. 远期付款交单条件下，凭信托收据借单提货，如果日后收不回货款，责任由谁承担？
6. 下面三种汇票，哪种汇票可以转让？转让时有什么手续？

（1）Pay to Srrfith Co. Ltd. only.

（2）Pay to the order of Smith Co.Ltd.

（3）Pay to bearer.

中东某商人从西欧购买一项商品，买卖双方约定采用信用证付款，并明确分两批交货和分两批开立信用证。第一张信用证开出后，已经顺利结汇。第二张信用证开出后，买方因第一批货物质量有问题，向卖方索赔的事项尚未了结，便通知银行停止使用其开出的第二张信用证，但银行仍凭卖方第二批正确的票据付了款。当银行通知买方对第二批货物付款赎单时，遭到买方拒绝，银行向法院起诉，结果银行胜诉。请分析原因。

资料来源：http://wenku.baidu.com/link?url=td0DBoebn-WW4KCf8wXi7sYbmC6Odas4MvyoGjD6kSR-If6rrGJU8ZdsNYURruoSNEXk_cxnHKnZBmIcC9iw7LbH7K_MJqLXHPnFg_ac6xK.

第九章

国际商务谈判

广东与美国关于玻璃生产线事宜

广东玻璃厂厂长率团与美国欧文斯公司就引进先进的玻璃生产线一事进行谈判。从我方来说，美方就是顾客。双方在部分引进还是全部引进的问题上陷入了僵局，我方的部分引进方案美方无法接受，遭到拒绝。

这时，我方首席代表虽然心急如焚，但还是冷静分析形势，认为如果我们一个劲儿说下去，可能会越说越僵。于是他聪明地改变了说话的战术，由直接讨论变成迂回说服。“全世界都知道，欧文斯公司的技术是一流的，设备是一流的，产品是一流的。”我方代表转换了话题，微笑着谈天说地，先来一个第一流的诚恳而又切实的赞叹，使欧文斯公司由于谈判陷入僵局而产生的抵触情绪得以很大程度的消除。“如果欧文斯公司能够帮助我们广东玻璃厂跃居全中国一流，那么全中国人民很感谢你们。”刚离开的话题，很快又转了回来，但由于前面说的那些话，消除了对方心理上的对抗，所以，对方听了这话，似乎也顺耳多了。

“美国方面当然知道，现在，意大利、荷兰等几个国家的代表团，正在我国北方省份的玻璃厂谈判引进生产线事宜。如果我们这次的谈判因为一点点的小事而失败，那么不但是我们广东玻璃厂，而且欧文斯公司方面将蒙受重大的损失。”说话中使用“一点点小事”来轻描淡写，目的是引起对方对分歧的关注。同时，指出谈判万一破裂将给美国方面带来巨大的损失，完全为对方着想，这一点对方不容拒绝。

“目前，我们的确有资金方面的困难，不能全部引进，这点务必请美国同事们理解和原谅，而且我们希望在我们困难的时候，你们能伸出友谊之手，为我们将来的合作奠定一个良好的基础。”这段话说到对方心里去了，既通情，又达理，不是在做生意，而是朋友间的互相帮助，因此迅速就签订了协议打破了僵局，问题迎刃而解，为国家节约了大量外汇。

案例分析：在这里，广东玻璃厂的首席谈判代表在面对美国方面的拒绝时，没有直接地对抗拒绝，而是采用了迂回绕道的技巧，从而化解了谈判中产生的矛盾，取得了谈判的成功。

广东玻璃厂对美国方面的拒绝是在美国占有优势的情况下果断的拒绝。在谈判中不能武断拒绝，需要有一定的语言艺术，让对方觉得拒绝是可以理解的，从而赢得谈判的主动权。

拒绝还可以通过赞赏的方式来提出。赞赏式拒绝法的实质就是从对手的意见中找出双方均不反对的某些非实质性内容，然后加以赞赏，突出双方的共同点，摆出理解对手的姿态，最后对不同的观点加以坦率的拒绝。这是因为一个人在提出自己的意见后，一旦受到某种程度的肯定和重视，人会产生一种兴奋优势，这种兴奋优势给人带来情感上的亲善体验和理智上的满足体验。这种体验一旦发生，就会促进谈判的顺利进行。

一般来说，拒绝不能使用带教训、嘲弄或挖苦的语气，尽量不用带批判性的词汇，更不要勃然大怒。另外，拒绝在有的时候需要果断，这样更能显示出自己的坚定，但是在运用的时候要把握好时机和尺度。

资料来源：http://www.chinavalue.net/Biz/Blog/2015-1-17/1151403.aspx.

学习目标：

1. 了解商务谈判基本构成、一般规律和惯例。
2. 了解商务谈判的基本原理和实际运用机制与方法。

主要名词或概念：

谈判、外交斡旋、欲擒故纵

国际商务谈判是我们从事国际商务活动的一个极其重要的环节。国际商务谈判的内容不仅包括商务和技术方面的问题，还包括法律与政策问题，它是一项政策性、策略性、技术性和专业性很强的工作。谈判的结果，决定着合同条款的具体内容，直接关系到合同双方当事人的利益。所以妥善处理商务谈判中出现的各种问题，在平等互利的基础上达成公平合理和切实可行的协议具有十分重要的意义。作为从事对外经济贸易活动的工作人员，应高度重视并认真做好这一工作。

第一节 国际商务谈判概述

一、国际商务谈判的含义

（一）谈判

一般而言，谈判是人们为了协调彼此之间的关系，满足各自的需要，通过协调而争取达到意见一致的行为和过程。美国著名的谈判学家杰勒德·I. 尼尔伯格（Gerard I. Nkmbe）在《谈判的艺术》一书中说：“谈判的定义最为简单，而涉及的范围却最为广泛，每一个要求满足的愿望和每一项寻求满足的需要，至少都是诱发人们展开谈判过程的潜因。只要人们为了改变相互关系而交换观点，只要人们是为了取得一致而磋商协议，他们就是在进行谈判。”“谈判通常是在个人之间进行的，他们或者是为了自己，或者是代表着有组织的团体。因此，可以把谈判看作人类行为的一个组成部分，人类谈判史同人类的文明史同样长久。”

谈判是人类社会相互交往的产物。人类在相互交往中为了解决利益冲突，改变相互关系；或者为了改造自然和社会而相互结合；或者为了物质、能量和信息交换而进行观点沟通，从而取得一致或妥协并达成协议，就产生了谈判这个社会交往活动。从历史根源来说，谈判在原始社会就已存在，它是人类在生存、生活和生产中不断认识和实践的产物，人们从不自觉地进行谈判到自觉地利用谈判经过了漫长的岁月。在原始社会中期就已经存在原始的谈判活动，较正规的谈判在原始社会后期开始慢慢多了起来，真正的较完善的谈判到奴隶社会和封建社会才出现。人类社会进入近代以后，由于资本主义经济制度的确立，社会生产力迅速发展，国际交往日益频繁，国际贸易不断扩大，各个领域的谈判增多，并发挥着越来越重要的作用。

（二）商务谈判

谈判的种类很多，有外交谈判、政治谈判、军事谈判、经济谈判等。而商务谈判属于经济谈判的一种。商务谈判是指在不同利益群体之间，以经济利益为目的，就双方的商务往来关系，各自承担的权利和义务而进行洽谈的行为。主要包括商品货物买卖、工程承包、技术转让、融资谈判等。商务谈判除了一般谈判所具有的特征外，还有其他自身的特点，主要表现在：

1. 商务谈判以获得经济利益为目的

不同类型的谈判有不同的目的。商务谈判核心问题是以获取经济利益为目的。在满足经济利益的前提下，才考虑其他非经济利益。在商务谈判中，谈判者都非常重视谈判的成本、效率和效益，所以人们通常以经济效益的好坏来评价一项商务谈判成功与否。

2. 商务谈判以价格谈判为核心

商务谈判的内容，涉及的因素很多，其中价格谈判是所有商务谈判的核心内容。因为价格的高低直接影响谈判双方的利益。但需指出的是，在商务谈判中，我们一方面要以价格为中心，坚持本身的利益。另一方面又不能仅仅局限于价格，应该拓宽思路，设法从其他因素上争取应得的利益。

3. 商务谈判注重合同条款的严密性和准确性

商务谈判的结果是由双方通过洽商一致的协议或者合同条款来体现的。各方的权利和义务在合同条款中得到了充分的反映，保障谈判的各方获得利益的前提是注重合同条款的严密性和准确性。如果不注意合同条款的完整、严密、准确、合理、合法，就有可能使到手的利益因某个细小问题而丧失殆尽，甚至付出更大的代价。因此，在商务谈判中，谈判者不仅要重视口头承诺，更应重视合同条款的准确、完整和严密。

（三）国际商务谈判

国际商务谈判是相对于国内商务谈判而言的。它是指国际间买卖双方就进出口商品的各项交易条件进行友好协商以期达成买卖成功的活动过程。国际商务谈判是对外经贸工作中不可缺少的重要环节，因此在对外经贸活动中，如何通过谈判达到自己的目的以及提高谈判的效率已作为一门学问，引起了人们的普遍关注。在现代国际社会中，许多交易往往需要经过艰难频繁的谈判，尽管不少人认为交易所提供商品的质量的优劣、技术先进与否和价格的高低决定了谈判的成败，而事实上，交易的成败往往在一定的程度上，取决于谈判的成功与否。在国际商务活动中，不同利益的当事人需要就共同关心或感兴趣的问题进行磋商，协调和调整各自的经济利益，谋求在某一点上取得妥协，从而使双方在都感到有利的条件下达成协议。所以可以这样认为，国际商务谈判是对外经济贸易活动中普遍存在的一个十分重要的经济活动，也是调整不同当事人之间经济利益冲突的必不可少的工具之一。

二、国际商务谈判的特点

国际商务谈判，既具有一般商务谈判的特点，又具有国际经济活动的特点。

1. 交易对象的广泛性

一般而言，商品货物的买卖无国家（或地区）的界限，只要有人想购买，卖者即可与他成交，因此商品交易的范围甚广，由此交易的对象也十分众多，这样就要求谈判人员不仅要充分了解市场行情，及时掌握国际价值规律和供求关系的变化，而且要用不同的方式和方法区别对待各类谈判对手，以提高谈判的成功率。

2. 政策的严肃性

国际商务谈判既是一种商品交易的谈判，也是一种国际间的交往活动，具有较强的政策性。由于谈判双方的经贸关系是两国或两个地区之间整体经济关系的一部分，因此常常涉及两国之间的政治和外交关系，在谈判过程中两个国家（或地区）的政府常常会干扰和影响商务谈判。因此，国际商务谈判必须认真贯彻执行国家有关方针、政策、法规和外交政策，同时，还应该注意国别政策，执行对外经济贸易中的一系列法律和规章制度。同时由于国际商务谈判的结果会导致资产的跨国转移，涉及国际贸易、国际结算、国际保险和运输等一系列问题，因此，在国际商务谈判中要以国际商法为准则，并以国际惯例为基础。

3. 谈判环境的复杂性

因为商务谈判人员的工作环境主要是在单位或企业的外部，甚至在国外，需要花绝大部分时间来处理联系和处理对外关系，因此，他们的工作环境比本单位或企业内部从事生产经营管理的人员所处的环境更加广泛、更加复杂。这种情况要求谈判人员具有很强的社会交往能力、公关能力，从而获得更多的信息，使谈判能顺利进行。

4. 谈判的技巧性

由于国际商务谈判者代表了不同国家和地区的利益，有着不同的社会文化和经济政治背景，其价值观、思维方式、行为方式、语言及风俗习惯因人而异，从而使谈判受到各种复杂因素的影响，加深了谈判的难度。这就要求谈判人员必须具有广博的知识和超高的谈判技巧，不仅能在谈判桌上做到因人而异，运用自如，而且要做好谈判前的资料准备、信息的收集，以使谈判能按预定方案顺利实现。

三、国际商务谈判的基本形式

国际商务谈判的基本类型大体上分为两类，一类是面对面谈判，另一类是函电往来谈判。不论哪种形式的谈判，都必须遵循谈判的基本原则和惯例。

1. 面对面谈判

买卖双方派出代表或由买卖双方组成代表团，就交易的主要条件和双方的权利与义务关系，进行磋商。这是商务谈判中常使用的基本形式。

2. 函电往来谈判

利用现代先进快捷的通信工具进行交易的磋商，这在目前国际商务谈判中大量使用。特别是在信息化程度日益提高的情况下，利用电子商务网络进行磋商交易，达成合同，已成为广泛采用的谈判方式。

第二节 国际商务谈判前的准备工作

谈判是一场心理战，也是一场知识、信息、修养、口才和风度的较量。由此可见，它是一项错综复杂的工作，受到主观和客观、可控因素和不可控因素的制约，同时，谈判桌上常常是瞬息万变，要在这种多变的局势中掌握谈判的发展，就必须打有准备之仗。不同类型的谈判对谈判的准备工作有不同的要求。由于国际商务谈判涉及面广，复杂多变，因而其准备的内容较多，准备工作要做到相对充分。这样，当谈判出现一些始料不及的情况时，也能使谈判者依然镇定自若，从容应对。国际商务谈判的准备工作主要包括以下几个方面。

一、谈判的人事准备

组织一个精干的谈判班子是保证商务谈判成功的关键。挑选谈判人员，首先要考虑参加者的个人素质，同时要研究班子的整体结构。一个健全的谈判团组应当具备以下的品格；第一，忠诚于自己所代表的国家和所代表的经济实体，有较高的政策水平和严格的组织纪律性；第二，专业结构合理，团组成员的知识、智能搭配比例恰当，能适应谈判任务的需要；第三，团结和谐，协调促进，在复杂多变的环境中能坚定沉着、灵活机智地应付和解决各种问题。谈判者个人应当品格端正，业务娴熟，思维敏捷，有良好的洞察能力和判断能力，善于利用策略，广交朋友，有胆识，有耐心，有勇气，有智谋，是能争取谈判成功的强者。谈判班子，一般包括商务人员、技术人员、管理人员，必要时还配备有专门的法律顾问和翻译人员。在任何国家，大型的商务谈判都是由政府主管经济贸易的部门派人率团或委托有影响力有代表性的公司企业派人担任主谈，由其他部门或有关公司企业的人员担任陪谈。小型贸易谈判一般由与某项贸易业务直接有关的单位组织团组进行谈判。在变幻莫测、斗争复杂的谈判桌上，参加谈判组团的人员必须目标明确，职责分明，服从指挥，统一行动，稳健灵活，一致对外，当机立断。

二、谈判的计划准备

国际贸易谈判是以实现谈判者的利益为最终目标的。每个谈判者都希望己方确定的某项实质性利益能通过谈判得到满足，同时又希望通过谈判使自己和对方继续保持良好的关系，以利于进一步发展相互间的贸易合作。因此，打有准备之仗，有把握之仗，成为国际贸易谈判的一项基本原则和前提。可见，为每项谈判制订一套周密的计划就显得非常重要了。谈判计划的内容主要应包括：谈判的目的，谈判的对象，己方和对方的实力分析，谈判的策略运用和步骤的实施，谈判的时间掌握，谈判中估计可能发生的特殊问题和成功的机遇，需要达到的最低谈判目标和力争实现的最高谈判目的，等等。为谈判制订一项周密的计划，把谈判的中心点集中于谈判各方的基本利益，同时又设计出可供各方选择的解决问题的多种方案，就有可能使谈判诸方达成一项建立在客观标准上的协议，从而兼顾各方的利益。国际谈判中敲诈事件时有发生，防人之心不能没有，做好谈判计划的目的之一是防止上当受骗。但是，国际谈判又有其客观标准，这就是应尽可能满足谈判各方的正当合法的利益，应当把谈判对手看成合作者，而不是敌方。谈判不意味着欺骗，更不意味着敲诈勒索。短视的做法也许在一场特定的谈判中能够得到一些好处，但那样做常常会破坏自己的国家和本公司的形象，让对方耿耿于怀，让旁观者鄙夷警惕，最终吃亏的还是自己。

例如，有一年，美国和墨西哥就天然气贸易进行谈判。美国确知当时墨方的天然气很难找到买主，于是大幅度压价进行收购。但是，墨方不仅要为天然气出口争取一个合适的价格条件，使本国的合法利益得到照顾，而且希望对方在谈判中尊重墨西哥的尊严，对自己以平等的态度相待。可是，当时参加谈判的美国人趾高气扬，公然对墨西哥谈判对手进行威胁。墨西哥政府对此极为愤慨，决定宁可烧掉天然气，也不肯卖给美国，结果使那场本来对美、墨双方都有好处的贸易谈判变成一场谩骂，不少第三国的政府和报界对美国的骄横态度提出批评。

三、谈判的资料信息准备

知己知彼，百战不殆。收集资料、掌握信息是使谈判获得成功的重要条件之一。作为谈判参加者，对于对方国家（或地区）的历史、地理、经济、社会、法律、贸易习惯等，应当有一定的了解；对于世界市场有关商品不断变化的行情，也应当有所研究；对于谈判对手所代表的公司的财力、信誉、经营范围、营销渠道等应进行调查，掌握尽可能多的资料。例如，对其公司的注册资金、银行存款、历年的预算和财政计划、交易额的大小和利润的多寡、公司的发展计划、公司宣传广告、出版物的质量、办公设施和生产基地的规模、贸易经验、经验能力、公司人员的素质和性格、外国商家对它的反映、外国报刊对它的报道，甚至公司所有的信纸、信封、名片的印刷质量进行收集、整理、分析。都有利于己方预先了解对方谈判的态度和谈判成功的可能性，在贸易谈判中，如果偶尔遇到对方施展不诚的手段，诸如欺骗战术、心理战术、压力战术或拖延战术等，只要自己掌握有充分的信息资料，就能相机应对，掌握主动。

在国际贸易谈判中，了解谈判对象是基础。对象的财力是进行贸易的后盾，对象的信誉是履行合同的保证，要使自己成为谈判的受益者，而不做谈判的受害者，按正常的途径对对方进行资信调查或通过间接渠道广泛收集与对方有关的信息和资料是贸易谈判能正常高效进行的重要环节。资信调查的方式很多，可以通过国内外的银行，国内外的咨询机构，国内外商会，本国驻外的商务代表机构，与自己有业务往来并了解对方的公司、商社和友人，外国的电台、电视、报纸杂志等进行调查分析，也可直接向对方发函，请其提供有关的资料信息。

四、谈判场所和议程准备

根据需要，贸易谈判可以在本国举行，也可以在对方国家举行，在本国举行，有利于主方使用现有的信息资料和熟悉的电脑设备，可以及时向本公司的领导汇报情况，商讨对策，节省旅行时间和进出国境的手续、费用，同时可以使对方参观了解自己的公司、工厂，所经营的商品和客户、网点，让对方的活动听从自己安排，一谈到底，避免对方在谈判中中途离场。在对方国家举行谈判的好处是，可以就地了解对方，相机与当地高层人士接触，走访更多的商家，调查当场的市场，而且不必安排谈判场或提供后勤服务，从而能不受干扰地谈判事务。按照国际惯例，任何东道国都应当在征询客户意见的基础上，为谈判准备场地，为被邀请者预订与财力、身份相当而又舒适方便的旅馆，预订机票，安排游览参观，组织宴请和文娱活动，尤其要为谈判安排好议事日程。议事日程一般由东道方提议，让客方同意，经双方确认成立。拟定议程，虽然没有特殊的规定，但也不能流于形式，而要有利于谈判的进行。一般来说，由己方提出议程，可以使用于己有利的方法、措辞、条件、程序来安排谈判，便于运用谈判策略，推动谈判成功。有些议程是先简后繁，先打外围战，扫清次要的问题，然后集中精力、时间解决重大的问题；有的议程是从重要的问题谈起，避免在次要问题浪费时间；有的议程不将问题分为主次，但强调先易后难，凡是容易达成一致意见的问题通通都安排在前面快速讨论，然后彼此作出让步，就少数困难的问题寻求一致的意见。谈判议程在一定程度上反映了谈判双方的风格和双方当时的关系。

第三节 谈判的基本原则

谈判的原则是任何谈判都普遍适用的最高规范，也是谈判取得成功的一般要求。有人认为，谈判的成败完全取决于谈判者的个人技巧，没有什么普遍使用的原则；也有人认为，只要谈判达到目的，可以不择手段，不必讲什么原则。这些看法在现代谈判中是行不通的。现代谈判过程中，固然讲究技巧和方法，但是都力求从中抽象出某些普遍的原则，而把技术与方法看作对原则的具体运用。

一、谈判的基本原则

1. 求同存异的原则

任何谈判都必须分清各方面的利益所在，然后在分歧和冲突中寻求共同之处或互补之处，达成一致的协议。对于一时不能弥合的分歧，不强求一致，允许保留，以后再进行谈判。这就使遵循求同存异的原则。国际商务谈判环境和对象存在许多差异，但我们应该看到谈判的双方或多方都有着一定的共同利益，即事物的共性。在当今世界经济一体化的趋势下，研究和讨论共性更具有实际意义。如果在国际贸易活动中，交易谈判时个别差异性较大，谈判人员就必须本着求同存异的原则，根据谈判的目的和整体经营意图针对不同情况进行适当调整。以达到谈判的最佳效果。商务谈判并不是在商务冲突出现时才进行。商务谈判是谈判双方当事人在追求共同的商业目标，实现双方各自商业利益的整个过程中所采用的一个不断化解矛盾、实现谈判者最大利益的手段。实践证明，谁能在激烈的市场竞争中有效地利用这一手段，谁就会在商业活动中实现自己的最大利益。

我们必须强调，谈判的结果并非是“你赢我输”或“我赢你输”。谈判的双方要树立一个双方都是胜者即“双赢”的观点。我们要使双方寻求共同利益，使双方都能得到商务发展的机会，也就是说实现“双赢”。可用以下三个标准对谈判进行评价。

（1）在可能达成协议的情况下，它应该达成一个明智的协议。谈判结果应能符合谈判双方当事人的合法利益；应公正地解决谈判各方的利害关系；而且还要考虑到符合公众利益。

（2）谈判的方式必须是高效率的。效率高的谈判，使双方都有更多的精力拓展交易机会。如果在谈判中坚持自己固有的立场，会使谈判的双方争辩不休，难以选择双方满意的方案，有时简直是无谓地消耗时间，从而增加了谈判双方的压力，致使谈判形成僵局或失败。

（3）应能改善或至少不损害谈判双方的关系。谈判的目的是获取利益，然而利益的取得却不能以破坏或伤害谈判各方的关系为代价，谈判的各方都把注意力过多地集中于争论之上，就容易将谈判各方的关系搞僵，容易伤害“脸面”，致使谈判无法进行下去。因此，合理的谈判方式必须能克服观点上的争论，并且要高效率、低代价地处理人际关系。由此可见，这一原则要求我们寻求谈判各方的共同利益以及如何确定一个客观公正的标准去体现各方共同利益和需要，从而最终达成一个明智的协议。

2. 平等协商、互惠互利原则

在国际商务谈判中，买卖双方当事人都要在相互平等、自愿交易的基础上，通过充分的协商，以达到一个互惠互利的交易。当今世界国家不分大小，都应该是平等的，而企业（公司）虽然所从事的经济活动的具体条件不同，但他们都是独立的法人，是自主经营、自负盈亏的商品生产者和经营者，在任何商品交易活动中都应该处于平等地位，任何一方都不能以其优势自居或在谈判中以势压人，把自己的意愿强加于别人。因此，任何一项买卖是否成交或怎样成交，都应在买卖双方自愿的基础上，通过认真的洽商而达成协议。等价交换、互惠互利历来是商品经济的一个基本原则。在国际市场上市场行情瞬息万变，在供求因素、竞争因素、经营目的与意图等因素的影响下，会出现双方获利的多寡，但不管怎样，只要双方都获得一定利益，就表明做到了互惠互利。在国际商务谈判中，谈判人员应坚持平等协商、互惠互利的基本原则。

3. 坚持客观标准的原则

在商务谈判的过程中，无论你多么充分理解对方，多么重视相互之间的友好关系，谈判双方都有可能发生利益冲突，有时甚至是无法避免的。这时，谈判的焦点最终又会回到各自针锋相对的立场上，不是你让步，就是他妥协，如此的谈判是以改变对方的意愿作为达成协议的代价的，其结果是不会有效的。谈判能很好地克服建立在双方意愿基础上所产生的弊病，有利于谈判双方达成一个明智而公正的协议，寻找一个独立于双方意愿之外的客观标准。

所谓客观标准是指社会公认的、不以谈判者好恶为转移的标准。也就是指独立于谈判各方意志之外的合乎情理和切实可行的准则，是不以人的意志为转移的东西。它既可以是一些惯例、通则，也可能是职业标准、道德标准、科学鉴定等。由于贸易谈判涉及的内容极其广泛，所以客观标准也是多种多样的。例如，当买卖双方在价格方面发生僵局，各不相让时，就可通过计算实际成本、分析市场价格等方法来寻求一个客观标准，以便双方在不伤感情的情况下都能接受。有关其他贸易条件，都可以通过采用行业习惯或国际惯例及标准，或专家意见，或作出科学的结论等方法获得一个双方都无法否认的客观标准，从而促进谈判顺利进行，并使双方利益的协调得以成功。当然，我们在谈判中坚持客观标准要注意标准的普遍性和实用性。

4. 依法办事的原则

在国际商务谈判中，最终签署的各种文书具有法律效用。因此，谈判的双方，不仅要遵守本国的法律、法规与政策，还要遵守国际上的有关法律和惯例，同时还要尊重对方国家的有关法规。凡是与法律、法规和政策有抵触的谈判，即使出于双方自愿或都能获利，也是不允许的。因此，作为谈判者而言，必须知法懂法，加强遵法守法观念，在自身利益受到侵害时，要依法向对方追索赔偿。

二、商务谈判的基本模式

国际商务谈判是一个连续不断的过程，每一个谈判都需要经过评价、计划、关系、协议和维持五个环节，谈判不仅涉及本次所要解决的问题，而且应努力使本次交易的成功成为今后交易的基础。这就是当前国际上流行的APRAM（appraisal，plan，relationship，agreement，maintenaneca）模式。该模式主要包括以下几个内容。

1. 科学的项目评估

没有进行科学的项目评估就不要上谈判桌，这应该成为国际谈判桌的一条戒律。过去有人认为谈判者能否正确地把握谈判的进程和能否巧妙地运用谈判的策略与技巧是谈判能否取得成功的关键。但事实并非如此，对于国际商务谈判来说，谈判能否取得成功并非是取决于谈判桌上的你来我往、唇枪舌剑，而主要是取决于在正式谈判之前的准备工作。从严格意义讲，任何谈判都离不开科学的评估，所不同的只是每一个项目评估的完整性、复杂性存在程度的不同而已。一个商务谈判项目，要是能获得谈判的成功，首要问题是在谈判之前对该项目进行科学的评估。如果没有进行可行性研究和评估，或者草率评估，盲目上阵，虽然在谈判中费九牛二虎之力，达成了一个似乎令双方满意的协议，但这个“满意”是要打折扣的。没有进行科学评估或评估不当，怎么能得到令人满意的结果？那只能是自以为满意，实际是自欺欺人。一个谈判项目不能体现经济效益和社会效益，这项谈判的成功就是虚假的，是不成功的。所以任何一个谈判获得成功的前提是必须对项目进行科学评估。

2. 制订正确的谈判计划

任何谈判都必须有一个完整详尽的谈判计划。一个正确的谈判计划首先要明确己方和对方的谈判目标，并对双方谈判目标进行比较，寻求双方利益的共同之点与不同之处。对于双方利益一致、共同关心的问题，应仔细列出来，通过谈判，双方加以确认，以提高和保持双方对谈判的兴趣和争取成功的信心；同时又为以后解决不一致的问题打下基础。对于双方利益存在冲突的地方，则应该充分发挥创造性思维，依据谈判的目的是“满足双方要求”的原则，积极寻找使双方都满意的方法来加以解决。

3. 建立双方的信任关系

建立谈判双方的信任关系是一切商务谈判的重要一环。建立这种关系的目的在于：一般情况下，人们是不愿意向自己不了解、不信任的人敞开心扉、订立合同的。如果谈判的双方建立了相互信任关系，则在谈判中就会顺利，减少了谈判的难度，增加了谈判成功的机会。所以谈判的双方相互信任是谈判得以成功的基础。建立谈判双方的信任关系必须注意：

（1）要努力使对方信任自己。

（2）要尽可能设法表现出自己的真诚。

（3）要特别记住最终使对方信任自己的不是语言，而是行动。

正因为如此，若我们还没有与对方建立起较好的信任关系，就不应匆忙地进入实质性的谈判。否则，勉强行事，势必影响谈判结果，甚至会将可以办成的事办糟。

4. 达成双方都能接受的协议

谈判双方建立了充分信任关系后，就可以进入实质性的项目谈判。在谈判中，根据谈判的目标，对彼此意见一致的问题加以确认，而对意见不一致或冲突方面应认真进行磋商，寻找使双方都能接受的替代方案来解决。在此我们应该注意的是：达成令双方满意的协议并不是协商谈判的最终目标。谈判的最终目标应该是协议的内容得到圆满的履行，完成相应合作的事业，使双方的利益得到实现。

5. 协议的履行与关系的维持

在商务谈判中，往往会出现一旦达成协议就万事大吉，认为整个谈判已获成功的错误认识。其中还存在一个对方是否会不折不扣地履行协议的义务和责任的问题。所以我们可以说，即使谈判签订了协议，但谈判并没有就此结束。因为履行协议职责的是人而不是协议本身。协议书签订得再好，再严密，仍然依靠人来履行。要对方履行协议必须做到两点：

（1）要求别人信守协议，首先自己要信守协议。

（2）对于对方遵守协议的行为可给予适时的情感反应。

行为科学理论告诉我们，当人们努力工作并取得成功的时候，给予适时的鼓励能起到激励干劲的作用。同样，当对方努力信守协议时，给予适时的肯定和感谢，则其信守协议的做法会继续保持下去。当然，情感反应的形式是多种多样的，除通过信函、电话、电报、电传等进行表达外，还可以亲自拜访表示感谢。

总而言之，在实际谈判中，一个完整的谈判过程从时间上来划分可以分为准备阶段、接触阶段、实质性阶段、协议阶段和执行阶段。其中准备阶段和执行阶段的工作对国际谈判能否顺利、圆满地完成具有举足轻重的作用。上述五个阶段是相辅相成、缺一不可的。

第四节　国际商务谈判策略与技巧

国际商务谈判应根据不同的目标、不同的对象、不同的时间和地点，制订不同的行动和计划，采取不同的措施，以适应不同的形势，争取获得预期的效果。制定和运用好谈判策略，丝毫不意味着想方设法骗取对方，也不意味着施计用谋把对方当成敌人压倒。一个既成功又富远见的谈判者必须考虑各方面利益：己方眼前的实质性利益和谈判双方之间的长远关系。

制定谈判策略，首先要做到知己知彼，既明确己方目标，又清楚对方的意图，以及己方的优势，对方的实力和特点，和对方可能让步的程度，谈判的时间限度，谈判的双方利益的可能结合点，本次谈判对未来双方关系的影响，等等。

谈判策略虽然没有固定的模式，但也有一些带有规律性的东西。每项贸易谈判都要根据当时的具体情况进行周密审慎的研究，把原则性和灵活性巧妙地结合起来。世界各国在实践中总结出来的谈判策略很多，下面就大家熟悉而公认的作一些介绍。

一、以诚对诚

以诚对诚的策略也叫开放策略，它是指谈判双方在谈判时尽量开诚布公，使对方感到信任和友好，促使其早下决心，通力合作，尽快达成交易。在这种情况下，谈判的一方不仅会考虑达成一项能满足己方要求的协议，并且会提出某种办法以兼顾对方的利益。在谈判中强调创造诚挚、和谐气氛，对对方的谈判人员及提出的问题采取和善的态度，努力避免在言辞上和观点上激烈碰撞抗衡，必要时还为培养双方之间的关系而做些让步。这种策略有助于克服双方猜忌的心理，使双方的注意力集中于解决谈判中的主要问题。近年来，这项策略颇受推崇。当然，以诚对诚并不等于内外不分，也不等于和盘托出，实际上，这项策略是建立在对谈判方的资信进行调查研究或对其谈判者的意图、风格、态度进行了探测摸底的基础上的，如果对方公司资信较好，讲究效率，且谈判对手不属于老谋深算、闪烁其词的圆滑之辈，使用以诚对诚的策略，一般效果较好。

二、以柔克刚

以柔克刚策略又称蘑菇战术，它是对付锋芒毕露、咄咄逼人的谈判对手的有效方法。在国际贸易谈判中，不时遇到一些自以为是、趾高气扬的谈判者。与这些人开始谈判时，最好的办法是虚与委蛇，避免直接碰撞：对方坚持自己的观点时，不要去抵制他；对方使用攻击言辞时，不要当场去反击他，应沉着冷静地听完他的讲话。沉默常常使对方感到不自在，特别是他说的话言过其实时更应如此，这样会逐渐消磨其锐气。待趾高气扬的对手已感到精疲力竭的时候，再以谦和的态度有意识地引导他们去寻求谈判双方的共同利益，为双方达成协议设想多种可供选择的解决办法。这种以柔克刚的策略，日本商人与其他国家商人谈判时常常采用。需要注意的是，与锋芒毕露的外商打交道，绝不可采用刀对刀，枪对枪，“以其人之道，还治其人之身”的做法，否则，只会激化矛盾，气走对方，无助于完成贸易谈判任务。

三、激将诱发

在谈判进行到难解难分的阶段时，用名誉、地位、公正、爽快等措辞激发或逼迫对方说明情况，快下决心，做出让步，及时签约，是有经验的谈判者不时采用的策略之一。例如，某外国公司技术费报价很高，买方表示要分析评论，卖方的经理却坚持不提供必要的计算依据，卖方的法律顾问坐在一旁自觉尴尬。买方于是利用该法律顾问的矛盾心理对他讲道：“您是律师，知道买卖应该公道，不公道的买卖是违反国际贸易公认的一般原则的，贵方既然报了价，就应当让人知道计算报价的依据，公道的价格是不怕讲的嘛！”经过这么一激，该律师只得动员老板讲出计算公式和计算依据，从而方便了谈判的进行。但是采用激将法要看对象，对那些老谋深算、蓄意欺骗和沉着镇定的谈判者不一定有效。

四、声东击西

声东击西策略在讨价还价的谈判中用得很多。例如，甲方在谈判中所关心的本是价格条件（价格术语），希望能订立一项 CIF 合同。但是，在谈判时故意在付款条件上多做文章，把对方的注意力心引到付款条件上去，然后在双方讨论激烈时，再杀个回马枪，在付款条件上来个“让步”，以换取对方同意按 CIF 价格术语成交。运用这种策略，常常是对无关紧要的论题纠缠不休，转移对方的视线，分散对方对主要问题的注意力，以便悄悄地实现己方的意图。声东击西策略有时是拿第三者去劝服谈判对手，迫使对方按自己的条件成交。例如，有一年某国一家公司与瑞典一家公司谈判，准备引进某项新型设备。对方得知买方决心向其购货，于是提高价格逼买方成交。买方公司明白其意图后，故意向瑞典公司表示要改由日本进口，并派出代表与日方接触，同时告诉瑞方，日本的同类设备作价低得多，售后服务更好，结果，瑞方不得不按买方要求降价出售。

五、私下接触

在谈判前后，或在大型谈判进行中，谈判人都有自由支配或短暂的休息时间。谈判双方有时利用这些时间一起浏览、娱乐、互访、聊天，有意识地私下接触，联络感情，增进共识，推动谈判。这种私下接触的策略尤其适用于双方的首席代表。例如，日本人喜欢一起去洗澡，芬兰人喜欢请客人一道蒸汽浴，巴西人喜欢请客人游海湾，英国人喜欢邀客人去绅士俱乐部闲坐。在业余时间进行这类非正式的小酌、家访、消遣、郊游，有助于创造和谐亲切的气氛，焕发双方理解与合作的精神，从而解决在谈判桌上难以谈成的问题。

六、利用矛盾

在国际商务谈判中，利用矛盾、分化对方，是经常运用的策略之一。这一方面在于利用各个竞争公司之间的利害冲突，另一方面在于利用谈判双方商务人员与技术人员的意见分歧，使谈判沿着有利于己方的计划发展。例如，某进口商A既可从进口商B又可从进口商C进口某同类产品，为了利用B和C之间竞争销售的态势，达到压价进口的目的，既可利用B和C两家公司代表既是朋友又各为其主的特点，秘密分别与其接触，使他们产生不信任感，相互猜忌，互不通气，竞相削价。但是，利用矛盾也必须建立在调查研究信息并高度保密的基础之上，切忌盲目行动，使对方们识破，联合起来对付自己。

七、润滑疏通

谈判人员在拜访交谈的过程中，有时可根据不同对象有意识地馈赠一些礼品，联络感情，借以减少双方在谈判桌上争论，使双方的观点易于沟通，从而推动谈判朝着有利于己方的计划发展。但是谈判人员馈赠礼品，既要见机行事，又要符合对方的国情，而且一般价值不能过高，否则会被看成是贿赂。如果不进行研究观察，便冒失地向某个诚实、清廉的谈判官员赠送贵重的礼品，就有可能弄巧成拙，甚至引起麻烦。此外，在运用润滑疏通的策略时，要特别注意受礼者的风俗习惯。例如，在拉丁美洲，应避免给异性客商（特别是女性）赠送红玫瑰；在意大利，应避免给对方赠送菊花；日本人讨厌饰有荷花、獾或狐狸图案的礼品；英国人不喜欢欣赏礼物上印有山羊、大象或带有送礼人员所属公司的标记；信奉基督教的商人忌讳任何可能组成“13”这个数字的礼物；信奉伊斯兰教的商人反对有猪的图案或男女画在一起的礼品；巴西年老的商家不愿意接受绣有百寿图或长寿老人之类的衣服或领带。此外，还应注意送礼的时间和场合。英国人认为共进晚餐后或看完节目后送礼比较适宜；法国人认为重逢时送礼比较自然；拉丁美洲商人认为送礼时应在交谈完毕双方关系融洽之时或业务洽谈成功之后。

八、暂时休会

在谈判进行到一定阶段或遇到某种障碍时，谈判的一方或双方提出暂时休会（若干分钟，或若干小时，或一两天），有利于谈判人员到会下调整对策，恢复体力，或私人个别接触使谈判继续顺利进行下去。暂时休会的办法不仅在商务谈判中，而且在国际政治涉外谈判中均可采用。例如，在谈判紧张时刻，双方各持己见，互不相让，出现难以打破的僵局时提议暂时休会，可使双方回顾一下谈判的进程和已经取得的成果，为下一轮谈判准备必要的条件。此外，在谈判紧张时间过长时，暂时休会，有利于谈判者消除疲劳，恢复精神，加速谈判进展。一个出色的谈判者很少会当场对重大问题作出决断。短时间的休息有助于控制谈判进程，作出更为稳定而有力的决定。

九、拒开先例

欧美各国商人在回拒双方的要求时，常常爱委婉地说道：“先生，我如果答应您的这一要求，对别的用户就等于没有信用了。”或者说：“先生，如果先例一开，以后办事就难啊！”这种策略通常是卖方拒绝降价的一种借口。至于答应买方的要求是否真的开了先例，这并不重要，重要的是使对方明白，这样做会给卖方带来损失。

这一策略买方也可以采用。例如，买卖双方已就某项货物达成协议，但卖方过来了一段时间之后又要求涨价（如涨价 5%），买方对各种因素进行了认真的测算和分析，认为买方的要求根据不足，因此也婉拒对方："先生，这个先例不能开呀，否则会引起不良的后果。"拒开先例策略现在已被广泛采用，因为既拒绝了对方的要求，又语气委婉，显得有礼貌，不使对方难堪。

十、连珠发问

有经验的谈判者，为了摸清对方的底细，常常在谈判中抓住对手的某些话题，连续发问，从对方没有充分准备的回答中，判断其真实意图和可能作出的让步程度。例如，当对方表示"以 CFR 拉各斯价格条件下成交更好"时，即可问他："为什么按 CFR 拉各斯价格条件成交？"对方也许会回答说："这是为了考虑利用我们的……"谈判者可继续追问："为什么要这样考虑呀？"如此连珠炮式的提问，使对方防不胜防，言多必失，从中抓住要害，到时说服对方，争取获得最佳的谈判效果。当然，如果对方对己方实施连珠炮式发问战术，则应慎重对应，或者听而不答，或者避实就虚，或者声东击西，转移视线，或者反诘对方，以攻为守。

十一、故意拖延

在谈判中，如果出现意外事件而不利于己方，或者由于商品供应不足或世界市场行情不好而不宜立即签约，可采取拖延战术，寻找借口，谈谈停停，断断续续，避重就轻，以便于等待有利时机，再作决断。这种情况多发生在大型项目的谈判中。

对待拖延战术，首先要摸准对方的症结所在，抓紧时间，压对方按原已商定的日程进行正常的谈判并及早签约，提醒对方，如果拖延不决，将会失去成交的机会，买卖可能与第三者进行。

十二、留有余地

在国际商务谈判中，任何时候都不能坦率至诚，一切应允，即使对方提出的某种要求己方完全能够满足，也只能考虑其部分要求，以便留有余地，供日后讨价还价之用。作为卖方，可让步的地方很多，但每次只能让出一步，而且每次步子应越让越小，并要求对方也同时相应让步。买方可根据情况，可以以理逼，以利诱，使其向有利于自己的方向变化。作为买方，即使各种条件具备，也应该具体多摆己方的困难。例如，向对方表示："你的要求也许不是没有道理，可是，我得到的授权有限呀，我的让步已经不小了，如果再让下去，我的领导就可能将我解聘呢！"

这种留有余地的策略不能简单地理解为自私、虚假，其实它有时比痛快地满足对方更能促成交易。有经验的谈判人员经常采用这种策略。

十三、外交斡旋

国际经济贸易谈判中，双方在商品价格上或商品产品搭配上争执不下，陷入僵局，而无法签约。这时常常请本国外交官从中调解，有时甚至请本国大臣出面斡旋，约见有关公司领导，要他们从两国关系的大局出发，互相体谅，互相尊重，平等互利地解决谈判中的分歧，彼此都作点让步，争取把本次交易谈成，为以后更多更大的贸易经济活动创造条件。外交官出面斡旋，可以约访对方公司，可以专门宴请对方的负责人，也可利用外交场合与对方负责人相遇时提示对方，但语言必须友好和善，交谈必须掌握时机和分寸。外交官出面找对方调解时，要显得中立公平，不偏不倚，敦促双方，晓以利害，并把外交与商务分开。自己一方则应取配合态度，不能当面与对方争论或指责对方。有些公司因为与谈判对方国家的外交官保持有良好的关系，当贸易谈判出现困难而难以解决时，以友好姿态、促进合作的口气邀请他们出面调停，也能收到好的结果。

十四、欲擒故纵

本来为了做成某项交易，却故意装作无所谓的样子，半冷半热，似紧非紧，使对方摸不准自己的意图，不敢乱提条件。当看准对方急于洽谈成交，己方则故意显示不慌不忙表示谈则成功，不谈则罢，造成对方心理上的劣势，形成自己无求于对方、对方却有求于自己的态势，使对方不得不降低要价，按自己的条件成交。这种欲擒故纵的策略，对某些急于成交又不想降价的谈判者有一定的效果。这从反面说明，一个有经验的谈判者，应当提前了解对手，分析形势，沉着冷静，遇事不慌，切不可单方过热，急于求成，让对方看出自己的短处，敲自己的竹杠。

十五、从容不迫

沉着冷静，是任何一个谈判者应具备的品格，若匆匆忙忙或慌慌张张，则易失方寸，易乱脚步。国际贸易谈判有时会出现意想不到的问题和困难，谈判者一定要学会见招拆招，随机应变。在新的对策未考虑成熟之前，表面上要显得举止从容，不妨采用以下做法施些缓兵之计。

（1）在双方的突然提问时，可请对方先把问题重述一遍，或请其解说清楚他们的想法，以赢得思考时间。

（2）可事先安排某些打岔的机会：秘书突然来说有电话要接，或有重要的客人来访。

（3）借口要去洗手间，或建议大家暂休息一刻钟。

（4）以资料有待汇集齐全为借口，暂不回答对方的提问。

（5）以一时找不到专家顾问为由，推到下次会议再讨论。

（6）给对方提出一大堆资料，让他们去忙于研究，而不急于讨论问题。

（7）让参加谈判的技术人员、律师或翻译居中解释或重复翻译，以增强主谈者思考问题的时间。

（8）让某个参加谈判的人员向对方提出一大堆问题，把对方的注意力引开。美国谈判大师卡拉斯认为，东方商人和欧洲商人比美国商人的高明之处在于：前者喜欢深思熟虑，不仓促作出决定；后者常常以打乒乓球的方法进行谈判，以求几个快攻和反攻即解决问题。他的结论是：从容不迫，周密思考，可以把事情做得更好。

十六、有礼有节

国际贸易谈判中，万一谈判双方不能取得满意的结果，甚至可能出现谈判破裂，千万不能逞一时之口舌，不可主动推波助澜，伤害对方的感情或损害双方的合作关系。中国的老话说："买卖不成仁义在"，这也应被看作国际贸易谈判的一种箴言。即使谈判对手对谈判结果表现得急躁无礼，也只需作有力有礼有节的说明，点到为止，不必过多地纠缠。礼貌并不意味着向对方示弱，谦让并不等于愚笨。原则和大度的结合既能保住己方的近利，又能兼及双方的远利，为日后的圆满谈判根植契机。

十七、咬文嚼字

在谈判交易、起草合同时，应尽量避免使用某些含糊不清，容易导致日后发生争议的词语或概念。但是，在国际经济贸易实践活动中确实有少数商人喜欢设置圈套，利用偷梁换柱、模棱两可的手法欺骗经验不足的谈判对手。因此，在审查合同初稿或签订合同之前，字斟句酌，咬住某些关键字眼细挑毛病，同对方一道就一些表述不准、程序不清的内容反复谈判修改就显得极为重要。在执行合同的过程中，万一对方利用合同中的漏洞做不诚之举或耍无赖，应理直气壮地与其抠字眼，摆道理，保护公正。

1994 年夏天，江苏省盐城市某银行国际业务部在做开征审查时，发现该市某电线电缆厂与香港某商家签订的一份进口挤塑机、束绞线机及其配套设备的合同中，把本应是"崭新"的设备注明为"全新"的设备。设备运到后，经过检验，发现有明显的使用过的痕迹。该银行立即配合电线电缆厂与港商进行谈判，在"崭新"与"全新"的含义上做文章，抠字眼，讲事实，据理力争，最后迫使港商不得不认真履行合同，赔偿进口商损失费人民币 30 万元。对外贸易经济谈判要求把协议的各项条款订得详细周密，准确无误，不留隐患，像"约""大约""相近""几乎""基本上""原则上"等带弹性的词语不宜使用，在使用"多数""大多数""绝大多数""好""很好""极好"等有程度差别的词语时，则应作指数性的说明。咬文嚼字者首先要身整形端，有丰富的国际贸易知识和防诈骗的经验。谈判桌上要有不辱使命、有理明说、坦诚无虞的勇气。发生争执时，要参照对手的资信情况和今后关系的发展掌握分寸，咬得在理，嚼得艺术，点出问题的实质，即使从长远和全局着想需要作出让步，也必须让在明处。

十八、双赢为上

双赢为上策略也叫共进策略，即谈判双方不把谈判看成某种"战争"行为，而将它当作一种"合作"。谈判双方既注意各自近期的利益，也关注中长期关系的发展，同时还要求将本企业的"微观"（或称局部）和国家的"宏观"（或称全局）利益联系起来考虑，使双方都能从同一交易中获得好处。谈判中若遇到困难，双方愿意通过折中、迂回、通融、互谅的手段加以解决，以求达成能促进双方获利、发展的协议。国际上流行的 Win Win 理论（即双赢为上理论）就是这一国际经贸谈判策略的理论依据。运用这一谈判策略的例子比比皆是。

1985 年，中国商业部门急需送选一批师资出国深造，为此与美国某市大学进行谈判。后者有意开辟中国市场，表示愿意接纳中国内地人员到该校学习，条件是中方至少得交付 20 万元人民币。但当时中方资金短缺，表示最多只能支付 10 万元人民币，谈判因此陷入僵局。正在当时，一位在美方该校任教，既有眼光又富谋略的美籍台湾教授参加了进来：一方面，他在美国以该大学的名义组织美国大学生前往中国旅游——参加者不仅可以到中国观光访问，而且可以在旅游的同时选修一门课程，结束时还可以拿到两个学分，费用按美国学习和旅游的标准支付。另一方面，他又要求中国企业部发出红头文件，明确规定他所率领的美国大学生旅游团在中国的一切费用都以人民币结算。结果，中国师资队伍顺利地到美国进行了深造，一批美国大学生也廉价地到中国进行了旅游和学习。前者用 10 万人民币办成了 20 万人民币的事情，后者以首开中国内地市场而享誉美国，提高了该校的知名度。双方已互谅互让、互相通融的办法不仅找到了近期的结合点，使彼此都获得了成功，而且为中长期合作开辟了道路。然而，值得注意的是，双赢为上的策略并不是每次谈判双方彼此各获利 50%的策略，更不是不讲竞争、无原则谦让的策略。

双赢为上的策略以创造条件，通过谈判使双方都能从合作中得到实惠为出发点，充分发掘谈判双方在资金、资源、设备、人力、政策、权利等方面的潜力，以实现优势互补、劣势互抵和共同促进为目标。因此，谈判双方要舍小利求大利，抑短利扬长利，切不可斤斤计较。

以上介绍了 18 种谈判策略，实际上，通过长期的国际贸易实践，人们还从中总结出了许许多多行之有效、各具特点的谈判方法，诸如“折中调和”“针锋相对”“退席要挟”“最后通牒”“领导圆场”“观点压力”“客观标准”“引鱼上钩”“去伪存真”“援引法律”“意志抗衡”“友谊为重”等，对于这些谈判技巧，应当根据实际情况灵活地掌握运用。

本章小结

国际商务谈判是企业为了实现自己的经济目标和满足对方的需要，运用书面或口头的形式说服、劝导对方接受某种方案或所推销的产品与服务的协调过程。本章阐述了国际商务谈判的含义、特点及主要形式；在进行国际商务谈判前应对谈判的人事、计划、资料信息、场所和议程等做好前期准备；同时，谈判过程中应遵循求同存异、平等协商、互惠互利、坚持客观标准、依法办事等原则；另外，人们在长期的国际贸易实践中总结出了许多行之有效的谈判技巧，对于这些技巧，应当根据实际情况灵活地掌握应用。

思考题

1. 国际商务谈判有哪些特点？
2. 简述国际商务谈判的基本形式。
3. 试述在进行国际商务谈判前应做哪些准备工作？
4. 在谈判过程中应遵循哪些基本原则？
5. 简述国际商务谈判策略与技巧。

美国有一家汽车公司想选购一种装饰汽车内部的布料，有 3 家公司提供样品，汽车公司请这 3 家公司作了说明。这 3 家厂商中，有一家的业务代表患有严重的喉炎，无法流利地讲话，只能由汽车公司的董事长代为说明，董事长按产品的介绍讲该产品的优点，各单位有关人员纷纷表示意见，董事长代为回答，而布料公司的业务代表则以微笑、点头等动作表示谢意。结果他博得了好感，获得了布料的订单。后来，这个业务员总结说，如果他当时没有生病，嗓子还可以说话的话，是不会获得这笔大数目订单的。请分析原因。

资料来源：http: //wenku.baidu.com/view/96d04ba6b0717fd5360cdc33.html?re=view.

第十章

国际货物贸易程序

国际货物买卖合同纠纷

2000 年 6 月 5 日，被申请人向申请人发盘出售 10 000 吨菜籽粕，质量标准为：油蛋白在 38%以上，水分在 12.5%以下，单价 FOB 中国张家港 78 美元/吨。2000 年 6 月 7 日，申请人接受被申请人的发盘，并要求被申请人将合同和信用证条款传真给申请人。被申请人于 2000 年 6 月 9 日将已盖有公章的《售货合约》传真给了申请人。

申请人收到被申请人传真的《售货合约》后，删除了原合约上"不接受超过 20 年船龄的船舶"的要求，并将"运费已付"修改成"运费按租船合同支付"，委托意大利米兰公司签字盖章后于 2000 年 6 月 9 日当天传真给被申请人。

2000 年 6 月 14 日，被申请人传真给申请人香港办事处，称申请人单方面修改合同，被申请人不能予以确认，将暂缓执行合同，并要求申请人暂缓开出信用证。2000 年 6 月 22 日，被申请人向申请人发函称，双方已达成的合同为无效合同，申请人所开出的信用证只能作废。

同日，申请人回函给被申请人向被申请人解释，由于合同为 FOB 条件，对船龄与运费支付事宜的修改将不会对被申请人履行合同产生任何影响。申请人同时告知被申请人，申请人已将合同项下的货物转卖给了意大利的下手买家，并提醒被申请人，被申请人如不履行交货义务将构成违约。如被申请人拒绝交货，申请人只能通过购买替代货物向下家买方履约。在该函中，申请人要求被申请人在 2000 年 6 月 23 日的工作时间内向申请人确认被申请人将履行合同。

2000 年 6 月 23 日，被申请人向申请人回函坚持声称双方所达成的合同无效以及船龄及预付运费直接影响被申请人的装船，并声称由于合同本身并未生效，该合同项下的义务和责任都只能作废。

申请人已就从被申请人处所购买的 7 000 吨货物与意大利的另一家 × ×公司达成了转卖协议，申请人为履行与意大利买方的合同，不得不以每吨 98.50 美元的高价从新加坡的 × ×公司处购买 7 350 吨的替代货物。为此，申请人多支付了 150 675.00 美元的货款。因此，申请人遂于 2001 年 7 月 23 日对被申请人向中国国际经济贸易仲裁委员会提请仲裁。

那么，申请人和被申请人之间合同是否已经成立呢?

案例分析：申请人与被申请人就购销菜籽粕事宜已经通过要约和承诺达成一致。尽管申请人在双方所签订的合同中作出了部分修改，但由于双方商定的是FOB价格条件，按此国际贸易术语，租船定舱和支付运费均系买方即申请人的责任，且货物在装运港越过船舷后风险即转移到买方，这些都与作为卖方的被申请人没有直接关系，所以，上述那些修改并不对被申请人的利益有任何影响，所修改之处不构成《公约》第19条所规定的在实质上变更被申请人要约的条件。何况被申请人作为要约人也未立即对申请人所作出的变更向申请人提出反对，直至2000年6月14日被申请人才针对申请人修改的部分提出异议。因此，被申请人所提出的异议已经构成了《公约》所规定的迟延，双方合同已经成立。由于被申请人在此情况下无理拒绝履行合同，致使申请人不得不高价购买替代货物，被申请人已经构成违约，应承担违约责任。

资料来源：孙勤.国际贸易理论与实务[M].北京：机械工业出版社，2010.2.

学习目标：

1. 掌握国际货物买卖合同的订立步骤并能够实际应用。
2. 熟悉国际货物买卖合同成立的条件。

主要名词或概念：

询盘、发盘、还盘、接受、撤回、撤销、逾期接受

第一节 订立国际货物买卖合同的法律步骤

国际货物买卖合同的洽商涉及洽商的内容、形式和程序。

（1）洽商的内容主要是某种货物（商品）的各项交易条件，它既包括货物的品名、品质、数量、包装、价格、装运、保险、支付等合同的主要交易条件，这些主要交易条件随买卖货物的不同而异，又包括检验、争议、索赔、仲裁、不可抗力等合同的一般交易条件，这些一般交易条件在不同货物买卖合同中基本上是相同的。

（2）洽商的形式大体分为三种：一是书面洽商形式，如往来函件、电报、电传、传真等；二是口头洽商形式，如参加各种博览会、交易会、洽谈会，以及出访或来访的商人之间的面对面洽谈业务；三是行为表示形式，如在拍卖行、交易所等场合所进行的货物买卖形式等。

（3）不管洽商的内容和形式如何，从其程序上看，一般要依次经过四个环节：询盘→发盘→还盘→接受。其中，就合同的有效成立而言，发盘和接受是为各国法律所普遍承认的，是两个不可缺少的关键环节。

一、询盘

询盘是指交易的一方向另一方询问购买或出售某种或某几种货物的各项交易条件。

在业务中，多数询盘只是询问价格，故也称其为询价。询盘在法律上没有约束力。它是询盘一方愿意进行交易的一种表示，或者是调查市场行情、联络客商、拓展业务的一种手段，当然也可以成为达成交易的起点。在实际业务中，询盘多由买方发出，也可由卖方发出。无论由哪一方发出，其性质是相同的。

二、发盘

发盘指的是交易的一方向另一方提出购买或出售某种货物的各项交易条件，并愿按这些交易条件达成交易、签订合同的一种肯定的表示。在实际业务中，发盘又称为报盘、报价和发价，我国法律上称为“要约”。在《公约》中的文本中即用“发价”一词。该《公约》第 14 条第 1 款将“发价”定义为：“向一个或一个以上特定的人提出的订立合同的建议，如果十分确定并且表明发价人在得到接受时承受约束的意旨，即构成发价。”

发盘一般由卖方发出，也可由买方发出。买方的发盘称为递盘。一项发盘，涉及的当事人是发盘人和受盘人。

（一）发盘的四项必要构成条件

根据《公约》对发盘所下定义，其构成条件有以下四项。

1. 向一个或一个以上特定的人提出

发盘中的主体对象必须是该发盘的指定受盘人。他可以是一个，也可以是一个以上。只有他或者他们才能作为受盘人对该发盘的有关交易条件表示接受而订立合同。非指定受盘人提出的发盘仅应视为邀请做出发盘。《公约》第 14 条第 2 款对此作了明确的限定：“非向一个或一个以上特定的人提出的建议，仅应视为邀请做出发价，除非提出建议的人明确地表示相反的意向。”例如，出口商为招揽订货单而向一些国外客户寄发的商品目录、报价单、价目表或刊登的商品广告等，都不是发盘，而只是发盘邀请，客户据此提出订货单才是发盘。

2. 表明发盘人订约意图

作为一项发盘，必须十分确定地表明发盘人有订约的意图，即当其发盘被受盘人接受时，发盘人将承担按发盘条件与受盘人订立合同的法律责任，而不得反悔或更改发盘条件。

3. 内容必须十分确定

一项发盘必须包括十分确定的内容，该内容应该是完整的、明确的和终局的。“完整的”，指货物的品名、品质、数量、包装、价格、交货和支付等主要交易条件要完备；“明确的”，指主要交易条件不能用含糊不清、模棱两可的词句；“终局的”，指发盘人只能按发盘条件与受盘人订立合同，而无其他保留或限制性条件。

但在实际业务中，一项发盘往往不以上述主要交易条件的完整形式出现，表面上显得不完整，但实际上是完整的。例如，业务双方在事先订有“一般交易条件”的协议中包含了某些主要交易条件，发盘的内容可以简化；又如，业务双方在以往的业务交易中已形成某些习惯做法，彼此都熟悉、了解，在发盘中即便不列入某些主要交易条件，也不影响发盘的完整性，等等。

不过，对于《公约》第 14 条第 1 款关于“一个建议如果写明货物并且明示或暗示地规定数量和价格或如何确定数量和价格，即为十分确定”的条文的理解和实施要十分慎重。因为按此规定，一项仅写明货物、规定数量和价格或如何确定数量和价格的发盘，在被接受时，包装、交货、支付等其他主要交易条件，按惯例或《公约》第三部分有关货物销售条款给予确定。《公约》的这种规定，虽然在法律上是可行的，但在实际业务中缺乏可操作性，反而可能给业务带来某些不确定因素。

4. 送达受盘人

发盘人送达受盘人时生效。这里的“送达受盘人”，指的是将发盘的内容通知到受盘人本人，或其营业地或其通信地址，或其惯常居住地。只有这时，发盘才能生效。

发盘的这四项必要条件是一个有机整体，不可分割。

（二）发盘的有效期及其失效

1. 发盘的有效期

发盘的期限是指发盘人允许受盘人对发盘作出接受的期限。这个期限，发盘人可以明确规定，也可不作明确规定，还可以要求受盘人对口头发盘立即接受。

发盘人明确规定发盘的有效期，是从发盘送达受盘人时生效开始直到限定的期限届满时为止。在实际业务中，发盘人对这种有效期通常有以下三种规定方法：

（1）规定接受的最后日期，例如“发盘 9 月 10 日复到我处”。

（2）规定接受的天数，如“发盘限三天内复到有效”。

（3）不作明确的规定或仅规定答复传递的方式，例如“发盘……电复（即复、速复、急复、尽快答复等）”。

这些规定方法的运用，一般根据货物的特点、价格和汇率的变化、购销意图以及有关国家的法律规定的习惯做法予以掌握。但第（3）种规定方法，由于其有效期不具体，容易引起纠纷，应少用或不用。

对于不明确规定有效期的发盘，其有效期界定在“合理时间”内受盘人接受有效，即该“合理时间”为有效期。至于该“合理时间”究竟多长，国际上并无明确的规定和一致的解释，也容易引起业务纠纷。因此，在我们的对外业务中，对发盘的有效期作出明确、具体的规定为佳。

至于口头发盘的有效期，《公约》第 18 条第 2 款作了明确的限定：“对口头发价必须立即接受，但情况有别者不在此限。”这就是说，凡是口头洽商时，对于一方发盘，如果双方对接受的期限并无约定，应视为受盘人立即接受有效，否则无效。

2. 发盘的被阻止生效和失效

一项发盘发出后，有多种原因和情况导致发盘要么受阻不能生效，要么在生效期间失效，要么因过期失效。

（1）生效前被阻止未能生效。典型的是发盘的撤回，即使是不可撤销的发盘在尚未被送达受盘人之前，在法律上也是无效的，发盘人可以采取行动阻止其生效，因而撤回只是个手续问题，不存在发盘人是否承担责任的问题。但发盘的撤回是有条件的，《公约》第 15 条第 2 款规定，发盘撤回的条件是发盘人的撤回通知要在发盘送达受盘人之前或同时送达受盘人。

（2）有效期间的失效。发盘在被送达受盘人时开始生效的有效期间，在未被受盘人接受之前，凡遇下列情况之一者，发盘立即失效，发盘人不再受该发盘约束。

① 拒绝，按《公约》第 17 条规定，一项发盘，即使是不可撤销的，于拒绝通知送达发盘人时立即失效。

② 还盘，当受盘人对发盘作出某些更改的还盘表示，便构成对原发盘的实质上的拒绝，原发盘随之失效。

③ 法律实施，如当发盘人或受盘人丧失行为能力（死亡、精神失常等），或标的物灭失时，发盘便告失效；又如，有些国家的政府颁布命令禁止发盘中的货物进口或出口，也会造成发盘失效。

④ 撤销，发盘的撤销不同于撤回，它是指发盘在被送达受盘人开始生效后，发盘人采取行动解除发盘的效力。它与撤回的不同在于，撤销的是在法律上有效的发盘，即取消发盘人在法律上应承担的责任，这就不是一个简单的手续问题。《公约》第 16 条规定，发盘可以撤销，其条件是撤销通知要在受盘人发出接受通知之前送达受盘人。但同时又规定在以下两种情况下，发盘不得被撤销：

第一，发盘写明了有效期，或以其他方式表明发盘是不可撤销的。如发盘注明“发盘将于 9 月 15 日 12 时前生效”，在此有效期内，不能撤销该发盘；又如发盘中使用了“不可撤销”字样，在合理时间内也不能撤销。

第二，受盘人有理由信赖该发盘是不可撤销的，并且已本着对该发盘的信赖行事。如受盘人对其有理由信赖的不可撤销的发盘，采取了一定的与业务有关的行动。

（3）有效期满的失效。一项发盘，不论是明确规定了有效期，还是未明确规定有效期，有效期已过，仍未被接受，随即失效。

三、还盘

还盘，又称还价，是指受盘人收到发盘后，对发盘的内容不同意或不完全同意，而提出修改建议或新的限制性条件。

一笔交易，有时要经过多次的发盘、还盘、再还盘才能敲定，但值得注意的是，还盘实际上是对原发盘的拒绝表示，原发盘便告失效。此时，还盘遂成为一项新发盘，原受盘人与原发盘人的位置发生互换，前者变为新发盘的发盘人，后者变为新发盘的受盘人。后者可以对前者的新发盘（还盘）的内容表示接受，也可表示拒绝，还可再还盘。如果是再还盘，两者的位置将再一次互换，产生新的关系。

因此，交易的一方在收到对方的还盘或再还盘后，要将还盘或再还盘同原发盘或原还盘的内容认真进行核对，找出其异同。如果在主要交易条件或一般交易条件上差距不大，根据市场行情和购销意图，可以表示接受。如果上述条件，尤其是主要交易条件，双方差距较大，也可表示拒绝。如果再经洽商，仍有相当差距，而交易的一方或双方又不愿放弃进一步洽商的努力，也可继续进行洽商，不宜急于求成。

四、接受

国际贸易洽商中的接受是指受盘人无条件地同意发盘人在发盘中提出的交易条件，并同意按照这些条件订立合同的一种肯定的表示。这在我国法律上称为“承诺”。

根据《公约》的规定，一项有效的接受应具有以下四项条件。

1. 接受必须由特定的受盘人做出

由于发盘是向一个或一个以上特定的人提出的，该特定人便是该发盘的受盘人。只有该受盘人表示同意该发盘的内容，才能构成有效的接受。如果该发盘的非特定人即第三者做出接受的表示，也不能对发盘人构成有效的约束，除非发盘人对其“接受”予以确认。

2. 接受必须用一定方式表示出来

《公约》第18条对接受的表示方式作了规定：其一是以声明的方式对发盘人明确表示接受。在实际业务中，受盘人的接受证明可以是口头的或书面的。其二是受盘人以某种行为方式向发盘人表示接受。《公约》规定，根据该项发盘或依照当事人之间确定的习惯做法或惯例，受盘人可以在发盘的有效期内做出某种行为，例如与发运货物或支付价款有关的行为，来表示同意。而无须向发盘人发出通知，则接受于该项行为做出时生效。

但是，如果受盘人既不作出声明，也不采取行动，不能认为是表示接受。《公约》规定：“缄默或不行动本身不等于接受。”

3. 接受通知必须在发盘的有效期内送达发盘人

《公约》第18条第2款规定，受盘人的接受通知必须在发盘规定的有效期内送达发盘人，或在未明确规定有效期的一段合理时间内送达发盘人，才能生效。对口头发盘，必须立即接受，但情况有别者不在此限。如果接受晚于发盘的有效期或一段合理时间，该接受便是一项逾期接受，或称为“迟到的接受”，它被视为一项新的发盘。该逾期接受一般无效。

逾期接受之所以是“一般无效”，是考虑或照顾到在实际业务中的某种特殊的例外情况。《公约》第21条规定，在下列两种情况下的逾期接受仍具有效力：

（1）如果发盘人毫无延迟地用口头或书面将此种意见通知受盘人。这一规定的含义是，发盘人对受盘人的逾期接受予以确认，并将这一确认毫不迟疑地通知受盘人，逾期接受有效。如果发盘人不是“毫不迟疑地”发出通知，该接受无效。

（2）如果载有逾期接受的信件或其他书面文件表明，它是在传递正常、能及时送达发盘人的情况下寄发的，则该项逾期接受具有接受的效力，除非发盘人毫不迟疑地用口头或书面通知受盘人；他认为他的发盘已经失效。这一规定的含义是，如果不是由于受盘人的过失，因为他在发盘的有效期内用信件或其他书面文件发出了接受通知，但由于传递方面的失误，而逾期送达发盘人，那么，该逾期接受仍然有效。而且，在发盘人收到逾期接受通知后，如果发盘人没有及时表示是予以确认还是不予确认并将其意见通知受盘人，而受盘人又能证明逾期接受的责任不在他自己，那么该接受也是有效的。如果发盘人认为他的发盘已经失效，并及时通知受盘人，那么该逾期接受就是无效的。

总之，在上述两种逾期接受的情况下，逾期接受是否有效，完全取决于发盘人。因此，发盘人在收到逾期接受通知时，究竟是予以确认还是不予确认，态度一定要明确，并及时通知受盘人。

至于接受的撤回，《公约》第 22 条作了明确规定，接受可以撤回，条件是收盘人的撤回通知要在接受生效之前或同时送达发盘人，否则接受不能撤回。

4. 接受必须与发盘相符

按照法律原则，接受必须是受盘人无条件地同意发盘中所提出的交易条件，或者说，接受的内容必须与发盘的内容相符，交易才能达成，合同才能成立。

在实际业务中，受盘人对于发盘的交易条件，既有无条件接受的，也有在表示接受的同时又提出某些变更或不同条件的。后一种情况相当复杂，对接受有效性影响的差异很大。为了适应业务的需要，尽量促成交易的达成，《公约》第 19 条将这种接受但载有变更或不同条件的情况大体分为两类：

（1）实质性变更。实质性变更即在实际上变更发盘的条件，它指凡是对货物的价格、付款、货物质量和重量、交货地点和时间、一方当事人对另一方当事人的赔偿责任范围或解决争端等的添加、限制或更改，均视为实质上变更发盘的条件，“即为拒绝该项发价并构成还价”，发盘人对此不确认。

（2）非实质性变更。非实质性变更是指受盘人在表示接受时“所载的添加或不同条件在实质上并不变更该项发价的条件”，例如要求增加提供装箱单、重量单、商检证和原产地证等单据，要求增加提供装船样品或某些单据的份数，要求分两批装运等。对载有上述非实质性变更的接受，“除发价人在不过分延迟的期间内以口头或书面通知反对其间的差异外，仍构成接受”，合同得以成立，“合同的条件就以该项发价的条件以及接受通知内所载的更改为准”。

有关接受的上述四项条件也是一个有机整体，缺一不可。

第二节　合同的成立

如前节所述，一方的发盘经对方有效接受，合同即告成立。但合同是否具有法律效力，还要视其是否具备了一定的条件。不具备法律效力的合同是不受法律保护的。至于一个合同须具备哪些条件才算有效成立，纵观各国的法律规定，主要可归纳为以下几条。

一、当事人必须在自愿和真实的基础上达成协议

商订合同必须是双方自愿的，任何一方都不得把自己的意志强加给对方，不得采取欺诈或胁迫的手段。

《中华人民共和国合同法》第四章规定：“当事人依法享有自愿订立合同的权利，任何单位和个人不得非法干预。”第五十四条第二款规定：“一方以欺诈、胁迫的手段或者乘人之危，使对方在违背真实意思的情况下订立的合同，受损害方有权请求人民法院或者仲裁机构变更或者撤销。”

二、当事人应具有相应的行为能力

双方当事人应具有商订国际货物买卖合同的合法资格。一般的要求是：作为自然人，应当是成年人，不是神志丧失者，且应有固定的住所。作为法人，应当是已经依法注册成立的合法组织，有关业务应当属于其法定经营范围之内，负责交易洽商与签约者应当是法人的法定代表人或其授权人。

三、合同的标的和内容都必须合法

合同的标的，是指交易双方买卖行为的客体，也就是说，双方买卖的商品必须符合双方国家法律的规定，这个合同才是有效的。合同的内容也是如此。

四、必须是互为有偿的

国际货物买卖合同是双方合同，是钱货互换的交易，一方提供货物，另一方支付价金。如果一方不按规定交货，或另一方不按合同规定支付钱款，都要承担赔偿对方损失的责任。

五、合同的形式必须符合法律规定的要求

《公约》对国际货物买卖合同的形式，原则上不加以限制。无论采用书面方式还是口头方式，均不影响合同的效力。我国合同法第十条规定："当事人订立合同，有书面形式、口头形式和其他形式。法律、行政法规规定采用书面形式的，应当采用书面形式。当事人约定采用书面形式的，应当采用书面形式。"

本章小结

本章通过对合同的各个条款的解析以及对合同成立条件的分析，深入地剖析和阐述贸易洽商的过程以及合同成立的相关要件，使学生能够更加细致地学习相关的工作流程，以工作任务为驱动进行相关的实际操作及案例分析。

思考题

1. 进出口交易的洽商主要包括哪些环节，在法律上有约束力的是哪些环节？
2. 构成一项有效发盘的条件有哪些？
3. 构成有效接受的条件有哪些？
4. 逾期接受可以视为有效接受吗？
5. 书面合同的订立有哪些主要意义？

我某公司与国外某客商订立一份农产品的出口合同，合同规定以不可撤销即期信用证为付款方式。买方在合同规定的时间内将信用证开抵通知银行，并经通知银行转交我公司，我出口公司审核后发现，信用证上有关装运期的规定与双方协商的不一致，为争取时间，尽快将信用证修改完毕，以便办理货物的装运，我方立即电告开证银行修改信用证，并要求开证银行修改完信用证后，直接将信用证修改通知书寄交我方。

问：1. 我方的做法可能会产生什么后果？

2. 正确的信用证修改渠道是怎样的？

资料来源：国际货物买卖合同案例.百度文库，2014.

第十一章

进出口合同的履行

合同履行的争议

申请人中国A公司（买方）与被申请人加拿大B公司（卖方）于2015年12月25日签订了098号5万吨白糖的销售合同，单价USD311／MT　CIF中国广西防城港，总额1 555万美元。合同付款条件规定：自合同签字之日起，卖方应在5天内按总金额2%电汇到买方中国银行某保证金账户上。买方在收到卖方保证金2个工作日内开出即期信用证正本。合同中仲裁条款规定，凡因执行本合同或与本合同有关的一切争议均提交中国国际经济贸易仲裁委员会，按照该会申请仲裁时有效的仲裁规则进行仲裁，仲裁裁决是终局的，对双方均有约束力。

合同签订的第二天，申请人即按合同开出了信用证，而被申请人却未能在5天内将2%的保证金汇到中国银行。2016年3月3日，被申请人称申请人开出的信用证不能接受，要求按被申请人的“信用证和合同样本”进行交易，否则，被申请人不会交出2%的保证金。但被申请人没有正式致函申请人具体指出该信用证的哪些内容与合同规定不符，而是提出超过合同约定的额外要求，这些要求包括：

（1）申请人应按照被申请人提出的信用证样本重新开立信用证；

（2）被申请人将保证金交到加拿大银行的信托账户上，而非电汇到中国银行的账户上；

（3）双方按照被申请人草拟的“补充合同协议书”另签协议，提高糖价，将每吨糖的价格由311美元提高到325美元。

申请人不同意被申请人的要求，双方几次协商未能解决争议，被申请人遂不再履行合同。申请人认为其已根据合同开立信用证副本，并为此投入了1 000万元做开证保证金。而被申请人置合同于不顾，不履行合同，已构成根本违约。因此，申请人要求被申请人：

（1）承担开证保证金1 000万元人民币的利息损失，计人民币57万元；

（2）赔偿申请人预期利润损失人民币500万元；

（3）支付保证金归申请人所有，按货物总值2%计31.1万美元。

案例分析：从违约的程度上划分，违约分为根本违约和一般违约。根本违约是指当事人违反合同的结果，使另一方蒙受损害，以至于实际上剥夺了他根据合同规定有权预期得到的东西，除非违反合同的一方并不预知会发生这种后果；如果违约程度没有达到根本违反合同，则为一般违约。

资料来源：进出口合同履行案例.百度文库，2015.

学习目标：

1. 掌握进出口合同履行的环节。
2. 能运用所学习的知识进行实际的业务操作。

主要名词或概念：

备货、报验、催证、审证、改证、租船或订舱、报关、投保、装船、制单结汇

在国际贸易中，买卖合同一经依法有效成立，有关当事人必须履行合同规定的义务。卖方的基本义务是按照合同规定交付货物，移交一切与货物有关的单据和转移货物的所有权；买方的基本义务是按照合同规定支付货款和收取货物。所以，履行合同是双方当事人共同的责任。

第一节　出口合同的履行

出口合同的履行，是指出口人按照合同规定履行交货等一系列义务，直至收回货款的整个过程，一般包括备货、报验、催证、审证、改证、租船或订舱、报关、投保、装船和制单结汇等多个环节。其中以货（备货）、证（催证、审证、改证）、船（租船或订舱）、款（制单结汇）四个环节最为重要。

一、备货和报验

备货和报验是指卖方根据出口合同的规定，按时、按质、按量准备好应交的货物，并做好申报检验和领取出口许可证等证件的工作。

（一）备货

备货是指出口人根据出口合同或信用证的规定，按时、按质、按量准备应交付的货物，以确保顺利出运。备货由进出口公司根据出口合同和信用证的规定，向生产、加工和仓储部门下达联系单，要求有关部门按联系单的要求，对应交货物进行清点、加工整理、刷制运输标志，以及办理报验和领证等项工作。联系单是各部门进行备货、出运和制单结汇的共同依据。在备货工作中应注意以下几个问题：

（1）货物的品质、规格应该与合同和信用证规定一致，如发现有不符要求立即更换。

（2）货物的数量应符合合同和信用证的要求，最好留有适当的余地，以备装运时可能发生的调换和适应舱容之用。

（3）货物的包装应符合合同和信用证的规定，达到保护商品和适应运输的要求，认真核对包装材料和填充物，如发现包装不良或损坏，要及时进行修整或换装。

（4）货物的唛头（运输标志），应按合同和信用证中的规定刷制，且要求清楚、醒目、大小适当、不易褪色。注意防止错刷、漏刷和外文字母倒置等情况。

（5）备货的时间应按合同和信用证规定的交货期限的要求，结合船期安排，以利于船货衔接。

（二）报验

《中华人民共和国进出口商品检验法》第13条规定："本法规定必须经商检机构检验的出口商品的发货人，应当在商检机构规定的地点和期限内，向商检机构报验。"

申请检验须填写《出口报验申请单》，并附上合同和信用证副本，以及有关资料等，供检验机构检验和发证时参考。《出口报验申请单》的内容一般包括品名、规格、数量（或重量）、包装、产地等。如须有外文译文时，应注意中、外文内容一致。

申请报验后，如商检机构发现申请单内容填写有误，或因国外进口人修改信用证，以致货物规格等有变动，需要更正时，报验人应提出更改申请，并填写《更改申请单》，说明更改事项和更改原因。

货物经检验合格，商检机构即发给检验证书。出口单位务必在检验证书规定的有限期内出运货物。商品检验书的有效期因货物而异：一般货物，是从发证之日起2个月内有效；鲜果、鲜蛋类为2～3个星期内有效；植物检疫为3个星期内有效。如果超过规定的有效期，装运前，应向商检部门申请展期，并由商检部门进行复检，合格后换证才能出口。

二、催证、审证和改证

在履行以信用证付款的合同时，对信用证的管理和使用直接关系到收汇安全，信用证的管理和使用一般包括催证、审证和改证等项工作。

（一）催证

催证是指当买方未按合同规定时间开来信用证时，卖方通过函电或其他方式催促买方迅速开出信用证。如卖方根据货源和运输情况可提前交货时，也可请对方提前开证，这通常也叫催证。催证工作并非每笔业务必有的程序，而是买方遇到国际市场发生变化对其不利，或资金发生短缺，往往拖延开证和不开证，对此，卖方应催促对方迅速办理开证手续。特别是大宗商品交易或按买方要求特制的商品交易，更应结合备货情况，及时催证。必要时，可请驻外商务机构或本国银行协助，代为催证。

过去，有的出口单位不懂催证，货物虽早已备妥，装运期已到，仍等证上门，往往贻误装运时机，错过船期，造成因装运期和信用证有效期已过，而引起展证、迟期收汇、索赔和货款落空等一系列后果。所以，应重视按合同规定的装运时间，视情况采取适当方式进行催证。

（二）审证

审证是指对国外买方通过银行开来的信用证内容，进行认真的核对和全面的审查，审核的依据是合同和 UCP600 号出版物，以确定是否接受和需要作哪些修改。

信用证是依据合同开立的，其内容应与合同条款一致。但在实际业务中，由于种种原因，如工作的疏忽，电文传递的错误，贸易习惯的不同，或进口商有意利用开证的主动权，加列有利于自己利益的条款等，往往会出现开立的信用证内容与合同条款不符的现象。为确保安全收汇和合同顺利执行，防止导致经济上和政治上对我国不应有的损失，我们应该在国家对外政策的指导下，对不同国家、不同地区以及不同银行来证，依据合同进行认真的和全面的审查。审证的基本原则就是要求信用证条款与合同的规定相一致，除非事先征得我方出口企业的同意，否则在信用证中不得增减或改变合同条款的内容。

审证工作由我中国银行和进出口公司共同承担。中国银行审证开证行的政治背景、资信情况、付款责任和索汇路线，以及鉴定信用证真伪等。

进出口公司则着重审核信用证内容与合同条款是否一致，包括信用证的种类、有效期、到期地点、合同号、货物的名称、品质、规格、数量、包装、单价、金额、装运期、唛头、溢短装条款、佣金、折扣，以及特殊条款和限制性条款等。审证必须全面细致，对证中的文字，不管是印刷、手写、缮打的、盖章的，正反面以及附件等均应审核。对模棱两可的词句和模糊不清的字体，均应向国外提出询问，取得确认。此外，对信用证电开本和证实书也应全面核对。总之，必须做到无遗漏处。对于信用证审核的内容分为以下几方面。

1. 政治方面

（1）来证国家和地区必须是与我国有往来关系的国家和地区。

（2）来证的各项内容，应符合我国的方针政策，不得带有诬蔑、歧视性的内容或不友好的词句。

2. 政策方面

与我国有贸易协定国家的来证，应符合协定的规定。

3. 商务方面

（1）开证行的资信。为了保证安全收汇，对开证行所有国家的政治经济状况、开证行资信、经营作风等必须进行审查，对于资信不佳的银行，应酌情采取适当措施，如要求对信用证加以保兑，或在信用证中规定分批装运、分批结汇等办法。

（2）信用证的性质与开证行的付款责任。来证必须注明“不可撤销”字样，同时在证内载有开证行保证付款的文句。有的来证，虽然注明“不可撤销”字样，但在证内对开证行的付款责任加列限制性条款和保留条件，如“本银行只负责传递单据，不承担保证付款责任”“待领到进口许可证后另行通知时方能生效”等，受益人应要求修改。

（3）信用证的金额与货币。信用证金额应与合同金额一致，信用证金额中单价与总值应填写正确，大小写并用。如果合同中订有溢短装条款，信用证金额也应包括溢短装部分的金额。信用证使用的货币应与合同规定的货币相一致。

（4）对货物的名称、品质、规格、数量、包装、单价等项的审核。信用证中有关货物的名称、品质、规格、数量、包装、单价等内容，必须与合同规定的相符，如与合同规定不符，不能轻易接受，原则上应要求改正。

（5）对装运期、有效期和到期地点的审核。信用证规定的装运期，必须与合同规定一致。如国外来证延迟，无法按期装运，应及时电请国外买方延展装运期限。信用证有效期一般应与装运期有一定的合理间隔，以便在装运货物后，有足够的时间办理制单结汇工作。在我国出口业务中，大都要求信用证的有效期为装运期限后 7～15 天。信用证的到期地点，通常应规定在中国境内，一般不宜接受在国外到期的规定，因为我们不易掌握国外银行收到单据的确切日期，这不仅会影响收汇时间，而且容易引起纠纷。

（6）对单据的审核。对于来证中要求提供的单据的种类、份数及填制方法等，要进行仔细审核，如发现有不正常的规定，例如要求商业发票或产地证明须由国外第三者签证，以及要求在提单上目的港后面加上指定码头等字样，一般不宜接受。

（7）对特殊条款的审核。在审证当中，除上述内容外，还可能出现超出合同规定的附加或特殊条款，例如指定船公司、船籍、船名等，或不准在某个港口转船等，一般不宜接受。但若对我国无关紧要，且可以办到，则可酌情灵活掌握。

（三）改证

对信用证进行了全面细致的审核以后，如果发现问题，应区分问题的性质，分别同银行、运输、保险、商检等有关部门研究，作出恰当妥善的处理，对于不符合我国对外贸易方针政策，影响合同履行和安全收汇的情况，我们必须要求国外客户，通过开证行进行修改，并坚持在收到银行修改信用证通知书，经审核无异议后，才能装运货物，以免发生货物已装出，修改信用证通知书未到，或审核后有异议的情况，造成我方工作上的被动和经济上的损失。

而对于虽然与合同规定不符，但并不违背我外贸方针政策原则和不影响我方安全、迅速收汇的情况，我们也可灵活掌握，尽量不要求修改，以减少其中周折和节约改证费用。例如，合同规定允许分批装运，而来证注明不允许分批装运，如果我方货物已全部备齐，一次性装运无困难，可不必要求改证。对同一修改通知书的内容，不能接受一部分，而拒绝另一部分。对银行转来的修改通知书，其内容经审核如不能接受，应及时退还通知书，并明确表示不接受该通知书。

办理改证工作中，对于需修改的各项内容，应做到一次向国外客户提出，尽量避免由于我们考虑不周而多次提出。尽量避免一证多改或一证多展。否则，不仅增加手续和费用，而且对外造成不良影响。另外，对不可撤销的信用证中任何内容的修改，都必须在有关当事人全部同意后才能生效，这是各国银行公认的惯例。

三、租船或订舱、报关、投保和装船

租船或订舱是履行出口合同的重要环节。凡是按照 CIF 或 CFR 条件成交的出口合同，要由出口方负责租船或订舱装运货物，在货物装船前，还须办理报关、投保等手续。

1. 租船或订舱和装船

租船是指对数量较大的需整船载运的货物洽租整船；订舱是指对数量不大的不需整

船载运的货物洽订班轮或租定部分舱位。

我国出口货物的租船或订舱和装船工作，由中国对外贸易运输公司（简称外运公司）负责办理。各进口公司可根据情况，在合同签订后，或在备货等工作办妥后，办理托运手续。

租船或订舱的简单程序如下：

（1）进出口公司委托外运公司办理托运手续，填写托运单，亦称订舱委托书，在截止到收单期以前送交外运公司，作为订舱依据。托运单是指托运人（发货人）根据合同和信用证条款的内容填写的向承运人（船公司，一般为装运港的船方代理人）办理货物托运的单证。

承运人根据托运单的内容，并结合船舶的航行路线、挂靠港、船期和舱位等条件考虑。接受托运以后，承运人在托运单上签章，留存一份，退回托运人一份。至此，订舱手续即告完成，运输合同即告完成。

（2）外运公司收到托运单后，会同中国外轮代理公司，根据配载原则、货物性质、货运数量、装运港和目的港等情况，并结合船期安排船只或舱位；确定装运船只或舱位后，由外轮代理公司签发装货单，在法律上，船公司或其代理签发的装货单是接受（承诺）出口企业或其代理向其提出订舱要求（要约）的意思表示，所以出口企业或外运机构收到装货单就意味着运输合同已经订立。装货单既是命令船长承运货物的凭证，也是海关凭以验货放行的单据。

（3）外运公司根据船期，代进出口公司向码头仓库运货，等待船只到港。

（4）预定船只到港后，外运公司代进出口公司，从仓库将货物运至船边，经海关查验放行后，凭装货单装船。装船完毕，由船长或大副签发收据，收据又称收货单。大副收据是船公司签发给托运人的表明货物已装船的临时收据。托运人凭大副收据向外轮代理公司交付运费，并换取正式提单。收货单上如有大副批注，则在换取提单时，将该项大副批注转注在提单上。

2. 报关

按照我国海关法的规定，凡是出国境的货物须由货物的所有人向海关申报。办理报关手续，须填写“出口货物报关单”，必要时还要须提供合同副本或信用证副本、发票、装箱单、重量单、商检证书、出口许可证等，向海关申报出口，经海关查验货、证、单相符无误，并在装货单上加盖放行章放行后，货物才可装船出口。

3. 投保

凡是按照 CIF 条件成交的出口公司，卖方在货物装船前须及时向保险公司办理投保手续。投保人在投保时应按照信用证规定的保险条款、保险险别、保险金额等办理，注意防止多保、漏保或错保，以免影响结汇工作的顺利进行。保险公司接受投保后，签发保险单或保险凭证。

4. 装船通知

及时发出装船通知是卖方的义务之一。出口货物装船后，卖方应及时向买方发出装船通知，以便买方了解装运情况，做好进口货物接货和办理进口手续的准备，特别是 CFR 价格条件成交的出口合同，由买方办理保险，卖方更应及时向买方发出装船通知，以便买方能及时办理投保。如果卖方未及时或未发出装船通知致使买方未能办理投保，货物在运输过程中遭受损失，应由卖方承担责任。装船通知的内容，一般包括信用证号、合同号、货物名称、数量、尺码、毛重、净重、总值、船名、提单号、提单日期等。

从以上出口与合同履行的环节可以看出，在出口合同履行的过程中，货、证、船的衔接是一项复杂而细致的工作。因此，为了做好出口合同的履行工作，提高出口合同的履约率，进出口公司一般建立反映出口合同履行情况的进程卡片，分别做好以合同为中心的“四排”和以信用证为中心的“三平衡”工作。

所谓“四排”，是指以买卖合同为中心，根据进程卡片反映的情况，如货源是否落实，信用证是否开到，对来证和货源进行排队，排出四种情况，即“有证有货”“有证无货”“无证有货”“无证无货”。通过排队，发现问题，及时解决。

所谓“三平衡”，是指以信用证为中心，根据信用证规定的货物装运期和信用证有效期远近区分轻重缓急，落实货源和舱位，力求做到证、货、船三方的衔接和平衡，避免三缺一的互等现象产生。

四、制单和结汇

制单和结汇是指卖方在货物装运后，按照合同和信用证的要求缮制各种单据，并在规定的交单日期内送交银行，办理结汇手续。出口货物装运后，进出口公司应该按照信用证的规定和要求，正确缮制各种单据，并在信用证规定的有效期内，送交银行办理议付和结汇。所谓议付，是指出口地银行购买出口人出具的汇票和装运单据；所谓结汇，是指出口人将所得外汇货款，按照结汇日的外汇牌价的银行买入价，卖给国家指定的银行。我国出口结汇的办法有如下三种。

1. 收妥结汇

收妥结汇又称收妥付款，或先收后结，是指议付行收到进出口公司交来的出口单据，经审查无误后，将单据寄交国外开证行或开证行所指定的付款行索取货款，待收到开证行或付款行将货款拨入议付行账户的货记通知时，再按当日的外汇牌价折成人民币，拨入进出口公司的账户。这种做法银行不承担风险，不垫付资金，但出口企业收汇较慢。

2. 买单结汇

买单结汇又称出口押汇，是指议付行在审单无误的情况下，按信用证条款，买入信用证项下受益人（进出口公司）的汇票和单据，从票面金额中扣除从议付日到估计收到票款之日的利息，将余额按照议付日的外汇牌价，折成人民币，拨入进出口公司的账户。

议付行向受益人垫付资金，买入跟单汇票后，即转给汇票持有人，可以凭借汇票向付款人索取票款。出口押汇是出口地银行给予进出口公司的资金融通，有利于进出口公司的资金周转。

3. 定期结汇

定期结汇是指议付行根据向国外付款行索款所需的时间，预先确定一个固定的结汇期限，一般是审单无误后10～20日，到期时主动将票款金额折算成人民币拨入进出口公司的账户。

如前所述，开证行或其指定的付款行，在审单无误后，才承担汇款责任，如果发现任何不符，均具有拒付货款的可能。因此，要求受益人在缮制单据时，做到正确、完善、及时、简明、整洁。

正确：缮制单据时应做到四个一致，即“单单（单据与单据）一致，单证（单据和信用证）一致，单货（单据与货物）一致，单据与合同一致”。

完善：必须按照信用证的规定和要求，提供各种单据，不能短少。单据的份数和单据本身的项目，如产地证明书上的原产国别、签章、其他单据上的货物名称、数量等内容也必须完整无缺。

及时：应在信用证规定的有效期内，及时将单据送交议付行，以便银行早日寄出单据，按时收汇。在货物装运之前，最好将有关结汇单据送交银行预先审核，使银行有充裕的时间来审核单证、单单之间有无差错或问题。如果发现差错或者问题可以及早修改，以确保安全及时收汇。

简明：单据的内容，应该按照信用证的规定和要求，以及国际惯例填写，力求简明，切勿加列不必要的内容，以免弄巧成拙。

整洁：单据的布局要美观、大方，缮写和打印的字迹要清楚，单据的表面要清洁，对于更改的地方要加盖校对图章。有些单据，如提单和汇票的主要项目，如金额、件数、毛重等，一般不宜更改。

现在对几种主要单据的制作要点及注意事项扼要介绍如下。

1. 汇票

（1）付款人：采用信息证支付方式时，汇票的付款人应该按照信用证的规定填写；如果来证未规定付款人，则以开证行为付款人。

采用托收支付方式时，汇票的付款人应该填写国外进口人。

（2）受款人：如信用证没有特别规定，应以议付行为受款人。

UCP600 号强调信用证项下的汇票不应由开证申请人为汇票付款，否则银行将视作额外单据处理。无证托收的汇票，一般应以托收行（出口地银行）为受款人。

（3）出票条款：汇票上的出票条款，是开具汇票的依据。如果属于信用证方式，应该按照来证的规定条文全部照打。如果信用证内没有规定具体文句，可以在汇票上注明开证行名称、地址、信用证号码和开证日期。如果属于托收方式，可以在汇票上注明本汇票根据××号合同开立。

（4）汇票金额：汇票金额要按信用证规定填写，应该与发票总额一致，大小写必须相符。

汇票一般开具一式两份，两份具有同等效力，其中一份付讫，另一份自动失效。

2. 商业发票

商业发票是卖方开始给买方的基本单据。通常所说的发票，即指商业发票。它是卖方开立的详细说明装运货物的清单，可作为买卖双方交接货物和结算货款的凭证，也可作为报关纳税的依据。在不使用汇票的情况下，它可代替汇票作为支付工具。

我国进出口公司的商业发票，没有统一格式，但其主要内容基本相同，一般包括编号、日期、抬头人（收货人）、货物名称、规格、数量、单价、总值、包装和支付方式等。制作商业发票时应注意以下几点：

（1）发票的收货人：如属于信用证方式，一般应填写开证人或者称作开证申请人。如属于托收方式，一般应填写合同的买方。

（2）货物的名称、规格、数量、包装、单价、总值等。凡属于信用证方式，必须与来证规定完全相符，不能有任何遗漏和改动。例如，来证货物名称有误，除非必须修改信用证以外，一般应按错填写，但可在错误货物名称后加括号，填写上正确名称。

如客户要求或信用证规定在发票内加列进口许可证号码、原产地、生产企业名称等，均可照办。

合同规定货物已旧，修补麻袋包装，来证则规定麻袋包装，可按来证规定填写。

来证和合同规定的单价含有“佣金”，发票上应照样填写，不能以“折扣”代替。

发票中单价须列明价格条件。有时来证所列价格条件与合同有出入，如来证的价格条件为“CIF LODON”，该合同则为“CIFC LONDON”，发票应按信用证规定缮制。

（3）发票日期：发票开具的日期应早于提单日期和汇款日期。

（4）由于各国法令和习惯不同，有的来证要求在发票上加注“证明所列内容真实无误”（或者称作“证实发票”），“贷款已收讫”（或称作“收妥发票”），或者有关出口人国籍、原产地等证明文句，我们应该在不违背我国方针、政策和法令的情况下，酌情办理。出具“证实发票”时，应把发票下端通常印有的“有错当查”字样删去。

3. 海关发票

某些国家海关制定一种有固定格式的发票，要求国外出口人填写，作为估价关税和征收差别关税与反倾销税的依据。此外，还供统计资料的编制、原产地的核实和进口价格构成的查核所用。

对于这种发票有三种叫法，即海关发票，估价和原产地联合证明书，根据某国海关法令的证实发票。对上述三种叫法的发票，我们习惯上统称为海关发票。填写海关发票时应注意如下几点：

（1）海关发票的格式。各个国家和地区使用的海关发票都有其各自规定的固定格式，切勿混用。

（2）海关发票的内容。海关发票上与商业发票上有共同的项目和内容必须完全一致，不得互相矛盾。

（3）海关发票的价格构成。海关发票一般均要求列明构成价格的各项费用，如按CIF价格条件成交，则应分别列明FOB价格、运费和保险费，这三者的总和应与CIF货值相等，此外，应列明包装费、打包费、货物运至装运码头的搬运费等。

（4）“出口国国内市场价格”一栏，应以本国货币表示。该栏价格应比FOB低4%～5%，否则会被认为是低价倾销。因为该栏价格的高低是进口国海关确定是否征收反倾销税的重要依据。

（5）海关发票的签署。要求签字人以个人名义，用手签方式签署；如需有证明人，也须以个人名义签署。而且，签字人和证明人不能为同一人。海关发票如有涂改，须由原缮制人用钢笔手签，不能加盖校对印章。

4. 领事发票

有些国家，例如拉丁美洲一些国家和菲律宾等国家规定，凡输往该国的货物，国外出口人必须向该国海关提供经该国领事签证的发票。有些国家制定了固定格式的领事发票，亦有一些国家规定可在出口人的商业发票上由该国领事签证。领事发票的作用与海关发票基本相同。各国领事签发领事发票时，均收取一定的领事签证费。如果国外来证规定须我方提供领事发票的条款，一般不接受，特殊情况应按商务部有关规定办理。

5. 厂商发票

厂商发票是由出口货物的制造商出具的以本国货币计价，用来证明出口国国内市场的出厂价格的发票。其目的也是供进口国海关估价、计税以及征收反倾销税之用。如果国外来证有此项要求，应参照海关发票有关出口国家国内市场价格的填制办法处理。

6. 提单

提单是各种单据当中最重要的单据，在制作提单时，需注意以下几点：

（1）提单的种类：提单的种类很多，要按照国外来证所要求的类别提供。国外来证一般都要求提供清洁的、已装船的提单。如果提供的不是清洁、已装船的提单，银行不予接受。如果来证未规定是否可转船，按照银行惯例，银行可以接受包括装运港至目的港全程的转船提单或联运提单。

（2）提单的发货人：如来证无特殊规定，应以该信用证的受益人作为发货人。

（3）提单的收货人：习惯上称为抬头人。在信用证和托收支付方式下，大多数的提单都制作成“凭指定”抬头或者“凭交货人指定”抬头。这种提单须经发货人背书，才可以流通转让；也有的要求制作成“凭××银行指定”抬头，一般是规定凭开证行指定。

（4）提单的货物名称：提单上的货物名称，可以用概括性的商品统称，不必列出详细规格，如合同规定的货物名称是“蓝色网球鞋”，在提单上货物名称一栏填写“胶鞋”即可；但应注意不能与来证所规定的货物特征相抵触，如来证规定的货名为“复写纸”，它是一种特殊的商品，我们不能用纸来代替。如果发现这类情况，银行可以拒付。

（5）提单上的唛头：一般按信用证规定照打。散装货无唛头，提单上的唛头一栏中打“N/M（No Mark）”及“散货”字样。

（6）提单的运费：具体填法根据使用的价格条件而定。如按 CIF 或 CFR 价格条件成交，提单上的运费栏中填“运费已付”；如按 FOB 价格条件成交，提单上的运费栏中填“运费到付”。除信用证内另有规定外，提单上不必列出运费具体金额。

（7）提单的目的港和件数：原则上要与运输标志上所列的内容一致。

（8）提单的份数：收货人是凭提单正本提货，为了避免提单正本在递交过程中丢失，而发生收货人提货困难的情况，承运人一般签发提单正本一式三份，也可以应托运人的要求签发三份以上，签发的份数应在提单上注明。每一份正本提单效力是相同的。但是，只要其中一份凭以提货，其他各份立即失效。因此，合同和信用证规定出口人提供“全套提单”，就是指承运人在签发的提单上所注明的正本份数。

（9）提单的日期：在海运情况下，提单日期即为装完船的日期。在日期前面，必须加注签发地点。有的信用证规定，不能早于何时装运，提单的日期必须符合规定。

（10）其他内容：使用托盘运输时，提单上的件数栏填托盘数量，并在括号内加注货物包装件数。在同一提单有两种以上包装单位时，应分别填写。例如，提单 100 件中，有 70 件木箱装，有 30 件纸箱装。包装货物在装船过程中，如发生漏装少量件数，可在提单运输标志件号前加“Ex”字样，以表示其中有缺件。例如，“Ex2Nos.1-100”，其意是在100件中，缺少两件，实有98件。

7. 保险单

填制保险单时应注意下述几点：

（1）保险单的被保险人。如来证无其他规定，保险单的被保险人应是信用证上的受益人，并由其作空白背书，便于保险单办理转让；如来证要求“空白抬头”，可以做成“To Order”，应由受益人背书；如来证要求开证人或开证行抬头，被保险人一栏按证填写，受益人不必背书。

（2）保险险别和保险金额，要与来证规定相符。

（3）保险单上运输标志、包装及数量、船名、大约开航日期、装运港和目的港等，应与提单互相一致。

（4）保险单上的签发日期。由于保险责任的起讫采用“仓至仓条款”，所以出单应早于提单日期或与提单日期相同，除非信用证另有规定，或保险单注明，承担自装船之日起的风险，否则开证行可以拒绝接受。国际商会第500号出版物第34条规定，银行对载明签发日期迟于运输单据注明的装船或发运或接受监管日期的保险单据将不予接受。

（5）除信用证内规定无免赔率外，对有免赔率的货物必须在保险单上注明。

8. 装箱单和重量单

装箱单和重量单是表明出口货物的包装形式、包装内容、数量、重量、体积、件数的单据。这两种单据用来补充商业发票内容的不足，便于国外买方在货物到达目的港时进行检查和核对，同时也便于进口国海关检验进口货物。

装箱单又被称作花色码单，是每一件包装内所装货物逐项列举的清单，重量单是列明每件货物的毛重和净重的单据。在实际业务中，这两种单据并非每种货物都需要提供，要根据国外来证的规定和商品的性质来决定。

9. 检验证书

要按合同和信用证规定的种类与份数提供检验证书。各种检验证书是分别用以证明货物的质量、数量、重量和卫生条件等的证明文件。出具这类证件时，应注意正确的名称及所列项目和检验结果应与合同和信用证的规定相符。

10. 产地证明书

这是一种证明货物原产地和制造地的证件，也是进口国海关核定进口货物应征税率的依据。不用海关发票或领事发票的国家，根据产地证明书确定对货物应征收的税率。有的国家限制从某个国家或地区进口货物，也要求原产地证明书来证明货物的来源。产地证明书一般由出口地的公证行或工商团体签发。在我国，由中国进出口商品检验局或者贸易促进委员会签发。

11. 普惠制单据

目前，已有新西兰、加拿大、日本、欧盟等30多个国家和地区给予我国普惠制待遇。对于这些国家的出口货物，须提供普惠制单据（格式A证书），作为进口国减免关税依据。但对新西兰除使用格式A外，还须提供格式59A证书，对澳大利亚则不用这两种证书，而只在商业发票上加注有关声明文句即可。目前使用的普惠制单据有：

（1）格式A产地证，格式A产地证是普惠制的主要单据，适用于一般商品，由我进出口公司填写，并由中国进出口商品检验局签证出具。

（2）纺织品产地证，适用于纺织品类，由中国进出口商品检验局签证出具。

（3）纺织品出口许可证，适用于配额纺织品，由地方外贸局签证出具。

（4）手工制纺织品产地证，适用于手工制纺织品类，由中国进出口商品检验局签证出具。

（5）纺织品装船证明，适用于无配额的毛呢产品，由地方外贸局签订出具。

对上述单据内容的填制，应力求做到正确，并符合各个项目的要求，否则，就有可能丧失享受普惠制待遇的机会。

如果出口交易进展顺利，而不会出现什么问题的话，那么一笔出口交易到此结束了。但是，国际贸易具有特殊的复杂性，在出口合同履行过程中，买卖双方往往因为这样或那样的原因，而产生争议和纠纷，从而引起索赔和理赔的问题。

五、索赔和理赔

在出口合同履行过程中，若国外买方未按合同规定履行义务，例如买方延期开证、无理拒收货物和单据、无理拒付货款等，致使我方遭受损失，可向对方提出索赔。索赔时，应本着实事求是的态度，尽可能通过友好协商的办法加以解决，做到既要维护我方的正当权益，又不影响双方的贸易关系。

如果我方交货品质、数量、包装等不符合合同规定，国外买方可向我方提出索赔。我方在处理国外索赔时，应注意以下几点：

（1）要认真对照合同条款，研究审核所提出的索赔有无依据，也就是所提供的证据是否齐全，是否清楚，出证机构是否符合规定；对其检验标准和检验方法，也都要一一审核，以防国外买方串通检验机构弄虚作假，或检验机构检验结果有误。

（2）要核对索赔是否在有效期的索赔期内提出，对于超过索赔期的，要以理拒赔。

（3）要认真做好调查研究，弄清事实，分清责任。因为货损货差的成因很复杂，如属船公司和保险公司的责任，应交船公司和保险公司处理；如确定属于卖方责任，卖方应实事求是地予以赔偿。对国外买方提出的不合理要求，我方必须根据可靠的资料，以理拒绝。

（4）要合理确定损失程度、赔偿金额和赔偿办法。

关于赔偿金额，一般的原则是：一方当事人因违反合同而需承担的赔偿额，应与另一方当事人所遭受的损失额（包括利息、预期利润在内）相等。

第二节　进口合同的履行

进口合同依法成立后，买方同样应遵循重合同、守信用的原则，履行自己的支付货款、接收货物的义务，同时要督促卖方履行按合同规定的义务。

在我国购进货物的交易合同中，价格条件大多采用FOB条件，较少采用CIF条件，而支付条件一般都采用信用证方式。下面，我们就以FOB条件和信用证方式为例，简要介绍货物进口合同履行的程序和要办的手续。

一、开出信用证

买方履行进口合同的第一项程序是要按照合同规定的时间开出信用证。具体手续是：买方按合同规定的内容，例如货物的名称、品质、数量、包装、价格、交货期、装运条件、装运单据等，填写开具信用证申请书，连同进口合同副本或复印件交送中国银行。中国银行根据进口合同的规定，审查开证申请书无误后便开立信用证寄发国外。对此，要注意：

（1）开证内容必须与进口合同一致。

（2）开证时间要严格按合同规定的时间办理。迟开，不仅要承担违约责任，还推迟到货时间；早开，固然为对方欢迎，但我方会增加费用支出。

（3）如果开证以对方提供出口许可证可影印本或履约担保书为条件，则必须在收到对方已确实领到许可证或担保书的正式通知后，方可开证。在某些特殊情况下，必须先开证的，也可先行开证，但要在证内附列该证必须在受益人交验许可证或交付保证金后才能生效的限制性条件。

（4）信用证开出后，如果需要修改，无论由买卖双方中的哪一方提出，均应经双方商妥后方可办理。

二、租船或订舱和催装

在开出信用证后，买方应及时委托外运公司办理租船或订舱手续。手续办妥后，要迅即将船名、船期通知卖方，以便卖方备货、装船，做好船、货衔接工作。同时，买方还应了解和掌握卖方备货和装船前的准备工作情况，做好催装工作。必要时还可委托我驻外机构或企业或派人员前往就近了解、检查、督促买方按时履行交货义务。

货物装船后，卖方应按合同规定及时发出装船通知，以便买方提前办理保险和接货等项手续。如果卖方未及时或未发出装船通知，同样要承担违约责任。

三、办理货运保险

按 FOB 条件（或按 CFR 条件）成交的进口合同，办理货运保险是买方的责任。具体手续由买方委托外运公司统一操办。由于外运公司同中国人民保险公司签有预约保险合同，其中对各种货物的投保险别、保险费率、适用条款、保险费及赔偿支付办法等均作了具体规定，凡以 FOB 或 CFR 条件进口货物的保险都由中国人民保险公司承保。因此，每批进口货物，买方或外运公司在收到国外装船通知后，将船名、提单号、开船日期、货物名称、数量、装运港、目的港等项内容通知保险公司，即视为已办妥保险手续。

按预约保险合同规定，进口合同的保险责任从货物在装运港装上船开始，到卸货港货运单据所载明的国内目的地货入仓库终止。

四、审单与付汇

货物装运后，卖方便将汇票和货运单据交送出口地银行议付，议付行随即将汇票和货运单据转寄中国银行。中国银行在买方的配合下，对单据进行审核，如果符合信用证规定，便向国外付款；如有不符，应立即要求国外议付行改正，或暂停对外付款。按惯例，银行付款后，才发现有误，不能对外国银行行使追索权，所以，审单工作一定要认真细致。

同时，买方应立即按国家外汇牌价向中国银行购买外汇，赎取单据，以便报关、接货。

五、报关与接货

进口货物抵达目的港后，买方应及时办理报关、接货手续。买方在报关时，要根据进口单据填制“进口货物报关单”，并随附发票、提单保险单，如属法定检验的进口货物，还须随附商品检验证书，向海关申报进口。海关凭进口许可证或报关单，查全货、证无误后放行，买方接货。

进口货物的报关、接货等工作一般由外贸企业委托外运公司代办。

六、验收与拨交

进口货物在卸船时，港务局要核对卸货，如发现缺少，应填制“短卸报告”交船方签认，作为索赔的依据；如发现残损，应将货物存于海关指定的仓库，由保险公司会同商检机构检验，作出处理。

进口货物经过检验后，由买方委托外运公司提取货物并拨交给订货单位。外运公司以“进口物资代运发货通知书”通知订货单位在目的地办理收货手续，同时通知买方代运手续已办理完毕。如订货单位不在卸货港口，所有税费（包括进口关税、货运内地的运费等）由外运公司向买方结算，再由买方向订货单位结算。

七、进口索赔

进口货物都要进行检验，如果发现其品质、数量、包装等方面不符合合同规定，应当进行鉴定，以便提出索赔。

在处理进口索赔案件中，属于卖方责任者居多，例如卖方未按期交货或拒绝交货，品质不符，交货数量不足，包装不良使货物受损，等等，应向卖方索赔。

如果属于船方的过失，如货物在装运途中发生了非保险范围内、非卖方责任内的货物短少、残损等情况，应向船方索赔。

本 章 小 结

本章主要讲述了进出口合同履行过程中所涉及的各项业务环节及注意的问题，重点是掌握如何制作进出口单据及在信用证结汇情况下如何制作结汇单据。

思 考 题

1. 出口企业在备货时应该注意哪些问题？

2. 出口企业在审核国外信用证时应注意哪些方面？如信用证与合同规定不符应如何处理？

3. 出口企业在信用证业务中，主要制作的单据包括哪些？

我某公司凭即期不可撤销信用证出口马达一批，合同规定装运期为2003年8月。签约后，对方及时开来信用证，我方根据信用证的要求及时将货物装运出口。但在制作单据时，制单员将商业发票上的商品名称以信用证的规定缮制为：“MACHINERY AND MILL WORKS，MOTORS”，而海运提单上仅填写了该商品的统称：“MOTORS”。

问：付款行可否以此为由拒付货款？为什么？

资料来源：进出口合同履行案例.百度文库，2015.

第十二章

违约的救济方法

希普顿·安德逊公司诉威尔兄弟公司案

希普顿·安德逊公司（卖方）与威尔兄弟（买方）签订买卖小麦的合同，履行合同时，卖方交货重量比合同许可的限度 4 950 吨多出 55 磅，当时按合同价计算，价款总值为 4 万英镑以上，而 55 磅小麦仅值 4 先令，卖方并未对这 4 先令提出要求。尽管如此，买方仍以超重为由拒收整批货物，于是卖方便将该批货物赔本出售，然后以买方无理拒收货物为由，向买方提出损失赔偿要求，并诉诸法院。法官根据本案情况，判决买方无权拒收货物，卖方胜诉。

案例分析：法院受理本案后，法官在分析本案时指出：问题在于是否大幅度地偏离合同。拒收权是建立在卖方不准备也不愿意履行合同或未曾履行合同的假设上的。买方提供错误的数量，是不准备也不愿意履行合同的表现。但法官又认为，那应是指所超过的或短少的重量达到了能够影响买方心理的程度。在法官看来，本案所发生的超重，并没有达到那样的程度。本案超过约定的重量是微不足道的，而且卖方对超过重量的那部分货款并没有提出要求，他基本上履行了合同。因此，买方无权拒收货物。

资料来源：单证员考试案例分析题，2011.

学习目标：

1. 掌握违约救济的方法。
2. 理解违约救济的原则。
3. 能就各国的违约救济法案进行对比。

主要名词或概念：

国际货物买卖合同、违约救济、合同履行

国际货物买卖合同一经成立，买卖双方当事人就要受合同的约束，严格按合同规定的各项交易条件履行自己的义务。然而，在履行合同的过程中，当事人要经过复杂的环节。买卖双方很有可能由于种种不同的原因，不能履行自己的义务，从而发生争议和纠纷，合同当事人为了维护自己的合法权益，往往要援引法律规定来解释合同，主张权利。而买卖双方地处两个不同国家，其法律制度和具体法律规定往往差异颇大，在解决时通常要根据具体情况采用或援引不同国家的有关法律规定。为此，本章就合同一方当事人违约以及另一方当事人可以采取的各种法律上的救济问题，对主要国家的法律规定和《联合国国际货物销售合同公约》的有关规定加以介绍。

第一节 一般原则

一、违约的含义

违约指合同的一方当事人没有履行或没有完全履行其合同规定的义务和行为。例如，在合同成立后，卖方出现不按合同规定的时间和地点交付货物，或交付了不符合合同规定的货物；或者买方不按合同规定的时间支付货款等都属于违约行为。除合同或法律上规定的属于不可抗力原因造成者外，违约者都要承担违约的责任。另一方当事人也就有权依据合同或有关法律规定向违约方提出救济的权利。

二、各国法律对违约的不同规定

各国法律对违约有不同的规定，有的法律对如何构成违约作了规定，有的法律将违约的性质或形式作了划分，现概述如下。

（一）关于构成违约的条件方面

1. 大陆法的规定

大陆法在处理买卖合同这类民事责任时，是以过失责任作为一项基本原则。也就是说，买卖合同当事人出现不能履行或不能完全履行合同义务时，只有当存在可以归咎于他的过失时，才能构成违约，从而承担违约的责任。因此，按大陆法，在处理违约时，如果仅仅证明当事人没有履行合同义务，还不足以说明对方的行为已构成违约，还必须同时证明或推定上述行为有某种归咎于他的过失，才能使其承担违约的责任。

《德国民法典》第276条规定，债务人除另有规定外，对故意或过失应负责任。另外还规定，债务人基于故意的责任，不得预先免除。《法国民法典》也遵循相同的原则，但表述方法与《德国民法典》的规定有所不同。《法国民法典》第1147条规定，凡债务人不能证明其不履行债务系由于不应归其个人负责的外来原因时，即使在某个方面并无恶意，债务人对于其不履行或延迟履行债务，应支付损害赔偿。

2. 英美法的规定

英美法认为，一切合同都是“担保”，只要债务人不能达到担保的结果，就构成违约，应负责赔偿损失。在英国《货物买卖法》和美国《统一商法典》中，关于构成违约的条件并未被详细写明，但从司法实践中看，处理违约并不是以当事人有无过失作为构成违约的必要条件，通常只要当事人未履行合同规定的义务，均被视为违约。

3.《联合国国际货物销售合同公约》的规定

《联合国国际货物销售合同公约》也未明确规定，违约必须以当事人有无过失为条件。从《公约》第 25 条看，只要当事人违反合同的行为的结果使另一方蒙受损害，就构成违约，当事人要承担违约的责任。

（二）关于违约的形式方面

1. 大陆法的规定

大陆法基本上将违约的形式概括为不履行债务和延迟履行债务两种情况。如《法国民法典》第 1147 条规定，债务人对于其不履行债务或延迟履行债务，应负赔偿的责任。

《德国民法典》按相同原则将违约也分为两类：给付不能和给付延迟。给付不能是指债务人由于种种原因，不可能履行其合同义务。给付延迟是指债务人履行期已届满，而且是可能履行的，但债务人没有按期履行其合同义务。违约方是否要承担违约责任，则要看是否有归咎于他的过失。如果有过失，违约方才承担违约的责任。如《德国民法典》第 280 条规定："因债务人的过失而引起给付不能者，债务人应对债权人赔偿因不履行所产生的损害。"如果不属于当事人的责任引起的给付不能，债务人就不承担违约责任，如《德国民法典》第 275 条规定："在债务关系发生之后，非因债务人的过失而引起的给付不能者，债务人得免除给付义务。"

2. 英国法的规定

英国《货物买卖法》将违约的形式划分为违反要件和违反担保两种。违反要件是指合同当事人违反合同中重要的、带有根本性的条款。按英国法，买卖合同中关于履约的时间、货物的品质和数量等条款都属于合同的要件。违反担保是指当事人违反合同中次要的、从属于合同的条款。按照英国法律的解释，违反要件与违反担保给当事人带来的法律结果不同。如果一方当事人违反了要件，另一方当事人有权解除合同，并且还可要求损害赔偿。如果一方当事人违反了担保，另一方当事人只能要求损害赔偿，不能请求解除合同。

因此，如何对合同中的条款作出判断，确定是属于要件，还是属于担保，对当事人主张权利至关重要。然而，英国法律对合同中哪些条款属于要件，哪些条款属于担保，并无明确的规定，通常应由法官根据合同内容和当事人的意思作出决定。如英国《货物买卖法》第 11 条 b 款规定，买卖契约中的某些规定究竟为"要件"，抑或为"担保"，需视各个契约的具体内容而定。违反要件可能给予对方以解除契约的权利；违反担保则对方只能要求损害赔偿，而无权拒收货物和解除契约。契约中的某项规定虽用"担保"之名，但也可能属于一项"要件"。按英国法律的解释，要件比担保具有更高的法律品格，每项要件包含着一个担保。因此，如果合同一方当事人违反要件，另一方当事人可以把违反要件当作违反担保去处理。也就是说，当事人违反要件时，受损害一方可以选择解除合同，并要求赔偿损失，他也可以不解除合同，只就损失提出赔偿要求。英国《货物买卖法》第 8 条 a 款规定："如买卖契约是以卖方履行某项要件为有效，买方可以放弃该要件，也可选择把该项要件的违反视作违反担保，而不将其作为解除契约的理由。"法律上的这种规定，在货物买卖中有一定的现实意义。例如，按法律规定，买卖合同中的品质条款属于合同中的“要件”，卖方所交付的货物品质不符合合同的规定，这种行为构成违反要件，买方可以拒收货物，解除合同，并提出赔偿要求。但在某些情况下，买方并不想放弃这批货物，他就可以将这批货物收下，支付货款，同时可就货物的品质不符情况，只提出损害赔偿。

值得注意的是，英国法将违约分成违反要件与违反担保的方法，并不能完全适合各类的违约情况。有些情况，如违反要件的结果并未使守约的一方遭受重大的损失，守约的一方按英国法律规定，仍有权解除合同，而不问违约情节结果是否严重。这种处理方法显然是不恰当的。为解决这个问题，20 世纪 70 年代以来的英国司法实践中确立了所谓“无名条款”的原则。法院可以对合同中的有些条款判定为既不属于要件，也不属于担保，而将其视为无名条款。当一方违反无名条款时，对方能否解除合同应视违约的性质和后果是否严重而定。如果违约性质严重，受害方可解除合同，如果违约的性质不严重，受害方就不能解除合同，只能就损失提出赔偿要求。

无名条款适用于国际货物买卖可以从下述案例中看出。在 1975 年西哈夫公司诉布里默公司汉莎号轮案件中，布里默这家德国公司售给荷兰西哈夫公司一批美国橘渣，条件是 CIF 鹿特丹。这种橘渣是制造牲畜饲料用的。按照“牲畜饲料协会合同格式”订立的合同条款中有一项规定：“发运的货物必须处于良好状态。”货物共约 3 400 公吨，装于汉莎号轮船。合同金额为 10 万英镑左右。货到目的港后，卸货时发现第一舱货物（约 1 260 公吨）受损，但第二舱货物（约 2 053 公吨）状况良好。橘渣行市在船只到达时已经剧跌。买方根据合同上述品质条款的规定，拒收整批货物。后此案被提交法院审理。

上诉法院认为，该合同条款，即“发运的货物必须处于良好状态”，并不是《1893 年货物买卖法》所指的要件，而是一项无名条款。丹宁法官认为，如果整批货物中有一部分不是处于良好状态，到达时略有缺陷，应以减价解决。除非整批货物有严重或实质性的损坏，否则买方无权拒收整批货物，但有权请求损害赔偿。损失赔偿金额为到达鹿特丹时完好货物与受损货物之间的差价，即通过变卖确定的市场价约 3 万英镑与合同价 10 万英镑之差。

然而，无名条款也不应滥用，合同中的有些条款对交易双方有较重要的利害关系，特别是买卖合同中指定有关时间的绝大多数条款应被视为要件。例如，FOB 合同中规定，“买方必须在船舶可能备好前至少几天向卖方发出通知……”，CFR 合同中有关船舶应从装运港直航到卸货港的直航条款等均属要件，而不是无名条款。

3. 美国法的规定

美国法现已放弃使用“要件”与“担保”这两个概念来划分违约的情况，即不是用合同条款的性质来划分，而是从违约的性质和带来的结果来划分违约的情况。美国法把违约划分为两类：轻微的违约和重大的违约。

所谓轻微的违约是指债务人在履约中尽管存在一些缺陷，但债权人已经从合同履行中得到该交易的主要利益。例如履行的时间略有延迟，交付的货物数量和品质与合同略有出入等，都属于轻微的违约之列。当一方轻微违约时，受损方可以要求赔偿损失，但不能拒绝履行合同的义务或解除合同。

所谓重大的违约是指由于债务人没有履行合同或履行合同有缺陷致使债权人不能得

到该项交易的主要利益。在重大违约情况下，受损的一方可以解除合同，同时还可以要求赔偿全部损失。

美国法对违约的这种划分，同英国法上对违约的划分，从法律后果看，基本上是一致的，轻微的违约相当于违反担保，重大违约相当于违反要件。但在处理违约时的角度是不同的。美国法更偏重于看违约的性质和给对方造成的损失情况。

4. 《联合国国际货物销售合同公约》的规定

《联合国国际货物销售合同公约》将违约划分为根本性违约和非根本性违约。所谓根本性违约，按《公约》第25条的规定："一方当事人违反合同的结果，如使另一方当事人蒙受损害，以至于实际上剥夺了他根据合同有权期待得到的东西，即为根本性违反合同，除非违反合同的一方并不预知，而且一个同等资格、通情达理的人处于相同情况中也没有理由预知会发生这种结果。"不构成根本性违约的情况，均视为非根本性违约。

由此可见，《公约》规定根本性违约的基本标准是"实际上剥夺了合同对方根据合同有权期待得到的东西"。这种规定避免了对各种违约情况作出武断的划分，实际上是对违约的性质作了基本的定义。至于怎样才构成根本性违约，只能视具体情况而定。从法律结果看，《公约》认为，构成根本性违约，受害方可解除合同，否则只能请求损害赔偿。

（三）违约的救济方法

救济方法是指一个人的合法权利被他人侵害时，法律上给予受损害一方的补偿办法。各国法律均规定，如果合同一方当事人违反合同规定，另一方当事人有权采取相应的救济方法。各国法律对各种救济方法都有详细的规定，但不尽相同，有的规定比较概括，有的规定比较具体。纵观各国法律，其法律规定的基本救济方法可概括为三种：实际履行、损害赔偿和解除合同。现分别详细介绍如下。

1. 实际履行

实际履行有两重含义：一重含义是指一方当事人未履行合同义务，另一方当事人有权要求他按合同规定完整地履行合同义务，而不能用其他的补偿手段，如金钱来代替；另一重含义是指一方当事人未履行合同义务；另一方当事人有权向法院提起实际履行之诉，由法院强制违约当事人按照合同规定履行他的义务。例如，买卖双方就某项特定物（古玩、字画、房屋）达成交易，但日后，卖方出于某种原因考虑不按合同规定交付约定的货物，而买方又不愿取得金钱上的补偿，买方可要求卖方按合同规定交付货物，或他可以向法院起诉，要求法院判决实际履行，强制卖方履行交货义务。各国法律对实际履行作为一种救济方法都有规定，但是差异较大。分析如下。

大陆法将实际履行作为一种主要的救济方法。如德国法认为，凡是债务人不履行合同时，债权人都有权要求债务人实际履行。《德国民法典》第24条明文规定："债权人根据债务关系，有向债务人请求履行债务的权利。"《法国民法典》也有类似的规定，第1184条规定："契约双方当事人的一方不履行其债务时，债权人有选择之权；或者在合同的履行尚属可能时，请求另一方当事人履行合同，或者解除合同并请求损害赔偿。"这里特别注意的是，按照大陆法的原则，债权人可以请求法院判令债务人实行履行合同，但是，法院只有在债务人履行合同尚属可能时，才能作出实际履行的判决。如果出现实际履行不可能的情况，如买卖的特定物已被烧毁，法院就不会作出实际履行的判决；在实践中，当事人提起实际履行之诉的情况并不多见。一般当事人都要求其他的救济方法，如解除合同或请求损害赔偿等。只有当所要求的金钱赔偿不能满足时，债务人才会提起实际履行之诉。

英美法将实际履行作为例外的辅助性的救济方法。英美法认为，强制债务人履行某种人身性质的义务，是对“个人自由”原则的过分干预，是违反宪法精神的，故英美法中并未规定这种实际履行的救济方法。在司法实践中，依据平衡法原则，实际履行只被视为一种例外的救济方法。法院对是否判令实行履行有自由裁量权。法院在处理案件时，如果受损害一方能证明，仅仅采用损害赔偿的办法不足以满足他的需要或弥补他的损失，则法院可能考虑判令实际履行，例如，买卖的标的物是特定物或特别名贵，在市场上不易买到。另外，对于特殊情况下某种货物的买卖，像所谓“需求合同”不规定具体数量，仅规定卖方允诺会根据买方的需要向其随时供应原料或货物，如果卖方违约不交货，即使此种原料或货物在市场上可以买到，法院仍然允许买方提起实行履行之诉。

中国《合同法》虽然没有明确规定实际履行作为一种救济方法。该法第 107 条规定：“当事人一方不履行合同或者履行合同义务不符合约定的，即使违反合同时，另一方有权要求赔偿损失或者采取其他合理的补救措施，采取其他补救措施后，尚不能完全弥补另一方受到的损失的，另一方仍然有权要求赔偿损失。”这里指的“其他补救措施”应该被认为包括实际履行。只要根据具体情况，采取实际履行的措施是合理的，当事人可以要求实际履行，法院和仲裁院也可以作出实际履行的判定。

2. 损害赔偿

损害赔偿是指违约方用金钱来补偿另一方由于其违约所遭受的损失。各国法律均认为损害赔偿是一种比较重要的救济方法。在国际货物买卖中，它是使用最广泛的一种救济方法。但是各国法律对损害赔偿的规定，往往涉及违约一方赔偿责任的成立、赔偿范围和赔偿办法等问题，而且差异很大。

合同当事人一方违约，另一方当事人在什么情况下才有权向对方提出损害赔偿的主张，提出损害赔偿的主张有无基本的前提条件。此问题涉及损害赔偿责任的成立。对此，各国法律有着不同的规定。

大陆法认为，损害赔偿责任的成立，必须具备以下三个条件：

（1）必须有损害的事实，此条主要基于，如果根本没有发生损害，就不存在赔偿的问题，至于发生损害的事实，则一般须由请求损害赔偿的一方出具证明；

（2）必须有归咎于债务人的原因，这是大陆法承担违约责任的基本原则和前提条件；

（3）损害发生的原则与损害之间必须有因果关系，即损害是由于债务人应予负责的原因造成的。

纵观各国法律，损害赔偿的方法有两种，恢复原状和金钱赔偿。所谓恢复原状，是指用实物赔偿损失，使恢复到损害发生前的原状，例如把损害的物品加以修复，或用同样货物替换等。采用恢复原状的救济方法可以完全达到损害赔偿的目的，使损害减至最小。但是，有时实行起来往往很不方便，或者不容易做到。所谓金钱赔偿，就是用支付一定金额的货币来弥补对方所遭到的损害。采取这种方法比较容易，但有时却很难弥补受害方全部的损害。因此，各国法律对各种损害赔偿的方法都予以考虑，但对以哪种方法为主却有不同的规定。

《联合国国际货物销售合同公约》认为，损害赔偿是一种主要的救济方法。一方违反合同，只要使另一方蒙受损失，受害方就有权向对方提出损害赔偿，而且要求损害赔偿并不因采取了其他救济方法而丧失。因此《公约》关于损害赔偿责任的成立主要考虑到买卖双方的实际利益。

英美法不同于大陆法，根据英美法的解释，只要一方违约就足以构成对方可以提起损害赔偿之诉。至于违约一方有无过失，是否发生实际损害，并不是损害赔偿责任成立的前提。如果守约方没有遭到实际损失，或无法证明，或不能确定损失的基础，他就无权要求实质性的损害赔偿，只能请求名义上的损害赔偿，由法院判给名义的损害赔偿金。名义损害赔偿金往往是很少的金额，例如 1 美元或 2 英镑，实际上是在法律上承认违约方侵犯了对方的合法权利。

英美法采用金钱上的赔偿方法。英美法认为，损害赔偿的目的，就是在金钱可能做到的范围内，使权利受到损害的一方处于该项权利得到遵守时同样的地位。所以，英美法院对任何损害一般都判令债务人支付金钱赔偿。这项原则又称为“金钱上的恢复原状”。

英美法将合同中约定的违约金按两种不同性质去处理。一种性质是属于约定的损害赔偿金额，一种性质是属于罚款。从客观上讲，违约金可以是约定的损害赔偿金额（如果违约金与损失相当的话），也可能是一定数额明显的罚款（如果违约金额大大超过了违约带来的损失）。为了妥善和公平地处理损害赔偿，按英美法，法院要依据案情或事实来断定这一金额是罚金还是约定的损害赔偿金额。至于合同条款中的有些措辞，如使用“预定的损害赔偿”或“罚款”等文句，并不会影响法院对违约金的性质作出判定。如果法院认为违约金的金额是预先约定的损害赔偿，受害方则有权取得这一约定的金额。如果法院认为，双方约定的违约金具有罚金性质，其目的是对违约一方施加惩罚，则法院对这项违约金的规定将不予承认，受害方如果要求取得损害赔偿，他只能按通常的办法就其实际所遭受的损失取得法定的损害赔偿额。中国《合同法》认为，合同中约定的违约金原则上具有约定损害赔偿的作用。如《合同法》第 20 条规定：“当事人可以在合同中约定，一方违反合同时，向另一方支付一定数额的违约金，也可以约定对于违反合同而产生的损失赔偿额的计算方法。合同中约定违约金，视为违反合同的损害赔偿。”但是，如果违约金的数额与损失不相当的话按《合同法》的规定可以减少或增加，如第 20 条中还规定，“约定的违约过分高于或者低于违反合同所造成的损失的，当事人可以请求仲裁机构或者法院予以适当减少或者增加”。如果当事人在合同中未就有关赔偿范围作出规定，发生违约时，当事人只能依据法律规定来计算或确定损害赔偿的金额。

德国法是以“恢复原状”为损害赔偿的原则，以金钱赔偿为例外。如《德国民法典》第 249 条规定，负损害赔偿的义务者，应恢复到负赔偿责任的事故发生前的原状。根据《德国民法典》的有关规定，只有在下列情况下，债权人才可以要求金钱赔偿：

（1）出现人身伤害或损坏物件；

（2）债权人通知债务人在一段合理时间内恢复原状，并声明如逾此期限，未能恢复原状，债权人于期限届满后可请求金钱赔偿；

（3）恢复原状不足以弥补债权人的损害；

（4）债务人需付过高费用才能恢复原状。

德国法认为，违约金具有惩罚的性质，它是对债务人不履行合同的一种制裁。如《德国民法典》第 339 条规定：“债务人对债权人约定的不履行债务或不以适当方法履行债务时，应支付一定金额作为违约金者，于债务人延迟时，罚其支付违约金。”第 340 条还规定：“债权人有基于不履行之损害赔偿请求权时，得请求以违约金作为损害赔偿的最低额，但不妨碍其主张其他损害。”然而，为解决违约金规定的金额过高问题，德国法认为，法院有权对违约金予以减少。如《德国民法典》第 343 条规定：“约定的违约金额过高者，法院得依债务人的申请以判决减少至适当数额。”

法国法与德国法不同。法国法以金钱赔偿为原则，以恢复原状为例外。按照法国法的有关规定，在大多数情况下，一方当事人违反合同所承担的责任都可转变为损害赔偿之债，另一方当事人受损害的程度都可用适当数额的现金来弥补。只有少数情况下，金钱上的赔偿不足以弥补当事人受到的损害时，才能请求恢复原状。

法国法认为，违约金的性质是属于约定的损害赔偿金额。也就是说，违约金是双方当事人事先约定的，债权人一旦要求债务人支付违约金，他就不能另行提出不履行债务的损害赔偿，也不能要求债务人履行主债务。这一点与德国法的规定恰恰相反。然而，如果违约金是纯粹为履行延迟而约定的，那么当债务人履行延迟时，债权人既可以要求债务人支付约定的违约金，又可要求继续履行合同。例如，订立合同后，卖方不按合同规定时间交货，买方可按合同规定要求对方支付约定的违约金，卖方并不因为支付了违约金而解除交货的义务。

除此之外，英美法都规定，一方违约，另一方有义务采取一切合理的措施以减少违约造成的损失，否则本来可以合理避免损失，不能要求给予赔偿。

按照我国《合同法》的规定，在确定损害赔偿金额时，要遵循两个原则：首先，当事人赔偿责任应相当于另一方所受到的损失；其次，赔偿责任不得超过违约方在订立合同时应当预见到的因违反合同可能造成的损失。显然，第二个原则是对第一个原则的限制。因此，通常认为损害赔偿的范围应包括因违约所产生的附带损失和利润损失，但应以订立合同时当事人所预见到的损失为限。由此可见，在订立合同时，要注意一方有必要让对方知道违约会给他带来严重的损失。

《联合国国际货物销售合同公约》对损害赔偿的范围作了两个原则性的规定（参阅第 74 条规定）：首先，一方当事人违反合同应负的损害赔偿额应与另一方当事人因他违反合同而遭受的包括利润在内的损失额相等。这是确定损害赔偿范围的总原则。这里《公约》特别强调包括利润损失在内。其次，为了限制守约方可以得到的损害赔偿“不得超过违反合同一方在订立合同时，依照他当时已知道或理应知道的事实和情况，对违反合同预料到或理应预料到的可能损失。”此条规定与中国合同法的有关规定是相同的，均排除了对不可预料的损失提起损害赔偿的要求。

为了说明计算赔偿的具体方法，现将联合国国际贸易法委员会秘书处编写的《关于国际货物销售合同公约草案的评注》中的一个例子介绍如下：

［案例］ 合同规定卖方向买方销售 100 台机床，总金额为 FOB 报价，50 000 美元。

买方在卖方开始制造机床之前，否认合同有效。如果合同履行，卖方总开支应为 45 000 美元，其中 40 000 美元是纯因合同存在而支付的开支（如材料、能源、为履行合同而雇用的劳动力开支或生产单位支付的工资），5 000 美元为该合同的一般管理费用（借入资本方面的开支，一般行政费，工厂和设备的折旧）。因为买方否认合同有效卖方没有支出因合同存在而原应承付的 40 000 美元开支，但是，用于该合同的 5 000 美元一般管理费用，是营业上的开支，与合同是否存在无关系，因此卖方无法减低这项费用；除非卖方得到其他合同，在该段时间内利用他的全部生产能力。不然，由于买方违反合同卖方将损失 5 000 美元的一般管理费用。当然，如果合同照常履行，他原可得到 5 000 美元利润。因此，在本案例中，卖方所遭到的损失为买方未履约而造成的损失 5 000 美元，再加上利润损失 5 000 美元，共计 10 000 美元。

《公约》除了规定损害赔偿原则之外，还规定，有权要求损害赔偿的一方“必须按情况采取合理措施，减轻由于另一方违反合同而引起的损失，包括利润方面的损失。如果他不采取这种措施，违反合同一方可以要求从损害赔偿中扣除原可以减轻的损失数额”（参阅《公约》第 77 条）。

3. 解除合同

解除合同指合同当事人免除或中止履行合同义务的行为。各国法律均认为解除合同是一种法律救济方法。那么合同当事人在对方违约情况下是否可以解除合同呢？各国法律对构成解除合同的条件有着不同的规定，现介绍如下：

（1）大陆法对解除合同的条件规定得比较简单。大陆法认为，只要合同一方当事人不履行其合同义务时，对方就有权解除合同。债务人不履行合同包括：拒绝给付、全部给付不能和部分给付不能、给付延迟、不完全给付。在拒绝给付和给付不能两种情况下，债权人有权立即解除合同。而在给付迟延和不完全给付的情况下，需要先经催告，通知对方履行，在催告的期限内，债务人仍未完全履行时，债权人也可以解除合同。

（2）英国法认为，一方违约构成违反要件，对方才可要求解除合同；如果一方仅仅是违反担保，对方只能请求损害赔偿，而不能要求解除合同，要件是涉及合同本质的那些条款，它既可以是明示的，也可以是默示的。英国法在解除合同的条件上，其规定比大陆法要苛刻。

（3）美国法与英国法的规定有些相似，美国法认为，只有一方违约构成重大违约时，双方才可以要求解除合同。如果是轻微的违约，只能请求损害赔偿，不能要求解除合同。

（4）我国《合同法》认为，一方违约，另一方在下列两种情况下才能要求解除合同：

① 违约必须导致严重影响订立合同所期望的经济利益。换句话说，违约必须造成严重的后果，使双方期望的目的不能实现。这时守约方可以解除合同。

② 如果一方在合同规定的期限内没有履行合同义务，而且在被允许的推迟履行的合理期限内仍未履行，则守约方可要求解除合同义务。这一条与大陆法中实行的催告制度有相似之处。

（5）《联合国国际货物销售合同公约》认为，合同一方不履行义务构成根本性违约时，另一方有权解除合同。然而解除合同必须向对方发出通知。延迟交货或货物存在瑕疵，很难判断是否属于根本性违约，则《公约》还规定，可以规定一段合理的额外时限，让违约方履行义务。如果这一段时间内，违约方仍未履行合同，那么守约方可根据违约情况，宣告合同失效。解除合同并不意味着他就丧失了可以采取其他的救济方法。

总之，由于各国法律体系不同，在违约救济方面的规定差异较大，特别是英美法与大陆法之间更是如此。《联合国国际货物销售合同公约》为了调和两大法系的矛盾，对各项法律原则作了比较具体的规定。为了更好地处理国际货物买卖中引起的各种争议，我们有必要再就货物买卖中的具体问题作进一步的说明。

第二节　对卖方违约的救济方法

国际货物买卖合同一经成立，买卖双方都要依照合同规定履行自己的义务。其中，对卖方来讲，他的基本义务概括起来不外乎就是在合同规定的时间交付符合合同规定的货物，交付符合合同规定的各种单据和转移货物的所有权（参阅《公约》第30条的规定）。在实践中，卖方违约的情况经常表现为不交货、延迟交货以及交货与合同规定不相符合等。现分别就卖方违约的主要情形，买方依法提出合理的救济方法，介绍如下。

一、卖方不交货

交货指卖方将对货物的占有权转移出去，在广义上应包括交运货物或提交单据。不交货是指卖方不交运货物或不提交单据。对于卖方不交货，无论是英美法，还是大陆法，以及《联合国国际货物销售合同公约》均规定，买方可以采取各种救济方法，包括实际履行、解除合同或请求损害赔偿，但主张各种救济方法的条件各不相同，分述如下。

（一）大陆法的规定

大陆法国家的民法典都规定违约形式应包括不履行债务。如果不履行债务属于当事人的过失和责任，那么违约方要承担由此带来的一切法律和经济后果。在货物买卖中卖方不交货可以认为是卖方不履行债务。依据大陆法各国民法法典的规定，买方可以采取实际履行、解除合同和请求损害赔偿等救济方法。然而，大陆法中《德国民法典》与《法国民法典》中的有关规定不尽相同，特别是在采取解除合同和请求损害赔偿时，法律规定不同。

依据《法国民法典》的规定，解除合同的请求必须向法院提出，并由法院作出判决，解除合同才能发挥效力。除此之外，买方在解除合同的同时，还可以要求卖方赔偿由于不交货所引起的各种损失。

而依据《德国民法典》的有关规定，买方解除合同不必向法院提出，也不必由法院裁决，买方只要向卖方作出解除合同的意思表示，即可解除合同。值得注意的是，如果买方选择了解除合同的救济方法，他就不能再向卖方提出损害赔偿的要求。换句话说，《德国民法典》规定，买方只能在解除合同和请求损害赔偿中选择一种救济方法。

（二）英国法的规定

按英国法的规定，当卖方不交货时，买方可以采取请求损害赔偿和实际履行的救济方法。

英国《货物买卖法》第51条规定："如果卖方错误地疏忽或拒绝交货给买方，则可对卖方提出因其不履行交货引起的损害赔偿的诉讼。"对于损害赔偿金额的确定，英国法还规定，"如果有关货物存在一个可以利用的市场，则损害赔偿金额的确定，表面上应按缔约时的价格和规定交货时的市价两者之间的差额来计算，如未订明交货的具体时间，则后者应以拒绝交货的日期为准。"对于实际履行的救济方法，英国《货物买卖法》第52条规定："如果合同规定的货物是指定的特定物或已经特定化的货物，当卖方违约不交货时，买方在证明金钱上的损害赔偿不足以弥补所造成的损失时，法院会依照买方的请求判令卖方实际履行其交货义务。同时，法院认为合理，买方仍可要求损害赔偿。"

（三）美国法的规定

按美国法的有关规定，当卖方不交货时，买方可以采取如下救济方法：解除合同、补进货物、请求损害赔偿或请求实际履行。

根据美国《统一商法典》第2-711条规定："如果卖方不能交货，买方可就任何所涉及的货物解除合同，如果不交货涉及整个合同，买方可就全部货物解除合同。"

1. 补进货物

补进货物又称购买替代货物，指买方善意、即时并合理地购买或订立合同购买本应由卖方提供的货物。根据美国《统一商法典》第2-712条的规定："补进货物的买方仍有权向卖方提出损害赔偿的要求，数额为补进价格和合同价格的差额，再加上附带损失或间接损失，减去因卖方违约而使买方节约的支出。"买方采取补进货物的救济方法并不是以解除合同为前提条件。无论买方是否已经解除合同，他都有补进货物的权利。

2. 请求损害赔偿

卖方违约不交货时，买方可以请求损害赔偿。按美国《统一商法典》第2-713条的规定，卖方如果没有交货，买方有权提出补偿卖方不交货造成的损害，其违约数额为买方得知违约时的市场价格与合同价格的差额，再加上附带损失或间接损失，减去因卖方违约而使买方节省的支出。市场价格应为提示交付地的市场价格。

3. 请求实际履行

根据美国《统一商法典》第2-716条规定，只要卖方不交货，在下列几种情况下，买方可以请求法院判令实际履行：第一，如果货物具有独特性；第二，如果买方经过适当努力，仍无法补进同类货物，或情况合理表明此种努力不会取得效果；第三，如果货物已经特定化，买方已经偿付或提示偿付货款的情况下。

（四）《联合国国际货物销售合同公约》的规定

《联合国国际货物销售合同公约》对卖方不交货、买方可以采取的法律救济方法作了比较详细的规定。根据《公约》的第三部分第二章第三节的有关规定，买方可以采取如下的几种救济方法：

1. 要求实际履行

按《公约》第46条的规定，买方可以要求卖方履行合同的义务，但条件是买方未采取与此相抵触的补救措施。也就是说买方不得采取类似解除合同、另行购货等补救方法。值得注意的是，按《公约》规定，卖方不交货时，买方可以要求对方实际履行，但如果诉诸法院，法院则不能按《公约》的规定判令实际履行，因为《公约》并不赋予法院判令实际履行的权利。如果法院按照本地法对不属《公约》范围的合同作出实际履行的判决，则属例外。

2. 解除合同

按《公约》规定，卖方不交货时，在下列情况下，买方可以解除合同：①如果卖方不交货等于根本性违反合同，买方可以解除合同。②如果卖方不交货，买方可以规定一段合理时限的额外时间，让卖方履行其义务，如果卖方声明他将不在所规定的时间内交货，买方可以解除合同，宣告合同无效。

3. 请求损害赔偿

依照《公约》第45条的规定，如果卖方不交货，买方可享有要求损害赔偿的任何权利。对于损害赔偿的范围，在买方宣告合同无效的情况下，可有两种处理方法。①如果买方在宣告合同无效后的一段时间内，以合理方式购买替代货物，则要求赔偿的买方可以取得合同价格和替代货物交易价格之间的差额，以及任何其他的损害赔偿（参见《公约》第75条）。②如果买方宣告合同无效后，买方没有购买替代物，而且货物又有时价，则买方可以取得合同规定的价格和宣告合同无时的时价之间的差额，以及任何其他的损害赔偿（参见《公约》第76条）。

二、延迟交货

在国际货物买卖合同中，按时交货是卖方的义务之一，而在实际业务中，卖方不按时交货时常发生，特别是延迟交货是一种较常见的违约方式。延迟交货是指卖方没有严格按合同所规定的时间完成交货义务，而是在合同规定交货期后一段时间才履行交货义务。延迟交货虽然看起来，卖方已经完成了他的交货义务，只是交货时间往后推迟了，但当货物价格波动幅度较大时，会给买方带来比较严重的损失。因此，各国法律对卖方延迟交货，买方可采取的救济方法均有一些规定，现介绍如下。

（一）大陆法的规定

大陆法对卖方违约延迟交货采取较为宽容的态度，特别是德国法规定：如果卖方不按时交货，买方不能马上解除合同，应向卖方发出催告，给予卖方一定的交货宽限期。如果卖方逾期仍不交货，买方才有权采取其他的救济方法，包括解除合同或请求赔偿。

（二）英美法的规定

英美法对卖方延迟交货持比较严厉的态度，特别是英国法认为，合同中有关交货时间的规定属于合同的要件。卖方不按时交货，就是违反要件，买方有权解除合同并提出损害赔偿。根据美国《统一商法典》的有关规定，卖方延迟交货的行为如果构成严重违约，买方是可以解除合同并请求损害赔偿的。

（三）《联合国国际货物销售合同公约》的规定

《公约》对延迟交货问题并未作太具体的规定，但依据《公约》的有关规定，买方可以行使《公约》允许的各种救济方法，包括解除合同和请求损害赔偿，但条件有所不同，现分别说明如下。

1. 解除合同

按《公约》规定，卖方不按时交货，但已交付货物之后，买方就不能主张解除合同（参见《公约》第 49 条第 2 款的规定）。但是，对于延迟交货，如果卖方违约构成根本性违约，即使卖方已经交货，买方仍有权解除合同。然而，在卖方虽然延迟，但已经交货的情况下，如何确定卖方延迟交货构成根本性违约呢？这里举一个案例来解释一下：买卖双方达成一笔交易，卖方同意向买方供应一批供圣诞节销售的食用火鸡，并答应在圣诞节前一个月装运这批货物。在履行合同时，卖方实际上没有能够按时装运货物，其交货时间晚于合同规定一个星期。买方获知卖方延迟交货后，遂提出拒收货物、解除合同的主张，在这种情况下，我们可以认为，卖方延迟交货已经构成了根本性违约。因为，此案中，卖方延迟交货给买方带来的后果是相当严重的。卖方延迟交货使货物不能赶到圣诞节前的销售旺季出售，若圣诞节一过，火鸡就难以销售。买方可以解除合同。假如上述案例中，卖方出售的不是火鸡，而是普通肉鸡，卖方延迟交货，而在这段时间内，肉鸡商场价格、供销情况变化不大，买方无权拒收货物、解除合同。

然而，值得注意的是，按《公约》的规定，对于延迟交货，买方要解除合同，他必须在知道或理应知道卖方已交货后的一段合理时间内这样做。否则将失去宣告合同无效的权利（参阅《公约》第 49 条的有关规定）。《公约》对合理时间无确切的说明，因此，在实际业务中，如遇此情况，最好根据具体情况，尽快行使。

2. 请求损害赔偿

卖方延迟交货属于未按合同规定履行合同义务。按《公约》的有关规定，买方可要求卖方赔偿由于延迟交货而带来的损失，即使买方已经按《合约》规定解除了合同，他仍然有权提出赔偿损失的要求。

三、卖方所交货物与合同不符

所交货物与合同不符，指卖方虽然完成了交付货物的义务，但是所交货物在品质、数量或包装等方面有与合同不相符合的地方。所交货物与合同不符的情况在实际业务中比较常见。各国法律对此均有不同的规定，特别是英美法的规定比较详细和具体。

（一）大陆法的规定

按大陆法的规定，卖方所交货物与合同不符，买方可以解除合同、请求损害赔偿或提出减少价金。如按照《法国民法典》第 1644 条至 1646 条的规定，如果卖方明知其所交付的货物有瑕疵，除应返还其收取的货款外，还应赔偿买方的全部损失。如果卖方所交付的货物含有隐蔽的缺陷，而卖方对此不知情况，买方可以有两种选择，或返还货物并要求返还已付的货款，或接受货物而减少价金。

减少价金是大陆法的独创，是专门为买方在接受货物情况下而设计的一种救济方法。减少价金是指在卖方交货与合同不符时，买方可以接受货物而按鉴定人的公断要求卖方返还部分价金。德国法中也有类似的规定。至于减少价金的计算方法，大陆法规定：首先，在违反货物的权利担保情况下，应按买方不能行使所有权部分的比例减少价金的数额；其次，在违反货物的瑕疵担保情况下，应按成交时瑕疵货物的价值和相符货物的价值之间的比例，减少价金的数额。

（二）英国法的规定

按英国法律的规定，如果卖方所交货物与合同不符，买方可以行使解除合同、要求损害赔偿的权利。一般卖方所交货物不符合合同构成了违反要件，买方就有权拒收货物，解除合同，并仍可要求损害赔偿。

当所交货物与合同不符时，买方可以主张拒收货物、解除合同并请求损害赔偿。如果买方不愿拒收货物，仍想保留货物，则买方还可以将违反要件当作违反担保去处理，即收下货物，但对不符合规定的货物提出赔偿要求。如英国《货物买卖法》第30条关于交货数量不符的规定认为，在卖方交货数量少于合同约定的数量时，买方可以拒收货物，也可以接受，但必须按规定支付货款。在卖方交货数量大于合同数量时，买方可以全部拒收，也可以接受约定部分而拒收超过部分。如果接受了全部货物，则必须按约定支付货款。如果卖方支付买方的货物中混杂有约定范围之外的货物品种，买方可以全部拒收，也可以只接受符合约定的部分而拒收其余的部分。英国《货物买卖法》针对卖方所交货物与合同不符的规定是比较严厉的。一般构成上述违反要件的情况，买方都可以行使解除合同的权利。然而，是否买方处于任何地位，他都可以主张解除合同？按英国法的有关规定，即使卖方已经违反了要件，但买方在下列情况下不能拒收货物或解除合同。

按英国《货物买卖法》的规定，买方接受货物和收下货物是有本质区别的。买方收下货物并不意味着他就接受了货物，只有在下列三种情况下，买方才被视为已接收了货物：第一种情况是，买方对卖方表示他已经接受了货物。买方收到了货物之后，用适当的形式向卖方已经明确表示，他愿意接受货物。这种行为被认为是一种明显的接受行为。其后，如果买方发现货物与合同不符，就不能向卖方再提出拒收货物的主张，只能请求损害赔偿。第二种情况是，货物已交付给了买方，在买方应检验货物的时限内买方对货物作了任何与卖方的所有权相抵触的行为。例如，FOB合同或CIF合同中，卖方将货物给承运人运交买方，而买方以货物所有人的身份自居对货物进行了处置，如把货物转卖，或发运或交付给第二手买主，或把货物作为质押品等都属于与卖方的所有权相抵触的行为，尽管他对卖方的货物质量并不满意。这时买方就不能对所交货物提出拒收的主张。第三种情况是，经过一段合理的时间之后，买方留下货物，没有向卖方表示他已拒收货物。“合理的时间”为多长，往往因具体情况而有所不同，通常指买方应当在货物运到检验地点时对货物进行检验并作出拒收或接受的决定的这段时间。例如，买方收下货物一段时间已经过了检验期限或合同中规定的索赔期限，买方就不得再对货物提出拒收的主张。为此，我们在实际业务中要注意，若卖方所交货物不符，要及时作出妥善的处理。

（三）美国法的规定

美国法律认为，卖方如交货与合同不符，买方可主张拒收货物或解除合同、请求损害赔偿等权利。具体应采取哪些救济方法，应视买方是否接受了货物而定。

1. 如果买方未接受货物的救济方法

（1）拒收全部货物。根据美国《统一商法典》第 2-601 条和第 2-602 条的规定，当卖方所交货物与合同不符时，买方可以拒收货物。但是，买方拒收货物要受以下条件的约束：

买方拒收的货物，必须是经过合理检验发现了缺陷，而且买方必须说明货物的具体缺陷。例如出具由商检机构签发的商检证书证明货物的缺陷。

如果卖方能及时对货物的缺陷作出补救，买方应允许卖方对货物的缺陷作出补救，也就是不能拒收货物。

买方如果拒收货物，则必须在交付或提示交付货物后的合理时间内作出拒收通知。如果买方未能及时通知卖方，则拒收无效。拒收货物的买方仍可要求损害赔偿。

（2）接受全部货物并请求损害赔偿。按美国《统一商法典》第 2-606 条的规定，尽管货物有缺陷不符合合同的规定，买方如果愿意保留货物，买方仍可接受全部货物。买方做出保留和收取货物的行为并不排除他仍有权利向卖方提出损害赔偿。

（3）如果上述方法不足以弥补买方的损失，买方还可以依照美国《统一商法典》第 2-716 条的规定，向法院提出判令卖方实际履行。

2. 如果买方已接受了货物的救济方法

根据美国《统一商法典》第 2-607 条的规定，买方在接受货物之后，就不能再有对已接收的货物提出拒收的权利。买方接收货物指下列三种情况：

（1）买方在有合理机会检验货物后向卖方表示货物符合合同，或表示尽管货物不符合合同，他仍将收取或保留货物。

（2）买方未能作出有效拒收，但这种接受只有在买方合理机会检验货物后才发生。

（3）买方做出任何与货物的所有权相抵触的行为，但如果此种行为属于对卖方的不当行为，它只有经卖方确认后才构成接受。

在以上三种情况下，买方不能拒收货物，只能请示损害赔偿。但按美国《统一商法典》的有关规定，有一条例外情况，即买方如果能证明他先前做出的接受是基于合理地信赖卖方将会及时地对货物不符合同方面作出补救，若货物存在重大的或不能补救的缺陷，买方仍有权撤销先前做出的接受，主张拒收货物。

（四）《联合国国际货物销售合同公约》的规定

《公约》对卖方所交货不符合合同的情况作了比较详细的规定。按《公约》的规定，买方可以行使多种救济手段。但值得注意的是，《公约》要求买方在行使各种救济方法之前有义务通知对方。否则他将无权行使《公约》所规定的各种救济方法。如《公约》第 39 条第 1 款规定：“买方对货物不符合同，必须在发现或理应发现不符情况后一段合理时间内通知卖方，说明不符合合同情形的性质，否则就丧失声称货物不符合合同的权利。”

第 39 条第 2 款还规定："无论如何，如果买方不在实际收到货物之日起两年内将货物不符合合同情形通知卖方，他就丧失声称货物不符合合同的权利，除非这一时限与合同规定的保证期限不符。"

按《公约》规定卖方所交货物与合同不符，买方可采取如下救济方法。

1. 要求卖方交付替代货物

按照《公约》第 46 条第 2 款的规定，如果卖方所交货物与合同不符，买方可以要求卖方交付替代货物，但这项要求必须受两个条件约束：一是此权利只有在卖方交货不符合合同构成根本性违约时，才可行使；二是买主要求卖方交付替代物，必须事先通知卖方，但可以在发出声称货物不符通知时提出，也可以在发出不符通知后一段合理时间内提出。

2. 要求卖方对不符合合同的货物进行修补

按《公约》第 46 条第 3 款的规定，如果卖方所交货物与合同不符，买方可以要求卖方对不符合同的货物进行修补，如果买方认为，对货物的修补不会给他带来不合理的不便，而且经过修补可以达到规定货物的使用价值，那么买方可以采取这种救济方法。值得注意的是，《公约》还规定了，买方要求修补的通知必须在声称货物不符时或在发出不符通知后一段合理时间内做出。

3. 要求减低货价

按《公约》第 50 条的规定，如果卖方交货不符合合同，无论货款是否已付，买方都可以减低货价。减价的幅度应按实际交付的货物在交货时的价值与符合合同的货物在当时的价值两者之间的比例计算。值得注意的是，如果卖方在交货日期前后，曾对交货不符合合同方面进行了修补，或买方拒绝卖方对不符货物进行修补，买方就不能再采取减低货价的救济方法，只能请求损害赔偿。

第三节　对买方违约的救济方法

在国际货物买卖合同中，买方的基本义务就是要按合同的规定受领货物和支付货款。而买方违约不履行合同义务，往往表现在不按合同规定履行上述两项基本义务，对于买方不按合同规定受领货物和支付货款，各国法律都有规定的一些救济方法，但规定很不一致，现分别介绍如下。

一、大陆法的规定

大陆法一般都规定，如果买方不按合同规定受领货物或不支付货款，卖方有权采取各种救济方法，包括解除合同、请求损害赔偿，甚至还可以提起支付价金之诉。

按《法国民法典》第 1650～1654 条规定，买方的主要义务就是按照买卖合同的规定时间和地点支付价金。如果买方不支付价金，卖方可以不经催告就立即解除买卖合同。如果买方延迟支付价金，卖方可先进行催告，通知对方支付价金，并有权限收取从催告日起算的利息损失。如果买方收到货物并对货物进行处置，则买方应偿付卖方自应支付价金日起算的一切利息损失。

按《德国民法典》第 241 条和第 325 条及第 326 条等有关规定，买方对卖方负有支付约定价金及受领货物的义务。如果买方不支付货款，卖方不仅可以采取解除合同和请示损害赔偿的救济方法，而且还可以提起支付价金上诉。

二、英国法的规定

英国《货物买卖法》第 10 条规定："除非合同另有约定，付款时间不应认为是合同的要件。"因此，如果买方不按合同规定的时间支付货款，卖方不能轻易解除合同。按该法的有关规定，如果买方拒绝支付货款，卖方可以采取两种不同的救济方法，一种是物权方面的救济方法，另一种是债权方面的救济方法。

（一）物权方面的救济方法

物权方面的救济方法是指对货物行使的权利。也就是在买方不按合同规定支付货款的情况下，未收货款的卖方可以对合同项下的货物行使的权利。这项权利包括三个方面：留置权、停运权和转售货物的权利。在买方不付款情况下，卖方可以针对不同情况，选择采取这三项权利。

1. 留置权

买方未按合同规定支付货款，此时出售的货物仍在卖方控制之下，则无论货物的所有权是否已经转移给买方，未收货款的卖方有权对货物行使留置权，即将货物扣留下来，作为买方支付价金的担保，到买方支付价金为止。如 FOB 合同，装船期已到，买方仍未按合同向卖方开出信用证，货物在未装船前卖方对货物拥有控制权，即可扣留货物。

2. 停运权

卖方已丧失对货物的控制权，买方无力清偿货款，而货物仍在运输途中时，卖方可以行使停运权，收回货物的占有权，并保留货物，直到买方偿付货款为止。未收货款的卖方在行使停运权时要注意必须符合下列条件：

（1）卖方已经丧失了对货物的占有权。指卖方将出售的货物已经交出，不再享有对货物的实际占有，如 CIF 合同中，卖方已经将货物在指定的装运港装船并出运。

（2）卖方必须在买方无力偿付时行使停运权。所谓无力偿付是指在正常的业务活动中停止支付债款，或不能支付已经到期的债务。

（3）卖方必须在货物处于运输过程中行使其停运权。运输过程指货物离开卖方的占有而在以运输为目的的中间人手中。具体来讲，通常是指货物从为了运交买方的目的而交给承运人之时起，至买方或其代理人从承运人或货物保管人处提取货物时为止。一旦买方或其代理人提取货物，卖方即丧失行使停运权的权利。

要注意的是，卖方并不因其已将货物交由买方指定的承运人（如 FOB 合同）已进行运输，或因提单已制成买方的抬头或已把原是以卖方为抬头的提单交给了买方而失去停运权。但如果取得提单的买方已经将提单通过背书转让给了善意的、支付了对价的第三者，则卖方就丧失了行使停运权的权利。

卖方行使停运权有两种方法：一种是通过实际占有货物的办法行使停运权；另一种是把行使停运权的要求通知占有货物的承运人或货物的保管人，后者要按卖方的指示处置货物。

3. 转售货物的权利

未收货款的卖方在占有货物或在行使了留置权或停运权后，还有权对收回和重新占有的货物另行出售。

通常在下列情况下，卖方可行使转售货物的权利：

（1）如果是易腐烂的货物，则卖方毋须事先通知买方，即可将货物另行出售。

（2）如果不是易腐烂的货物，卖方事先须通知买方欲转售货物。如果买方仍未在合理的时间内付清货款，卖方才可另行出售货物。

（3）如果卖方在买卖合同中保留了另行出售货物的权利，则在买方不付款时，卖方即可将货物另行出售，毋须通知买方。

按英国《货物买卖法》的规定，如果卖方行使再出售的权利，将货物另行出售，则买卖双方原来的合同即告解除，但这并不排除卖方在遭到损失时，还可向买方提出损害赔偿的权利。

（二）债务方面的救济方法

债权方面的救济指买卖双方之一方当事人违约，而一方作为债权人可向对方依法主张的权利。按英国《货币买卖法》的有关规定，当买方不支付货款时，作为债权人的卖方可行使多种债权方面的救济方法，包括请求损害赔偿、解除合同或提起支付价金之诉等。英国把卖方可行使的救济方法同货物所有权联系起来。货物所有权是否转移给买方，决定了卖方的救济方法不同：

（1）如果货物所有权尚未转移，被拒绝受领货物或被拒绝支付货款的卖方一般不能对买方提起支付价金之诉，只能以买方拒收货物或拒付货款为理由请求损害赔偿。如果有市价，则损害赔偿的金额应按合同价与买方应受领货物之时的市场价格的差额计算。

（2）如果货物所有权已转移给买方，则卖方可以根据下列两种情况向买方提起支付价金之诉或请求损害赔偿。

① 如果买方无理拒绝受领货物，卖方可以向买方请求损害赔偿，也可以对买方提起支付价金之诉。

② 如果买方已经受领了货物，但不支付货款，则卖方的救济方法就是向买方提起支付价金之诉，要求买方支付货款。

三、美国法的规定

对于买方违约，不受领货物或不支付货款，美国《统一商法典》规定的救济与英国法有所不同，美国法将卖方可行使的救济方法与买方是否接收货物联系起来。卖方在买方接收货物之前与之后，行使的救济方法是不同的。

1. 扣交货物

如果买卖合同规定买方在交货前或交货时支付货款，而买方却未能在规定的日期内付款或无理拒收货物，则卖方可以有权扣交合同项下的货物，除非买方立即支付现金。

2. 停止运交货物

停止运交货物指在卖方已将货物交给承运人或其他货物保管人向买方交付货物的情况下，卖方阻止占有货物的承运人或其他货物保管人向买方交付货物。按美国《统一商法典》第 2-705 条的有关规定，只有在下列两种情况下，卖方才能行使停止运交货物的权利：

（1）当卖方已发现买方破产时，无论货物是否装满整个车皮或装满整个卡车或装满整个飞机，卖方都可以行使该项权利。

（2）如果卖方没有发现买方已破产，然而买方却未能在交货前如期支付货款，或有其他违约足以使卖方有权扣交货物或收回货物，则卖方仅有权对整车或整机的货物或对火车和轮船的大宗运输的货物，阻止向买方运交货物。

3. 对尚未特定于合同项下的货物进行处置

如果卖方得知买方违约，该合同项下的货物尚未制造为成品，则卖方根据情况可以选择以下两种救济方法之一：

（1）卖方根据商业上的判断，为减轻损失起见，可以继续把合同项下的货物制成成品，并把它归于合同项下，然后再向买方请求损害赔偿。但是，如果情况清楚地表明，卖方继续制造成合同项下的货物会大大增加损失，卖方就无权选择这种救济方法。

（2）卖方为减少损失起见，也可以停止制造合同项下的货物，并将现有的半成品另行出售，然后再向买方请求损害赔偿。

4. 转售货物

当买方拒收货物或拒付货款后，卖方除可行使以上权利之外，按美国《统一商法典》第 2-706 条规定，卖方还可以将有关货物或未交付的剩余货物以善意和商业上合理的方式转售。除非另有协议，卖方可以以公开的方式，也可以以私下的方式进行转售。如果以私下的方式进行转售，卖方必须将转售意图通知买方。如果以公开方式转售，卖方应将出售的时间和地点通知买方，除非是易腐或面临价值迅速下降危险的货物。

5. 请求损害赔偿

当买方无理拒收货物或拒付货款时，卖方可以向买方请求损害赔偿。这项权利并不因采取了其他救济方法而丧失。按美国《统一商法典》第 2-706 条和第 2-708 条的规定，损害赔偿的金额应按以下两种方法来折算：

（1）如果卖方将合同项下的货物转售，则请求损害赔偿的金额为转售价格与合同价格之间的差额，加上附带的损失（如因买方违约而多付的保管费及其他合理的开支等），但须减去由于买方违约而节省的费用。

（2）如果卖方不将合同项下的货物转售，则请求损害赔偿的金额应采取市场差价的计算办法，即为交货时交货地的市场价与原合同规定的价格之间的差额，加上附带损失，减去由于买方违约而节省的费用。

6. 向买方提起支付价金之诉

按美国《统一商法典》第 2-709 条的规定，这种救济方法只有在下列情况下才能行使：如果合同项下的货物在风险转移于买方之后发生或损害或灭失。如果卖方在经过合理的努力后，仍然无法以合理的价格将合同项下的货物转售。

四、《联合国国际货物销售合同公约》的规定

如果买方违约不履行合同中规定的义务，卖方可以行使多种救济方法。其基本原则是将大陆法与英美法的有关规定作了一些折中。

1. 请求买方履行合同义务

按《公约》第62条的规定，如果买方违约，卖方可以要求买方履行合同义务，包括支付价款、收取货物或履行他的其他义务（如检验货物以便卖方及时交货等）。但值得注意的是，这项救济方法要受两个条件的约束：一是卖方尚未采取与实际履行相抵触的补救方法。如果卖方已采取了与这一项权利相抵触的补救的方法（如已解除合同），卖方就不能再要求买方实际履行。二是此项实际履行的要求仅限于当事人之间，法院无义务按《公约》的规定判令买方实际履行合同义务（参阅《公约》第28条的规定）。

2. 规定一段额外的合理时间让买方履行其义务

按《公约》第63条规定，如果买方违约，卖方可以规定一段额外的合理时间让买方履行其合同义务，卖方在这段时间内不得再采取其他的救济方法，但卖方并不因此而丧失可能享有的其他权利（如解除合同或请求损害赔偿等）。

3. 解除合同

按《公约》第64条规定，当买方违约时，卖方可以解除合同，但有一些限制条件。只有在下列两种情况下，卖方才可宣布合同无效：

（1）买方不履行合同义务构成《公约》第25条所规定的根本性违约时，卖方可以解除合同。

（2）如果买方违约不构成根本性违约，则卖方应依据上述有关原则给买方规定一段额外的合理时间，让买方履行合同义务；如果买方不在这段时间内履行其义务，或者买方声称他将不在规定的时间内履行其义务，则卖方可宣告解除合同。

解除合同的卖方仍可根据《公约》的有关规定行使其他的救济方法。

4. 请求损害赔偿

如果买方违约不支付货款或不受领货物，按《公约》的有关规定卖方可以要求损害赔偿。其损害赔偿的金额应相当于他由于买方违约所造成的包括利润在内的损失。这种损害赔偿不得超过违反合同一方在订立合同时，依照他当时已知或理应知道的事实和情况，对违反合同预料到的可能损失，具体地说，有下列几种情况：

（1）如果卖方已以合理方式将货物转售，则请求损害赔偿金额为合同价格和转售价格之间的差额，加上买方违约造成的其他损失额。

（2）如果卖方没有转售货物，则损害赔偿金额为合同价格与解除合同时交货地点的现行市价之间的差额，再加上因买方违约而造成的其他损失额。

（3）如果买方延迟支付货款，则卖方可以要求赔偿利息损失。

本 章 小 结

本章首先阐释了违约和违约救济的一般原则，明确相关概念，同时，深入地分析了买卖双方违约救济的具体方法及法律与相关规定的依据，让读者能够有理有据地依据相

关规定进行违约救济的实际操作。

思　考　题

1. 违约的含义?
2. 违约的救济方法有哪些?
3. 违约救济的主要目的是什么?

某年12月8日，买卖双方签订一份塑胶制品的销售确认书，其中规定：付款条件信用证即期付款；买方进行装运前查验，签署合格证书后，方可装运。合同订立后，买方以“情势变迁”及其所订产品在英国市场销路不好为由，提出解除合同，要求卖方停止交货。卖方表示不同意，并仍然安排生产和交货。次年2月28日，卖方将确认书项下的货物装运。卖方为了议付收汇，在未经买方检验的情况下自己打印了买方签章的证明。此后，双方在支付货款问题上发生争议，请问，买卖双方谁的做法是错误的?

资料来源：合同的履行与违约救济案例分析.道客巴巴，2016.

第十三章

国际贸易方式

补偿贸易优惠条件

我某纺织品公司准备以补偿贸易方式从日本进口纺织机，其具体做法是：先出口纺织品积存外汇，在外汇达到一定金额后，即用以购买5台纺织机。但该公司把这种做法报请主管机关给予补偿贸易的优惠待遇，却遭到拒绝。

案例分析：由于补偿贸易是进口技术设备的一方，用该技术设备投产后的产品（称直接产品）或相关产品（称间接产品），抵付供应方所提供的设备和技术的价款的一种做法，其中进口技术设备方同时又是出口产品方，出口技术设备方同时又是进口产品方。由此可见，此案例中却未存在这种关系，因而这不属于补偿贸易方式，也就不能享受相关优惠了。

资料来源：国际贸易方式案例分析. 百度文库，2011.

学习目标：

1. 了解各种贸易方式及其优缺点。
2. 能在实际工作中选择最优的贸易方式。

主要名词或概念：

经销、代理、寄售、展卖、拍卖、易货、补偿贸易

第一节　经销与代理

一、经销

（一）概念与性质

经销是指进口商（即经销商）与国外出口商（即供货商）达成协议，承担在规定的期限和地域内购销指定商品的义务。

按经销商权限的不同，经销方式可分为两种：一种是独家经销，亦称包销，是指经销商在规定的期限和地域内，对指定的商品享有独家专营权。另一种是一般经销，亦称定销。在这种方式下，经营商不享有独家专营权，供货商可在同一时间、同一地区内委派几家商号来经销同类商品。这种经营商与国外供货商之间的关系同一般进口商和出口商之间的关系并无本质区别，所不同的只是确立了相对长期和稳定的购销关系。

经销也是售定，供货商和经销人之间是一种买卖关系，但又与通常的单边逐笔售定不同，当事人双方除签有买卖合同外，通常还事先签有经销协议，确立对等的权利和义务。例如在包销方式下，只有包销人承担从购货人那里购进指定商品的义务，供货人才授予他独家经营的权利。从法律上讲，供货人和经销商之间是本人对本人的关系，经销人是以自己的名字购进货物，在规定的区域内转售，也是以自己的名义进行，货价涨落等经营风险也由经销商自己承担。购进商品的当地客户与供货人不存在合作关系。

（二）经销协议的基本内容

经销协议是供货人和经销人订立的确定双方法律关系的契约，其内容的繁简可根据商品的特点、经销地区的情况以及双方当事人的意图加以确定。在实际业务中，许多经销协议只原则性地规定双方当事人的权利、义务和一般交易条件，以后每批货的交付，双方要依据经销协议再订立具体买卖合同，明确价格、数量、交货期甚至支付方式等具体交易条件，或由供货商根据经销商发出的订单来交付货物。

通常，经销协议主要包括以下内容：

1. 经销商品的范围

经销商品可以是供货人经营的全部商品，也可以是其中的一部分，因此，在协议中要明确标明商品的范围，以及同一类商品的不同牌号和规格。确定经销商品的范围要同供货人的经营意图和经销人的经营能力与资信状况相适应。如经销商品范围规定为供货人经营的全部商品，为避免争议，最好在协议中明确经销商不得在经销商品的同时，自主生产其经销的商品或供货人有新产品推出时对协议是否适用。

2. 经销地区

经销地区是指经销人行使经营权的地理范围。它可以是一个或几个城市或某地区，也可以是一个甚至几个国家，其大小的确定，除应考虑经销人的规模、经营能力及其销售网络外，还应考虑地区的政治区域划分，地理和交通条件以及市场差异程度因素。经营地区能否扩大，习惯上则是根据经销实绩由双方协商后加以调整。

在包销协议中，供货人在包销区域内不得再指定其他经销商经营同类商品，以维护包销人的专营权。为维护供货人的利益，包销协议也常常规定包销商不得将包销商品越区销售。

3. 经销数量或金额

经销协议还应规定经销人在一定时期内经销数量或金额，在包销协议中这更是必不可少的内容之一。此项数量或金额的规定对协议双方均有约束力，它既是经销商在一定时期内应承购的数额，也是供货商应保证供应的数额。经销数额一般采用最低承购额的做法，规定一定时期内经销人应承购的数额下限，并明确经销数额的计算方法。为防止经销商签约后拖延履行，可以规定最低承购额以实际装运数为准。规定最低承购额的同时，还应规定经销商未能完成承购额时供货商可行使的权利。

4. 作价方法

经销商品可以在规定的期限内一次作价，结算时以协议规定的固定价格为准。这种方法由于交易双方要承担价格变动的风险，故采用较少。大多数经销协议采用分批作价的方法，也可由双方定期地根据市场情况加以商定。

5. 经销期限

经销期限即协议的有效期，可规定为签字生效起一年或若干年。一般还要规定延期条款，可以经双方协商后延期，也可规定在协议到期前若干天如没有发出终止协议的通知，则可延长一段时期。

除了协议期限届满可以终止外，如遇到下列情况之一，也可以中止协议：

（1）任何一方有实际性的违约行为，并在接到另一方要求纠正该违约行为书面通知后的一段时间内，未能加以纠正。

（2）任何一方发生破产清理或公司改组等严重事项，另一方提出终止协议的书面通知。

（3）由于发生了人力不可抗拒的意外事件，造成协议落空，而且遭受事件的另一方在一定的期限之后仍无法履行协议规定的义务，另一方发出终止协议的书面通知。

（三）采用经销方式出口应注意的问题

经销方式作为出口业务中常见的方式之一，如果运用得当，对于出口商拓展国外市场、扩大出口销售，会产生良好的推动作用。然而，如果运用不当，也会带来适得其反的后果。许多经验说明，采用经销方式出口时应注意以下问题：

1. 要慎重选择经销商

供货商与经销商之间存在一种相对长期的合作关系。如果经销商选择得当，对方信誉好，能够重合同守信用，而且经营能力强，即使市场情况不好，也能充分利用自己的经验和手段，努力完成推销定额。这样，业务会越做越大，供销双方都会受益。然而，如果经销商选择失当，其经营能力不佳或资信不好，也会使供货人作茧自缚。这一问题在独家经营方式下尤为明显。有些包销商在市场情况不利时，拒绝完成协议中规定的承购数额，结果使供货商原定的出口计划无法完成，又失掉其他客户。也有的包销商凭借自己独家专营的特殊地位，反过来在价格及其他条件下要挟供货商，单为自己谋利，却损害了供货商的利益。为防止这类情况发生，作为供货商，在选择经销商时，事先应认真进行调查，了解对方的资信状况和经营能力，在任命独家经销商之前。这项工作尤为重要。

2. 订好经销协议

经销协议规定得好坏关系到这项业务的成败，因此，一定要认真对待。比如在独家经销方式下，要慎重选择包销的商品种类，合理确定包销的地理范围，适当规定包销商在一定期限内的承购数额以及完不成的后果或超额完成的奖励等。在签订独家经销协议时，还应该了解当地的有关法规，并注意使用的文句，尽可能避免与当地的法律发生抵触。

二、代理

所谓代理，是指代理人按照本人的授权，代表本人与第三人订立合同或作其他法律作为，而由本人直接享有由此而产生的权利与承担相应的义务。

（一）代理的特点

（1）代理人与委托人之间的关系是委托代理关系，而不是一般的买卖关系。

（2）代理人一般不以自己的名字，而是以委托人的名义，通常是用委托人的资金，从事业务活动。

（3）代理人不管交易中的盈亏，只取佣金。

（4）代理人居间介绍生意，招揽订单但不承担履行合同的责任。

（二）代理的种类

在国际贸易中，代理的种类很多，按照委托人授权的大小，代理可分为总代理、独家代理和一般代理；按照代理业务的性质，可分为销售代理、采购代理、运输代理、保险代理。

1. 总代理

总代理是指代理人在指定地区内，不仅有权代表委托人（出口方）销售指定的商品、签订买卖合同和进行其他商务活动，还有权代表委托人从事一些非商业性的活动。实际上，总代理人是委托人在指定地区的全权代理。

在我国的出口业务中，多指定我驻外贸易机构为总代理。

2. 独家代理

独家代理是指代理人在指定地区和规定的期限内代销指定商品的专营权。委托人在该指定地区内，不得委托其他代理人。因此，在出口业务中，采用独家代理这一方式，委托人给予代理人在特定地区的一定期限内享有代理指定商品的专营权。不过应当指出的是，独家代理具有的专营权与包销商所具有的专营权并不完全一样。通常，除非协议另有规定，一般也可允许委托人直接同代理地区的客户洽谈成交。但是，为了不损害独家代理人的利益和不挫伤他的积极性，有些协议规定，委托人直接与代理地区的客户达成交易的，仍然要向独家代理人付佣金。独家代理人的职权仅次于总代理人，它侧重于商业活动，一般不涉及非商业活动。

3. 一般代理

一般代理又称普通代理、佣金代理，是指不享有专营权的代理。即委托人在同一代理地区和同一期限内可以选定一个或几个客户作为一般代理人，根据每个代理人代销商品的数量或金额，按协议规定的办法和百分比计付佣金。委托人可以直接与该地区的实际买主洽谈成交，而不必向代理人支付佣金。

（三）代理协议

代理协议是明确协议双方即委托人与代理人之间权利与义务的法律文件，其主要内容包括下列几项：

1. 序言要款

这一条款主要是明确委托人与代理人之间的法律关系、授权范围和代理人的职权范围。代理协议的当事人为委托人及代理人，代理人以委托人名义从事业务活动。协议双方当事人是独立的、自主的法人或自然人。

2. 代理的商品

在协议中要具体说明代理商品的名称、种类、规格、牌号和型号等。

3. 代理的地区

代理的地区是代理人有权开展代理业务的地区，其规定办法与前节所述包销协议的规定方法相同。

4. 代理的权限

代理人的权限取决于代理的方式，亦即要看是一般代理，还是独家代理或者总代理。代理方式不同，代理人的权限也不同，在协议中要具体规定代理人所享有的权利。

5. 最低成交量或成交额

与包销协议一样，代理协议要明确规定在协议有效期内，代理人应承担的最低销售量或销售额。

6. 佣金条款

佣金条款是代理协议的重要条款之一。在该条款中应规定支付佣金的时间和方法，以及佣金率与计算佣金的基础。

（1）支付佣金的时间：一般做法是，只要代理人代表委托人行事，就有权收取佣金，甚至在由于委托人的原因而未能履行某种行为时，代理人仍然有权向委托人索取佣金。

（2）支付佣金的方法：支付佣金可以采用不同的方法，可以累计一次总付，也可以逐笔结算或从货价中直接扣除。

（3）佣金率：佣金率的高低，直接关系到协议双方的利益，因此在协议中要订明佣金率，佣金率一般为1%～5%，高者可达10%。

（4）计算佣金的基础：计算佣金可以采用不同的标准，有的以实际出口的数量为准；有的以发票总金额作为计算佣金的基础；还有的以FOB总值为基础计算佣金。不论采用何种方法，都应该在协议中订明。

7. 协议的有效期限及中止条款

代理协议可以是定期的，也可以是不定期的，定期的为1～5年；如果不规定期限，双方当事人应在协议中规定，如果一方不履行协议，另一方有权中止协议。

8. 广告宣传、市场和商标保护

在代理协议中，一般都规定代理人要承担所代理的商品的广告和宣传工作，要定期向委托人报告当地的市场情况和进口国有关进口规定等资料。在代理协议中委托人一般都要明确货主保留对所代理商品的商标权。

第二节　寄售、展卖与拍卖

一、寄售

1. 寄售的含义、性质和特点

（1）寄售的含义。寄售是一种委托代售的贸易方式，是指经双方协商一致，寄售人（货主）先将准备销售的货物运到国外代售人所在地，由代售人按照双方签订的寄售协议的条件和办法，代替货主在当地市场进行销售，货物售出后，由代售人向寄售人按协议规定的方式结算货款的一种贸易做法。

（2）寄售的性质。寄售业务是按照寄售人与代售人签订的寄售协议进行的。寄售协议不同于买卖合同。买卖合同中双方当事人是买卖关系，而寄售协议中双方当事人是委托和受委托关系。寄售协议属于信托合同性质。寄售业务中的代售人介于委托人与实际买主之间，他有权以自己的名义与当地购货人签订购销合同，合同双方当事人之间的关系是本人与本人的关系。如当地购货人不履行合同，代售人有权以自己的名义起诉。

（3）寄售的特点。寄售与正常的出口方式相比，有如下特点：

① 正常的出口是先成交（签订买卖合同），后发货；而寄售则是先发货，后成交。货物从出口地发运时，并未售出。一般要等货到代售人所在地后，再由代售人向当地买主销售，是典型的凭实物进行买卖的现货交易。

② 寄售人与代售人之间是委托代售关系。代售人只能根据寄售人的指示处置货物。货物在售出之前，其所有权一直属于寄售人。

③ 风险和费用的划分也不同于正常的出口交易。在寄售方式下，只有当货物在寄售地卖出时，风险才由寄售人转移给买方，风险转移之前的各种费用，包括运费、保险费、进口税、仓储费等，均由寄售人负担。

2. 寄售协议

寄售协议是委托人（寄售人）与代销人为了明确双方的权利义务关系和有关寄售的条件而签订的协议。寄售协议的内容，根据双方的要求不同而有所不同，但一般都包括如下内容：

（1）协议双方的关系条款。在协议中要明确委托人与代售人之间的关系，具体阐明代售人是以代理人的身份办理寄售业务；寄售商品在未售出之前，货物的所有权仍属于委托人。代售人售出商品后，一般是以自己的名义向买主收取货款、处理争议，甚至起诉等，所需费用则由委托人偿付。委托人有权监督代售人执行协议的情况。

（2）寄售商品的作价条款。该条款主要规定寄售商品的作价办法，大致有以下四种：

① 规定最低限价，并注明是含佣价，还是净价。在最低限价以上，代售人可任意出售货物。如行情不好，代售人可与寄售人协商临时调整最低限价；当行情好转后，寄售人仍可通知代售人将价格恢复到协议中原订的最低限价。

② 随行就市。这是指代售人得到授权后，可在不低于当地市场价格的条件下自由代替委托人出售货物。当价格上涨时，调高售价；当市场价格下跌时，调低价格。

③ 代售人征求寄售人意见，即以什么价格出售要由寄售人决定。

④ 规定结算价格。双方在协议中规定货物的价格，寄售人不干涉代售人的售价。采用这种作价方法时，代售人须自负盈亏，自担一定的风险。

3. 寄售方式的优缺点

采用寄售方式对于寄售人、代售人和买主都有其明显的优点：

（1）对寄售人来讲，一是有利于开拓市场和促进成交。例如某些土特产品、轻工、工艺品，采用寄售方式，买主可以看到实物，便于按质论价，有利于成交。二是有利于抓住时机，卖得好价。特别在货源短缺或者出售现货时，可卖得好价。三是有利于推销小商品，处理库存积压商品。四是可通过代售人听取当地消费者的意见，可根据当地市场的需要，不断改进商品质量和包装，增加花色品种，提供售后服务，扩大商品销路。

（2）对代售人来讲，可不担市场波动的风险，而且投资很少，甚至可以做无本生意，这就有利于出口商（寄售人）调动国外一些有推销能力、经营作风好，但资金不足的商人的经营积极性。

（3）对买主而言，寄售方式是采取现货交易，买主可以就购买，付款后立即提货，从而大大地节约了交易时间。

同时，寄售方式对于寄售人来讲也有其明显的缺点：

（1）风险较大。即要承担货物和出售前的一切风险。

（2）占用资金。由于采取寄售方式，货款一般要等货物售出后才能收回，而且售出前所涉及有关货物的各种费用，通常均由寄售人负担，这就要占用他一部分资金，可能遇到货、款两空的危险。

二、展卖

展卖是指利用展览会和博览会及其他交易会的形式出售商品，将展览与销售相结合的一种贸易方式。

一般来说，展览会是不定期和不固定地点的，而博览会则是定期的和固定地点的，即每年在同一时间和同一地点举行。

展卖方式灵活，可由货主自己举行，也可委托他人举行；可以在国内举行，也可以在国外举行；可以是专业性的，也可以是综合性的。

在国外举办的展卖业务，按其买卖方式可分为两种：一种是通过简约方式将货物卖断给国外客户，由客户在国外举办展览会或博览会，货款在展览会后结算；另一种是货主与国外客户合作，在展卖时，货物所有权仍属货主，并由货主决定价格。货物售出后，向国外客户支付一定佣金和手续费。展卖结束后，未售出的货物或折价处理或转为寄售。

展卖方式按形式还可以分为国际博览会和国际展览会两种。国际博览会又叫国际集市，是一种以国家组织形式在一定地点定期由一个或多个国家联合举办，邀请各国商人参加交易的贸易形式；国际展览会则是不定期也不定点举行的，通常是展示各国在产品和科技方面所取得的成就。

当代国际博览会和国际展览会不仅仅是商品交易的场所，而且更多地具有介绍产品和技术，广告宣传，开拓市场的性质。与会的各国商人除参加现场交易外，还大力进行样品展览和广告宣传，以扩大商业联系。

世界著名的博览会多为综合性的。主要有莱比锡、汉诺威（德国）、里昂、巴黎（法国）、米兰（意大利）、维也纳（奥地利）、布鲁塞尔（比利时）、赫尔辛基（芬兰）、波兹南（波兰）、悉尼（澳大利亚）、东京（日本）、大马士革（叙利亚）、卡萨布兰卡（摩洛哥）等。

我国从 1957 年开始每年春秋两季在广州定期举办中国出口商品交易会，即“广交会”，就是具有博览会性质的一种展卖活动。60 年来，广交会的展卖规模、成交金额不断扩大和增多。广交会已经成为我国同世界各个国家和地区开展贸易活动的重要场所和友好往来的纽带。

三、拍卖

（一）拍卖的定义

拍卖是指从事拍卖的机构在规定的时间和地点，按照一定的规则，通过公开竞价，把货物卖给出价最高的买主的一种贸易方式。拍卖是一种具有悠久历史的交易方式，在今天的国际贸易中仍被采用。

国际贸易中的拍卖是指由经营拍卖业务的拍卖行接受货主的委托，在规定的时间和场所，按照一定的章程和规则，以公开叫价的方法，把货物卖给出价最高的买主的一种交易方式。

1. 拍卖的商品种类

拍卖是一种传统而又古老的现货交易方式。采用拍卖方式进行交易的商品主要有以下四种：

（1）品质、规格不易标准化或难以用科学的方法对其品质进行精确检查并难以用文字或语言对其品质、规格进行准确描述的商品，如毛皮、烟草、茶叶、香料、木材等。

（2）价格昂贵、价格变化较大或难以准确估价的商品，如金银、宝石、首饰、古玩、名人字画等。

（3）容易变质、难于久存的商品，如水果、蔬菜、花卉、观赏鱼类等。

（4）倒闭企业的机械设备和资产的处理。这类商品，一般是旧的机器设备，通常采用“现场看货售定”的交易条件，其特点是卖方不承担货物内在的瑕疵和缺陷。

2. 拍卖方式的特点

首先，对于卖方来说，可以通过公开竞价，卖得好价；由于是现场交易，买主事先看货，当场按质论价，成交迅速；卖方付款后提货，收汇安全，有利于资金周转；拍卖方式也有利于打开销售渠道，拓宽国外市场；事后因品质问题等发生索赔争执的较少。对于买方来说，可以根据市场情况和经营意图，按照自己愿出的价格，购进符合自己需要的货物。

其次，拍卖是有自己独特的法律和规章。拍卖不同于一般的进出口交易。这不仅体现在交易磋商的程序和方式上，也表现在合同的成立和履行等问题上，许多国家的买卖法律中对拍卖业务有专门的非同一般的规定。

再次，拍卖是一种公开竞买的现货交易。拍卖采用事先看货、当场叫价、落槌成交的做法。成交后，买主即可付款提货。

（二）拍卖的一般程序

拍卖的程序一般分为以下三个阶段：

1. 拍卖准备

卖主要先将准备参加拍卖的商品运到拍卖行指定的仓库，由拍卖行进行整理、归类、分级并编号，然后按照商品的种类、数量、产地、批号、拍卖时间、地点和交易条件等编印拍卖目录、刊登广告、招揽卖主。有意购货的买主可以在拍卖前到指定的仓库看货，必要时可抽样验看，以了解商品的品质。

2. 正式拍卖

拍卖准备工作就绪后，在预定的时间和地点进行正式拍卖，这是拍卖业务中的主要阶段。拍卖人按照拍卖商品的目录次序和规定的叫价方法，逐一叫价成交。

3. 拍卖成交，付款交货

拍卖成交后，拍卖人为防止可能出现的差错和误会，一般要向买主发送成交通知书，也称售货确认。成交确认书经买主确认后，即成为拍卖合同的书面依据。然后，再由买主开具购货确认书，并按规定办理付款和提货手续。货款付清后，货物的所有权随之转移，买方凭拍卖行开出的栈单或提货单，到指定的仓库提货。提货要在规定的期限内进行，卖方享有货物的留置权，即在买方付清货款之前，卖方有权拒绝交货，除非拍卖条件中允许买方在提货后的一定期限内付清货款。

拍卖人在拍卖结束后，公布拍卖结果，有的拍卖市场在拍卖期间逐日公布拍卖进行情况，这些报道反映了当时的市场情况，是确定国际市场价格的主要依据。

（三）拍卖的出价方法

1. 增价拍卖

增价拍卖又叫买方叫价拍卖，是一种最常使用的拍卖方法。拍卖时，由拍卖人宣布要拍卖的货物，并报出最低价，然后由竞买人竞相加价，直到无人再加价时，最后由拍卖人在台上以击打木槌的方式表示成交。

2. 减价拍卖

减价拍卖又称荷兰式拍卖。拍卖时，先由拍卖人喊出最高价格，如无人接受，则逐渐减低叫价，直到有某一竞买人认为已经低到可以接受的价格，表示买进为止。

减价拍卖成交迅速，常用于鲜活商品的拍卖，如鲜花、水果、蔬菜等多采用这种拍卖方式。

3. 密封递价拍卖

密封递价拍卖又称招标式拍卖，它是由拍卖人先公布每批商品的具体情况和拍卖条件，再由各买主在规定的时间内将自己的出价递交拍卖人；拍卖人审核比较后，将该货物卖给自己认为合适的买主。

密封拍卖不同于公开竞买，拍卖人有时要考虑价格以外的其他因素，一些国家的政府或海关在处理库存物资或没收货物时往往采用这种拍卖方法。

第三节　招标与投标

一、招标与投标的概念

招标与投标是国际贸易中一种常见的方式，是有组织地在特定地点按照一定条件进行交易的一种贸易方式，多用于政府机构或大型企事业单位采购和国家承包工程。

招标与投标是一种贸易方式的两个方面。招标是指招标人发出招标公告或招标单，提出在规定的时间、地点、准备买进商品的名称、品种、数量和有关交易条件，邀请投标人参加投标的行为，是指不经过一般交易磋商程序，只由一方按照规定条件，公开征求应征人递盘竞争，最后由招标人选定交易对象订约的一种交易方式。投标是指投标人应招标人的邀请，根据招标公告或招标单规定的条件，在规定的时间内向招标人递盘的行为。

招标与投标是一种不经过磋商，只按照招标人发出的招标公告中所规定的条件，由投标人一次递价成交，没有讨价还价的余地；由于有多家投标人同时参加投标，投标人之间的竞争激烈，往往都报出最优惠的价格等交易条件，以争取中标，招标人可以争取到比较有利的条件。

二、招标方式的种类

目前，国际上采用的招标方式主要有以下三大类。

（一）国际竞争性招标

国际竞争性招标是指招标人邀请几个乃至几十个投标人参加投标竞争，从中选择对其最有利的投标人达成交易。它属于竞卖的方式。国际竞争性招标做法有如下两种：

1. 公开招标

公开招标是指由招标人在国内外报纸、杂志上刊登招标广告，凡具备投标资格，并对该项招标有兴趣的人都具有均等机会购买招标资料，进行投标。一般来说，它将遵循国际竞争性招标的程序和条件。公开招标是一种无限竞争性招标。

公开招标的优点是：招标人可以按事先公布的各方所知的准则公开地进行采购，由于参加投标的人较多，招标人有条件从中选择最好的标书，从而可获得较好的经济利益。对投标人来说，机会均等，可以公平竞争。其缺点是可能排除技术条件好，履约认真，但报价较高的企业。世界银行的贷款项目，大多采用这种招标方式。

2. 选择性招标

选择性招标又称邀请招标，是指招标人不公开发出招标公告，而是根据自己具有的业务关系和掌握的情报资料，或通过咨询公司的介绍，有选择地邀请某些技术先进、信誉卓著、经验丰富的厂商，经资格预审合格后进行投标。这种做法又称有限竞争性招标。

选择性招标的优点是：参加投标的人在技术信誉、经验等方面都比较可靠，履约率比较高。为保证价格的竞争性，邀请参加投标的厂商要广泛，授标应在评估至少三家投标的基础上确定。有限竞争性招标主要适用于采购金额少，所需货物或服务的供应厂商数目有限，或其他特殊理由证明不能完全按公开招标方式进行采购的交易。

（二）谈判招标

谈判招标又称议标，是指由招标人物色几家厂商，直接同其进行谈判，达成交易，签订合同。严格来说，谈判招标不是招标，而是一般的通过谈判达成交易，直接签订合同。谈判招标是非公开的非竞争性的招标。谈判招标适用于专业性强、交货期紧迫的交易，如某些军事、保密工程所需的物资和设备的采购，或所需设备具有独占性，只能从少数几家厂商采购。由于招标人直接物色信誉较好的卖方，所以比较容易达成交易，避免了公开招标过程中的一些复杂程序，并可以尽快交货。谈判招标的缺点是易被投标人垄断，招标人难以获得有竞争性的报价。世界银行贷款项下的采购，如采用这种招标方式，应事先征得世界银行的同意。

（三）两段招标

两段招标又称两步招标，是指无限竞争招标和有限竞争招标的综合方式，采用这一方式时，先公开招标，再用选择性招标，分两段进行。它是在采购某些复杂的商品时，在事先不能准备完整的技术规格的情况下，所采用的招标方法。第一步，先邀请投标人进行不包括报价的技术招标；第二步，邀请投标人进行价格投标。

在第一步招标中招标人邀请投标人根据一般招标文件的规定，进行技术投标，技术投标的封面应注明“技术投标，没有价格”字样。然后在招标文件规定的时间开启技术指标，宣布中标者名称。在开标之后，招标人可以同投标人进行会谈、修改、补充技术招标规格，并发给每个中标者。

在第二步招标中，中标者根据标准技术规格，准备最终的投标文件，最后在规定的时间和地点进行公开开标，选择最优惠者中标，达成交易，签订合同。

三、招标与投标的基本程序

招标与投标业务的基本程序包括：招标、投标、开标、评标、决标及中标签约等几个环节。

（一）招标

1. 发布招标公告

采用“选择性招标”或“谈判招标”时，一般要向选定的投标人颁发招标通知；采用“公开招标”或“两段招标”时，则应在报纸、杂志上刊登招标广告。

招标通知与招标广告的内容基本相同，一般包括招标的项目、有关的各项交易条件和投标须知等。

2. 资格预审

资格预审是公开招标前的一项重要工作，是由招标人对前来要求投标的公司、企业的历史情况、财力情况、生产与供应能力、经营作风及信誉等进行全面预先审查。预审合格方能取得投标资格。目前，国际上招标人进行资格预审采用的方式很多，一般采用“分发资格预审调查表”的做法，招标人根据投标人所提供的数据进行“分项评分”，进行估价。

3. 编制招标文件

招标文件是采购物资和设备或招标承建工程项目的法律文件，是投标人准备投标文件和进行投标的依据，也是评标的依据。用于评标的标准，必须是招标文件中规定的标准。招标文件还是签订合同所应遵循的文件。招标文件中的大部分内容通常都要列入合同的文本中。因此，招标文件的编制应当科学、合理、严谨、准确。在物资和设备采购的招标中，招标文件又称“标书”“标单”，内容较为简单，主要列明招标商品的各项交易条件，与一般买卖合同的条件类似。唯有价格条件由投标人在投标时递价。招标文件中还须列明投标人须知，包括投标人资格、投标日期、投标保证金、开标日期、寄送投标单的方法等。

以上各项工作都是招标前的准备工作。准备工作做得好坏，是招标成败的关键。准备工作就绪后，招标人发出招标单，开始招标。

（二）投标

1. 投标前的准备工作

投标人参加投标之前，也须做许多准备工作，包括编制投标资格审查表，分析招标文件，寻找投标担保人等。其中分析研究招标文件是一个核心问题。投标人要对招标文件中的商品的各项交易条件和合同格式等进行认真分析，做到量力而行。因为投标人的递价是一个实盘，在投标有效期内不得撤标。所以，投标人要对价格、发货期、招标人所在国的税收、法律等进行认真研究。

2. 编制投标文件和提供投标担保

投标文件又称“标书”“标单”。投标人经过慎重研究招标文件后，一旦决定参加投标，就要根据招标文件的规定和要求编制投标文件。投标文件的内容一般包括投标价格、商品的各项交易条件、用于评标的技术性能指标，投标人的资格文件、投标担保及其他文件。其中投标价格应按招标文件规定的价格条件报价；投标人要从生产能力、技术、财务等方面提供文件，以证明其资格是合格的，并在中标后能够签约。

投标人要提供投标担保，没有担保的投标，可视为对投标没有作出根本性反应而被拒绝。为防止投标人在中标后不与招标人签约，招标人通常要求投标人提供投标担保。投标担保可以缴纳现金，也可以通过银行向招标人出具银行保函或备用信用证。保证金额是以按投标金额的百分比计算的，一般为10%左右。如果开标后，投标人未能中标，招标人退还投标人的保证金。如果开标后，投标人中标而不与招标人签约，则该保证金即被没收。

3. 寄送投标文件

投标文件须在投标截止日期之前送达招标人，逾期失效。寄送投标文件，一般应密封后挂号邮寄，或派专人送达。

（三）开标、评标、决标

1. 开标

开标是招标人在指定的时间和地点将收到的标书进行比较，择优选定投标人的过程。开标的方式有两种，一种是公开开标，另一种是不公开开标。

公开开标是指由招标人或公证人在规定的时间和地点，宣布其内容。投标人可派代表监视开标；不公开开标是指由招标人自行选定中标人，投标人不能派代表参加开标。国际招标，大多采用公开开标的方式。

2. 评标、决标

开标之后，由招标人组织人员进行评标，评标后决标，选定中标人。

评标是指招标人组织人员从不同角度对投标进行评审；决标是指经过评标，作出决定，最后选定中标人的行为。

（四）中标签约

中标人必须与招标人签约，否则保证金予以没收。但是，为了确保中标人签约后能够履约，招标人仍然要求中标人提供担保（交纳履约保证金或出具履约银行保证函，保证金额为合同的 10%）。按照国际惯例，在评标过程中，如果招标人认为所有投标人都不合格而未能选中标人，可以宣布招标失败，拒绝全部投标，并且可以重新发出招标公告。

一般出现下列情况之一者，可以拒绝全部投标：

（1）最低标价大大超出国际市场的价格水平。

（2）所有投标书内容均与招标文件的规定和要求不符。

（3）在国际竞争性投标时，投标人太少。

第四节　易货贸易和补偿贸易

一、易货贸易

（一）易货贸易的形式

易货贸易在国际贸易实践中主要表现为两种形式，即狭义的易货和广义的易货。

狭义的易货是纯粹的以货换货方式，不用货币支付。其特征是交换商品的价值相等或相近，没有第三者参加，并且是一次性交易，履约期较短。这种直接易货贸易是一种传统、古老的贸易方式，可以追溯到很久以前，在作为一般等价物的货币出现之前，人们就是用这种方式交换各自的劳动产品。但这种易货方式具有很大的局限性，在现代国际贸易中很少采用。

现代的易货贸易都是采用比较灵活的方式，即所谓的广义的易货。这种易货方式主要有以下两种不同的做法。

1. 记账易货贸易

一方用一种出口货物交换对方出口的另一种货物，双方都将货值记账，互相抵冲，货款逐笔平衡，无须使用现汇支付。或者在一定时间内平衡（如有逆差，再以现汇或商品支付）。采用这种方式时，进出口可以同时进行，也可以先后进行，但一般说来，时间间隔都不长。如孟加拉国黄麻出口公司采取易货方式出口黄麻，要求双方都在银行开立账户，账户保持平衡。又如新中国成立初期我国与伊斯兰卡的米胶协议，我方以大米换对方的米胶。

2. 对开信用证方式

这是指进口和出口同时成交，金额大致相等，双方都采用信用证方式支付货款，也就是双方都开立以对方为收益人的信用证，并在信用证中规定一方开出的信用证，要在收到对方开出的信用证时才生效。也可以采用保留押金方式，具体做法是先开出的信用证先生效，但是结汇后，银行把款扣下，留做该受益人开回头证时的押金。这里需要说明的是，在这种做法下，虽然对开信用证并且有货币计价，但双方进行的仍然是以货换货的交易，而非现汇交易。先出口的一方出口后得不到信用证中以一定货币所表现的货款，而只是取得对方承诺供应的双方约定好的货物作为补偿，然后自己使用这些货物或再进行转售。因此，先出口方往往要求对方银行出具后出口方按期履约的担保，以保证其经济利益的按期实现。

（二）易货贸易的优缺点

1. 易货贸易的优点

易货的突出优点在于它能促成外汇支付能力匮乏的国家和企业间进行贸易，调剂余缺，从而有利于国际贸易的发展；此外，易货还有利于以进带出或以出带进。由于易货是进出口相结合的一种贸易方式，交易双方都以对方承诺购买自己的商品作为购买对方商品的条件，于是，当对方销售商品时，可以把对方同时购买自己的商品作为购买的交换条件，即以进口带动本国商品的出口；当对方急需我方商品时，可以要求对方提供我方所需商品作为交换条件，即以出口带动进口。

2. 易货贸易的缺点

易货贸易做起来很不方便，有一定的局限性。例如西方资本主义国家产品出口的企业大部分是私营的，他们专业化程度较高，我们提供的货物不一定是他们对口经营的货物，达成交易比较困难。现在我们同俄罗斯和东欧国家的贸易可以采取这种方式，以解决双方外汇紧缺的问题但须注意采取记账方式，在我方货物出口或出现顺差时，对方的货物一时供应不上，或所供非所需，便造成外汇积压，经济上受损失。

二、补偿贸易

补偿贸易又称产品回购。产品回购在日本被称为“产品分成”，这种做法多出现于设备的交易。它是按照回购协议，先进口国以赊购方式或利用信贷购进技术或设备，同时由先出口国向先进口国家承诺购买一定数量金额的、由该技术或设备直接制造或派生出来的产品，即通常所说的直接产品或有关产品，先进口方用出售这些产品所得货款分期偿还进口设备的价款和利息，或偿还货款和利息。这种做法是回购贸易中最常见、最基本的做法。

（一）补偿贸易的含义

补偿贸易是指在信贷基础上进行的、进口与出口相结合的贸易方式，即进口设备，然后以回销产品和劳务所得价款，分期偿还进口设备的价款及利息。与上述的产品回购相比，我国的补偿贸易内涵更广，做法更灵活一些。

（二）补偿贸易的种类

在当前我国开展的补偿贸易中，按照用来偿付的标的不同，大体上可分为以下三类。

1. 直接产品补偿

双方在协议中约定，设备供应方向设备进口方承诺购买一定数量或金额的由该设备直接生产出来的产品。这是补偿贸易最基本的做法。但是这种做法有一定的局限性，它要求生产出来的直销产品及其质量必须是对方所需要的，或者在国际市场上有销路，否则不易为对方所接受。

2. 间接补偿贸易

当所交易的设备本身不生产物质产品，或设备所生产的产品非对方所需或在国际市场上不好销时，可由双方根据需要和可能进行协商，用回购其他产品来代替。

3. 劳务补偿

劳务补偿常见于来料加工和来件装配相结合的中小型补偿贸易中。按照这种做法，双方根据协议，往往由对方代我方购进所需的技术设备，货款由对方垫付。我方按对方要求加工生产后，从应收的工缴费中分期扣还所欠款项。

在实践中，上述三种做法还可结合使用，即进行综合补偿。有时，根据实际情况的需要，还可以部分有直接产品或其他产品补偿，部分由现汇支付等。

（三）补偿贸易的特征与作用

1. 补偿贸易的特征

（1）以信贷作为前提条件。在实际业务中，信贷可以表现为多种形式，但大量出现的是商品信贷，即设备的赊销。

（2）设备供应方必须同时承诺回购设备进口方的产品或劳务，这是构成补偿贸易的必备条件。应当明确的是，在信贷基础上进行的设备进口并不一定构成补偿贸易。例如，在延期付款的方式下，进口所需的大部分贷款是在双方约定的期限内分期摊付本金及利息，但是在这种方式下，贷款的偿还与产品的销售本身没有直接的联系，所以，尽管交易也是在信贷的基础上进行的，但并不构成补偿贸易。可见，补偿贸易，不仅要求设备供应方提供信贷，同时还要承诺回购对方的产品或劳务，以便对方用所得贷款偿还货款。这两个条件必须同时具备，缺一不可。

2. 补偿贸易的作用

（1）对设备进口方的作用。

① 补偿贸易是一种较好的利用外资的形式。我国目前之所以要开展补偿贸易，其目的之一也就是想通过这种方式来利用国外资金，以弥补我国建设资金的不足。

② 通过补偿贸易，可以引进先进的技术和设备，发展和提高本国的生产能力，加快企业的技术改造，使产品不断更新及多样化，增强出口商品的竞争能力。

③ 通过对方回购，还可以在扩大出口的同时，得到一个较为稳定的销售市场和销售渠道。

（2）对设备供应方的作用。

对于设备供应方来说，进行补偿贸易，有利于突破进口方支付能力不足，扩大出口；在当前市场竞争日益激烈的条件下，通过承诺回购义务加强自己的竞争地位，争取贸易伙伴，或者在回购中取得较稳定的原材料来源，或从转售产品中获得利润等方面，起到积极的作用。

（四）补偿贸易合同的主要内容

目前，我国对外签订的补偿贸易合同以及国外使用的产品回购合同，均没有统一的固定格式，其具体内容可以根据交易双方意愿协商制定。双方可以经过磋商，先订立一个基本协议，确定各自在提供设备、信贷和回购方面的义务，然后根据该协议的有关规定，分别签订供应设备和回购产品的具体合同。但是，从我国补偿贸易实际业务看，更常见的则是在一个合同中把上述内容全部包括进去，一一作出具体规定。不论采取什么方式，其具体内容一般应包括以下方面：

1. 有关技术及技术协助方面的规定

这部分的内容，要根据设备的种类及性质而定。一般应包括设备的名称、型号、规格、性能和参数，同时应明确设备的安装责任，对方应负责的技术协助的内容，以及质量保证及其期限等。如果涉及专利或专有技术，还应明确规定设备供应方的有关保证。这样做，可使双方的责任义务更加明确，减少以后产生纠纷的可能性。

2. 有关信贷的条件

这部分一般包括贷款金额、计价和结算货币、利率、偿还期限、偿还办法以及银行担保等内容。

3. 有关回购义务的规定

前已述及构成补偿贸易的条件之一是设备供应方承诺回购产品或劳务的义务，因此，在订立补偿贸易合同时，有关这方面的内容，需要在合同中具体、明确地一一作出规定。主要包括以下几个方面：

（1）回购产品的名称、品种、规格。在商订这些内容时，一定要做到明确、具体，如果双方约定用直接产品偿付，则在合同中就应将产品的品质订明，作为以后履约的依据，以避免日后双方在这个问题上的分歧而影响回购义务的履行。如果双方约定用其他产品偿付，则应将产品的名称、品种、规格以及质量标准等在订立合同时明确、具体地作出规定。

（2）回购的额度。在回购交易中，设备供应方对于设备进口方回购承诺比例的大小，直接关系为设备进口方提供多大偿还能力。

在这方面，双方往往也存在分歧。作为设备供应方来说，一般希望回购义务的比例越来越高；而作为设备进口方来说，则一般希望进行全额补偿，即愿意用产品的贷款抵付全部设备的价款及利息。在实际业务中，具体的抵付额度通常取决于进口方对技术设备的需要程度、返销产品的能力、设备供应方推销设备的迫切程度，以及其他可能影响双方谈判地位的各种要素。

（3）回购产品的作价。对于期限较短（例如1～2年），金额较小而且产品价格相对稳定的补偿贸易，有时可在合同中明确规定回购产品的价格。但是，补偿贸易的特点往往是金额较大、期限较长，有时甚至要持续10～15年。在这种情况下，一般认为在合同中最好不固定价格，但是，必须规定作价的原则、作价时间、定价标准、方法及程序等，以利于合同的执行。

（4）对回购产品销售地区的限制。回购的产品，除有时自用外，多数情况下都是用于转售。在回购产品销售市场这个问题上，双方往往也存在分歧。对于承诺回购义务的一方来说，总是希望尽量减少对回购货物转售的限制。如果要禁止回购方在最有吸引力的市场转售货物，在谈判时，回购方往往会要求对方降低回购产品的价格。

对于回购产品的供货方来说，则通常希望能对产品销售的地区加以限制。其出发点，首先是对货物的转售不能冲击其正常贸易下已有的市场和渠道；其次是不应在其已有代理销售关系的地区进行转售。此外，供货方也不希望在售后服务不健全的市场进行销售，以保证其产品顺畅销售。

此外，如果设备涉及工业产权，也应对其产品的销售地区加以一定的限制，以免出现侵权行为。

第五节 国际租赁贸易

国际租赁是在第二次世界大战后逐步发展起来的，国际租赁在一些发达国家开展以后，很快地推广到发展中国家，成为许多国家普遍采用的一种融资方式。目前，国际租赁活动越来越活跃，租赁的范围也越来越广泛，在不少国家的经济活动中占有相当重要的地位，是国际经济合作的主要方式之一。

一、国际租赁的含义

租赁是指出租人将物品较长期地租给特定用户使用，并收取租金的活动，是有偿转让物品使用权的经济行为。在租赁业务中如果有关当事人分属不同的国家，则称之为国际租赁。

租赁的双方当事人称为出租人和承租人（即使用人）。但是在租赁业务中，出租物品往往不是出租人本人的，而是出租人根据承租人的要求从制造厂商那里购得的，在这种情况下，租赁业务的当事人还包括供货人，即制造厂商。有些租赁业务，如平衡租赁有可能涉及更多的当事人：除出租人、供货人之外，还有贷款人、受托人等。

租赁物品可以是任何有形的耐久资产。主要分房地产和设备两大类。前者大多由专业房地产公司或保险公司经营。租赁公司一般经营设备租赁。设备租赁的租赁物通常为生产用设备、飞机、船只、车辆、石油勘采设备、办公用具等。

租赁的期限称为租期。它由两种期限构成：一种是基本租期，即由双方规定一个固定的不可撤销的基本期限。基本租期期满后，承租人可以选择退租、续租或留购。第二种租期叫续租租期。租赁的期限一般比较长，期限短的叫出租。许多国家是以租期的长短来区分出租和租赁的。

国际租赁是将金融与贸易结合，由出租人、承租人、供货人及金融界共同参与的一种新型信贷活动，出租人通过出租设备等向承租人提供信贷便利，也就是采用商品形式来融通企业所短缺的中、长期资金，而承租人则以定期支付租金的形式取得设备的使用权。实际上等于取得了租赁设备购买成本的资金信贷，从而以融物代替融资，因此，租赁业务具有商品信贷和资金信贷的双重性质。

二、国际租赁的主要形式

根据不同的划分方式，国际租赁可分为多种不同的形式。从承租人角度划分有资本性租赁和营业性租赁；从出租人角度看，又有多种划分法：按一次租赁投资回收多少可分为融资性租赁、营业性租赁和服务性租赁；按有无税收优惠可分为节税租赁和非节税租赁；按租赁过程可分为直接租赁、转租赁和售后回租等；按出租人数多寡可分为单一租赁和杠杆租赁。从租赁标的物的角度看又可分为不同物品的租赁，如设备租赁、汽车租赁和轮船租赁，等等。

（一）融资性租赁和经营租赁

融资性租赁是典型的设备租赁所采用的基本形式，即企业采用较长期租赁机械设备的融物方式来代替融资购买设备，从而达到融通资金、改善财务状况的目的，是一种采用融物形式的不可撤销的、完全付清的中长期融资方式，具有浓厚的金融色彩，因此，常常被看作一项与设备有关的贷款业务。

1. 融资性租赁的特点

（1）融资租赁是一项涉及三方当事人——出租人、承租人、供货商，并至少由两个以上合同——买卖合同和租赁合同构成的自成一类的三边交易。

（2）租赁的设备承租人自行选定的特定设备，租赁公司只负责按用户要求融资购买设备，因此，设备的质量、规格、数量、技术上的检定验收等事宜都由承租方负责。

（3）完全付清。基本租赁期内的设备只租给一个特定用户使用。

租金总额=设备货价+前项资金的延付利息+租赁手续费-设备期满时的残值

（4）不可撤销。基本租期内，一般情况下，租赁双方无权取消合同。

（5）设备所有权与使用权分离，法律上所有权属于出租人，经济上使用权属于承租人。

（6）基本租期结束时，承租人对设备一般有留购、续租和退租三种选择权。

经营性租赁泛指融资性租赁以外的其他一切租赁形式。这类租赁的主要目的在于对设备的使用。因此，当企业需要较短期使用设备时，可采用经营性租赁形式，以便按自己的要求使用这项设备。经营性租赁与融资性租赁不同，这是一种由出租人提供维修管理等售后服务的、撤销的、不完全支付的短期融资便利。

2. 经营性租赁的特点

（1）可撤销。合同期间，承租人可以中止合同，退回设备，以租赁更先进的设备。

（2）不完全支付。基本租期内，出租人只能从租金中收回设备的部分垫付资本，需通过该项设备以后多次出租给多个承租人使用，方能补足未收回的那部分设备投资和其应获利润。因此，租期较短（短于设备有效寿命）。

（3）租赁物件由出租人批量采购。这些物件多为具有高度专门技术，需要专门保养管理，技术更新快，购买金额大，且通用性强并有较好的二手市场。垄断性强的设备，需要有特别服务的厂商。

（4）租赁机构不仅提供融资便利，还提供维修管理等项专门服务，对出租设备的适用性、技术性能负责，并承担过时风险，负责买保险。

（二）节税租赁和非节税式租赁

节税租赁在美国被称为真实租赁，亦即在税收方面能真正享受优惠待遇的租赁。在节税租赁中，出租人有资格获得加速折旧、投资优惠等税收优惠，并以降低租金的形式向承租人转让部分税收优惠，承租人支付的租金可当作费用从应纳税利润中扣除。节税租赁的好处是能使租赁设备的租赁成本比货款购买成本更低。一项真实租赁必须符合以下条件：

（1）出租人对资产拥有所有权；

（2）期末，承租人或以公平市价续租或留购，或将设备退回给出租人，承担人不能享受期末资产残余价值；

（3）租赁合同起始时预计的期末资产公平市价不能低于设备成本的15%～20%；

（4）期末，资产仍有两年服务能力，或资产的有效寿命相当于租赁资产原有寿命的20%；

（5）出租人的投资至少应占设备购置成本的20%；

（6）出租人从所得租金收入中可得相当于其投资金额7%～12%的合理报酬，租期不得超过30年。

非节税租赁在英国称为租购，而在美国则被称为有条件销售式租赁。这类租赁在考虑租赁以税收为基础的国家的税法上通常被当作分期付款交易来对待。

节税租赁交易在税务方面享受税收优惠且能从期末资产残值中获益而降低租赁利率，致使租赁实际成本低于贷款成本，承租人因此而受惠；而销售式租赁因其包含的实际利率不可能低于贷款成本而使租赁成本在一般情况下不会低于贷款成本。

（三）杠杆租赁和单一投资者租赁

在一项租赁交易中，凡设备购置成本百分之百由出租人独自承担的称为单一投资者租赁。设备购置成本的小部分由出租人投资承担、大部分由银行等金融机构提供贷款补足的称为杠杆租赁。

杠杆租赁是近 30 年来首先在美国发展起来的一种租赁方式，适用于资产价值几百万美元以上的大型长期租赁业务，可满足对有效寿命达 10 年以上，高度集约型设备的融资需要（如飞机、集装箱、工厂、输油管道、近海石油钻井平台、卫星系统等）。近年来，美国、澳大利亚、新西兰以及日本等国杠杆租赁发展很快。杠杆租赁的出现是现代租赁业的一个大发展，它是当今最复杂的融资方式之一，它的交易结构、法律结构和合同文本都相当复杂。

杠杆租赁是一种采用财务杠杆方式组成的融资性节税租赁，出租人一般只需要投资购置设备所需款项的 20%～40%，即可在经济上拥有设备的所有权，享受如同对设备百分之百的同等税收待遇。设备成本中的大部分由银行、保险公司、证券公司和金融机构的贷款提供，银行金融机构提供贷款时，需要出租人以设备第一抵押权、租赁合同和收取租金的受让权作为对该贷款的担保。购置成本的借贷部分称之为杠杆，通过这一财务杠杆作用，充分利用政府提供的税收好处，使交易各方，特别是出租方、承租方和贷款方获得一般租赁所难以获得的经济利益。

为享受税法上的优惠，杠杆租赁必须具备以下条件：

（1）具备真实租赁的各项条件；

（2）出租人必须在租期开始和租赁有效期持有 20%的称为有风险的最低投资额；

（3）期末租赁资产的残值必须相当于设备有效寿命的 20%，或至少尚能使用 1 年；

（4）承租人行使合同规定的购买选择权时，价格不得低于这项资产的公平价格。

杠杆租赁是一项采用特殊形式的完全付清的真实租赁，有 7 个当事人：承租人、制造厂商、物主出租人、物主受托人、债权人（贷款人）、合同受托人、斡旋人或称包租经纪人，涉及购买、信托、租赁等多种类型的协议。

（四）直接租赁、转租赁、回租

从出租人（租赁机构）设备贷款的资金来源和付款对象来分，有直接租赁、转租赁和回租三种租赁形式。

直接租赁是购进租出的做法，即由出租人用在资金市场上筹措到的资金，向制造商支付货款，购进设备后直接出租给用户（承租人）。普通的直接租赁一般由两个合同构成：出租人与承租人（用户）之间签订的租赁合同；出租人按承租订货要求，与厂商签订的买卖合同。各发达国家的绝大部分租赁公司普遍采用直接租赁的做法。直接租赁中的出租人，在筹措资金方面能主动、充分地发挥其金融工程师的作用，可视租期的长短、支付租金的次数和间隔时期，从各种不同的渠道，借入长、短期比例搭配合理的资金，以降低实际贷款成本，增强竞争力。

一家租赁公司在其自身借贷能力弱、融资技术不发达、资金来源又有限的情况下，往往采用转租赁方式，以期利用别家公司条件优惠的融资便利。现在跨境租赁中，如果出租人不能从本国政府获得任何税收好处，但却可指望以低廉租金方式，从外国租赁公司处分享部分外国政府提供的税收优惠，那么，即使是资金雄厚的大租赁公司，也乐意采用租进而不是购进设备的转租赁做法。

转租赁与直接租赁的主要区别是：前者从租赁公司获得租赁融资便利，后者则从银行等金融机构以传统信贷方式直接获得融资便利。一般情况下，只有在租赁内含利率低于贷款利率时，租赁公司才会考虑转租赁，否则，再加上自己的利润，租赁成本便会大大高于贷款购买成本，从而失去竞争性。当然在其从银行筹措不到资金，而别家租赁公司又乐意向其提供融资时（一般发生在跨境租赁中），它们也会采用转租赁。

回租指由设备所有者将自己拥有的部分资产（如设备、房屋）卖给租赁公司，然后再从该租赁公司租回来的做法。

三、国际租赁的作用和局限性

国际租赁是中、长期融资的一种重要形式。根据租赁合同，出租人允许承租人使用其资产，承租人向出租人定期支付租金作为使用资产的报酬。这种形式的融资与购买相比具有很大的优越性。假如企业选择购买，它必须筹措资金。当自有资金不足时则不得不依靠外部资金而向银行借款，按偿还计划付款，这将产生长期负债，直接增加企业资产负债表上负债项目。而租赁方式则不直接产生债务。

因此，国际租赁是企业利用外资、融通资金、引进技术设备、提高经济效益的一种有效手段。国际租赁对承租人有以下好处：

1. 提高资金的利用效率

利用国际租赁，企业不必一次支付巨额外汇购买设备，只需按时支付租金。这样，企业可以避免因购置设备而积压资金，并可将腾出这部分资金用于购进原材料、开发新产品、扩大生产能力等方面，加速流动资金的周转，促进利润增加。

2. 避免资产过时的风险

由于租赁期内，租赁资产的使用权和所有权在活动上是绝对分开的，因此通过租赁，资产过时的风险由出租人承担，与承租人无关，资产价值因过时而下降的风险不是由企业承担。

3. 免受资产限额的限制

国际租赁最大的好处在于它的灵活性。租赁合同中的条款一般不规定企业流动资本的数量。而对企业的其他许多投资项目来说，资金来源可能受资本限额的限制，通过租赁而不通过购买，可以达到避免限制的目的。因此，租赁是企业突破资本限额的一种方法。

4. 可以避免通货膨胀

租金是固定的，由于物价上涨，租金支付的纯成本实际上是不断下降的；而如果以现金自行购买，用折旧收回成本，则由于通货膨胀，有可能几年以后收回的货币就不足以更新设备了，因此租赁能避免通货膨胀。

此外，国际租赁还可为企业带来税务上的利益，若出租人获得减税优惠，租金中的利率可能较市场利率低，而且，计算成本费用简单，手续也简单。

但是，国际租赁对承租人来说，也有一些不足之处。租赁的成本有时比其他中长期融资形式的成本高；而且，大多数租赁是不可中途撤销的，即使企业在租赁期间发现承租人的资产不能给企业带来利润，仍得按期支付租金。此外，由于承租人对设备只享有使用权，因此，未经出租人同意，承租人不得随意改进所租赁的设备。

国际租赁对出租人来说，也有某些不足之处。如在经营租赁业务中，有时要承担设备闲置无人租出的风险；遇到通货膨胀时，要承担计价货币贬值的风险，等等。

第六节　期货贸易与套期保值

期货交易是一种特殊的交易方式。早期的期货交易产生于 11—14 世纪的欧洲，在 17 世纪的日本得到了发展。现代期货市场起源于 19 世纪后期的美国。

由于期货市场价格和现货市场价格变化均受商品供求关系的影响，因此，从事实际商品交易的人士，包括生产商、经营商、进出口商，均可以利用期货交易，配合现货买卖进行套期保值。我们有必要了解和掌握有关期货交易的基本知识，以及做法和交易策略。

一、期货交易的概念

1. 期货交易的含义

期货交易是指在期货交易所内，按一定规章制度进行的期货合同的买卖。现代期货交易是在期货交易所内进行的。目前期货交易所已经遍布世界各地，特别是美国、英国、日本、中国香港、新加坡等地的期货交易所在国际期货市场上占有非常重要的地位。其中交易量比较大的著名交易所有：美国的芝加哥商品交易所（CBOT）、芝加哥商业交易所（CCME）、纽约商品交易所（COMEX）、纽约商业交易所（NYMEX），英国的伦敦金属交易所（LME），日本的东京工业品交易所、谷物交易所，中国香港的期货交易所，以及新加坡的国际金融交易所等。

就商品期货交易而言，交易的品种基本上都是属于供求量较大、价格波动频繁的初级产品，如谷物、棉花、食糖、咖啡、可可、油料、活牲畜、木材、有色金属、原油以及贵金属、金、银等。

2. 期货交易的主要特点

（1）期货交易不规定买卖双方提供或接受实际货物。

（2）在期货交易所中卖期货的不一定是商品的真正拥有者或供应者，买期货的也不一定是商品的真正需要者。

（3）期货交易的结果不是转移实际货物，而是支付或取得签订合同之日与履行合同之日的价格差额。

3. 期货交易与现货交易的主要区别

（1）从交易的标的物看，现货交易的标的物是实际货物；期货交易的标的物是期货交易所制定的标准期货合同。

（2）从成交的时间和地点看，现货交易可以在任何时间和地点达成交易；而期货交易必须在期货交易所内按交易所规定的开市时间进行交易。

（3）从成交的形式看，现货交易双方在法律允许的范围内按“契约自主”的原则签订买卖合同，合同条款的内容并不要求公开；而期货交易是在公开、多边的市场上通过喊价或竞价方式达成的。期货合同条款是标准化的，而且达成交易的信息，包括价格是对外公布的。

（4）从履约方式上看，在现货交易中，无论是即期现货交易，还是远期现货交易，交易双方都要履行买卖合同中规定的义务，卖方要交付实际货物，买方要支付货款；而期货交易成交的是期货合同，所有期货交易都规定，履行期货合同不一定要通过实际交割货物来进行，只要在期货合同到期之前，交易者做成一笔方向相反、交割月份和数量相等的相同合同的期货交易，就可解除其实际履行合同的义务，也就是期货市场上所称的对冲或平仓。

（5）从交易双方的法律关系看，在现货交易中，买卖双方达成交易，就产生了直接货物买卖的法律关系，任何一方都不得擅自解除合同。而期货交易的双方并不互相见面，合同的履行也无须双方直接接触。清算所的替代功能使参加交易者通过交易所会员资格的期货佣金商来代买或代卖期货合同。交易的清算和结算一律由清算所对交易双方负责。交易达成后，期货交易双方并不建立直接的法律关系。

（6）从交易的目的来看，现货交易是卖方交付货物，买方支付价金，转移货物的所有权。而期货交易，不同的参加者有着不同的交易目的，有的是利用期货交易转移价格变动的风险，配合现货交易；有的是在期货市场上套取利润；有的是专门从事投机，以获取投资利润。

二、期货市场的构成

期货市场是指按一定的规章制度买卖期货合同的有组织的市场，期货交易就是在期货市场上进行的交易行为。

期货市场主要由期货交易所、期货佣金商和清算所等构成。

进出口商通常都是通过期货佣金商下单，由佣金商的指定场内经纪人在期货交易所执行，交易达成后，所有合约都要通过清算所统一清算结算。

1. 期货交易所

期货交易所是具体买卖期货合同的场所。

期货交易所是在早期商品交易所的基础上演变而成的。早期商品交易所是进行特定商品买卖的场所，交易的内容为现货、路货或远期交货合同，涉及的主要是实际货物的买卖，因此，这种有组织的交易所被称为“商品交易所”。而当今，随着期货市场的发展，期货交易的内容已不仅限于具体的商品，交易所的规章制度与早期的商品交易所也不大一样，有些期货合同已经脱离了实物形态，所出现的从事期货交易的场所已经放弃“商品交易所”的名称。因此，我们将从事期货交易的场所一律统称为期货交易所，把包括期货交易所在内，涉及期货交易及其运行的组织机构，统称为期货市场。

期货交易所本身不参加期货交易，运营资金主要靠创立之初的投资、会员费和收取的手续费。交易所的职能是：

（1）提供交易场地；

（2）制定标准交易规则；

（3）制定标准的期货合同；

（4）负责监督和执行交易规则；

（5）设立仲裁机构，解决交易争议；

（6）负责收集和向公众传播交易信息。

2. 期货佣金商

期货佣金商又称经纪行或佣金行，是代表金融、商业机构或一般公众进行期货交易的公司或个人组织，其目的就是从代理交易中收取佣金。

期货佣金商一般都是期货交易所的会员，有资格指令场内经纪人进行期货交易，或者本身就是期货交易所的会员。他是广大非会员参加期货交易的中介。他以最高的诚信向期货交易所、清算所和客户负责。期货佣金商的主要业务包括：

（1）向客户提供完成交易指令的服务；

（2）作为客户进行期货交易的代理人，负责处理客户的保证金；

（3）记录客户盈亏，并代理进行货物的实际交割；

（4）向客户提供期货交易的决策信息，以及咨询业务。

期货佣金商往往是如下机构：主要经营证券业务的大证券投资公司，专营期货交易的期货公司，以及从事实物交易的公司，如生产商、中间商和进出口商等。

3. 清算所

清算所是负责对期货交易所内买卖的期货合同进行统一交割、对冲和结算的独立机构。

清算所是随期货交易的发展以及标准化期货合同的出现而设立的清算结算机构。在期货交易的发展中，清算所的创立完善了期货交易制度，保障了期货交易能在期货交易所内顺利进行，因此成为期货市场运行机制的核心。

清算所的创立使期货交易所具备交易功能，却不建立通常货物买卖中转移货物所有权的直接的法律关系。一旦期货交易达成，交易双方分别与清算所发生关系。清算所既是所有期货合同的买方，也是所有期货合同的卖方。这是因为清算所有特殊的“取代功能”。清算所这一功能得以实现，又是因为清算所的财力雄厚，而且实行了一套严格的无负债的财务运行制度——保证金制度。

保证金制度，也称为押金制度，指清算所规定的达成期货交易的买方或卖方，应交纳履约保证金的制度。

清算所要求每一位会员都必须在清算所开立一个保证金账户，对每一笔交易，都要按规定交纳一定数额的保证金。为防止出现违约，非会员也要向清算所会员交纳一定的保证金。

清算所的保证金有两种：初始保证金和追加保证金。初始保证金是指期货交易者在开始建立期货仓位时，要交纳的保证金。对于所交纳初始保证金的金额，世界各地的不同期货交易所有不同的规定，通常按交易金额的一定百分比计收，一般在 5%～10%。该笔保证金一旦交纳，即存入清算所的保证金账户。

追加保证金是指清算所规定的，在会员保证金账户金额短少时，为使保证金金额维持在初始保证金水平，而要求会员增加交纳的保证金。清算所为了防止出现负债情况，采取逐日盯市的原则，用每日的清算价格对会员的净交易仓位核算盈亏。当发生了亏损，保证金账户金额下降时，清算所便要求会员交纳追加保证金。

清算所规定交纳追加保证金的目的是保证交易顺利进行，杜绝可能出现的违约现象。当会员净交易仓位发生亏损时，清算所就向会员发出追加保证金的通知，一般要求在第二天开市前就要交纳。否则，清算所有权在第二天开市时，在期货交易中，对违约客户已建立的交易仓位，按市价平仓或对冲，亏损部分由客户已交纳的保证金来弥补。

4. 期货交易的参加者

期货交易所一般不限制期货交易参加者，只要是愿意按交易规律进行期货交易的人，期货交易所都公平对待，实行无歧视的政策。参加期货交易的可以是任何个人或公司，但是，他们参加期货交易的目的却不尽相同。按参加期货交易的目的，可分为两类：套期保值者和投机者。

（1）套期保值者。套期保值者一般为实际商品的经营者、加工者和生产者。他们的主要目的是在现货市场中进行实际货物的买卖。为了保证现货交易的正常合理利润，他们往往在期货市场上采取适当的套期保值策略来避免或减少价格波动风险带来的损失。

（2）投机者。投机者指在期货市场上通过“买空卖空”或“卖空买空”，希望以较小的资金来博取利润的投资者。与套期保值者相反，投机者愿意承担期货价格变动的风险，一旦预测期货价格将上涨，投机者就会买进期货合同（或称“买空”或“多头”）；一旦预测期货价格将下跌，就会卖出期货合同（或称“卖空”或“空头”），待价格与自己预料的方向变化一致时，再抓住机会进行对冲。

三、套期保值

1. 套期保值的含义

套期保值又称海琴，是期货市场交易者将期货交易与现货交易结合起来进行的一种市场行为。其定义可概括为交易者在运用期货交易临时替代正常商业活动中，转移一定数量商品所有权的现货交易的做法。其目的就是要通过期货交易转移现货交易的价格风险，并获得这两种交易相配合的最大利润。

套期保值之所以能起到转移现货价格波动风险的作用，是因为同一种商品的实际货物市场价格和期货市场价格的变化趋势基本上是一致的，涨时俱涨，跌时俱跌。

因此，套期保值经常在购入现货的同时在期货市场上出售期货，或在出售现货的同时买入期货。这样，由于在期货市场和现货市场出现相反的交易，所以通常会出现一亏一盈的情况。套期保值者就是希望以期货市场的盈利来弥补实际货物交易中可能遭到的损失。

2. 套期保值的做法

套期保值者在期货市场上的做法有两种：卖期保值和买期保值。

（1）卖期保值。卖期保值是指套期保值者根据现货交易的情况，先在期货市场上卖出期货合同，然后再以多头进行平仓的做法。生产商在预售商品时，或加工商在采购原料时，为了避免价格波动的风险，经常采取卖期保值的做法。

（2）买期保值。与卖期保值相反，买期保值是指套期保值者根据现货交易情况，先在期货市场上买入期货合同（或称建立多头交易仓位），然后再以卖出期货合同进行平仓的做法。中间商在采购货源，为避免价格波动，固定价格成本时，经常采取买期保值的做法。

第七节　来料加工业务

来料加工业务在我国又称作对外加工装配业务。广义的来料加工包括来料加工和来料装配两个方面，是指由外商提供一定的原材料、零部件、元器件，由我方按对方的要求进行加工或装配，成品交由对方处置，我方按照约定收取工缴费作为报酬。

一、来料加工业务的性质

来料加工业务与一般进出口贸易不同。一般进出口贸易属于货物买卖；来料加工业务虽有原材料、零部件的进口和成品的出口，但却不属于货物买卖。因为原材料和成品的所有权始终属于委托人，并未发生转移，我方只提供劳务并收取约定的工缴费。因此，可以说来料加工这种委托加工的方式属于劳务贸易的范畴，是以商品为载体的劳务出口。

二、来料加工业务的作用

来料加工业务对我方有积极的作用：

（1）可以发挥本国的生产潜力，补充国内原材料的不足，为国家增加外汇收入。

（2）引进国外的先进技术和管理经验，有利于提高生产、技术和管理水平。

（3）有利于发挥我国劳动力众多的优势，增加就业机会，繁荣地方经济。

对委托方来讲，来料加工业务可降低其生产成本，增强竞争力，并有利于委托方所在国产业结构的调整。

三、来料加工合同的主要内容及相关问题

来料加工合同包括三个部分：约首部分、正文部分和约尾部分。约首和约尾主要说明订约人的名称、订约宗旨、订约时间、合同的效力、有效期限、终止及变更办法等问题。正文部分是合同的核心部分，具体规定双方的权利义务。在商谈合同的主要条款时，应注意下列问题：

1. 对来料来价的规定

来料加工业务中，能否按时、按质、按量交付成品很大程度上取决于委托方能否按质、按量、按时供料。因此，在合同中要明确规定来料的质量要求、具体数量和到货时间。为了明确责任，一般同时规定验收办法和委托方能按规定提供料件的处理办法以及未按时间达到造成承接方停工、生产中断的补救方法。

2. 对成品质量的规定

外商为了保证成品在国际市场上的销路，对成品的质量要求比较严格，因此，我方在签订合同时必须从自身的技术水平和生产能力出发，妥善规定，以免交付成品时发生困难。质量标准一经确定，承接方就要按时按质按量交付成品，委托方则根据合同规定

的标准验收。

3. 关于耗料率和残次品率的规定

耗料率又称原材料消耗定额，是指每单位成品消耗原材料的数额。残次品率是指不合格产品在全部成品中的比率。这两个指标如定得过高，则委托方必然要增加成本，减少成品的收入；如定得过低，则承接方难以完成。因此，这一问题的规定直接关系双方的利害关系和能否顺利执行合同。一般委托方要求耗料不得超过一定数额，否则由我方负担；残次品不能超过一定比例，否则委托方有权拒收。

4. 关于工缴费标准的规定

工缴费是直接涉及合同双方利害关系的核心问题。由于加工装配业务本质是一种劳务出口，所以工缴费的核定应以国际劳务价格为依据，要具有一定竞争性，并考虑我国当前劳务生产率及与国外的差距。

5. 对工缴费结算方式的规定

来料加工业务中关于工缴费的结算方式有两种：一是来料、来件和成品均不作价，单收加工费，由对方在我方交付成品后通过汇付、托收或信用证方式向我方支付。二是对来料、来件和成品分别作价，两者之间的差额即为工缴费。采用这种方式，我方应坚持先收后付的原则，我方开立远期信用证或以远期托收的方式对来料、来件付款；对方以即期信用证或即期托收方式支付成品价款。远期付款的期限要与加工周期和成品收款所需时间相衔接并适当留有余地，以免垫付外汇。

6. 对运输和保险的规定

来料加工业务涉及两端运输：原料运进和成品运出，须在合同中明确规定由谁承担有关的运输责任和费用。由于材料和成品的所有权均属于外商，所以运输责任的费用也应由外商承担。但在具体业务中可灵活掌握，我方也可代办某些运输事项。

涉及的保险包括两段运输以及货物加工期间存仓的财产权。同运输一样，从法律上讲，承接方只承担加工装配，保险应归委托方负责。但从实际业务过程看，由承接方投保较为方便，有时委托方也要承接方代办保险，保险费可连同工缴费向委托方结算。如由我方代办保险，双方还应约定保险险别、保险金额等条件。

中国人民保险公司为适应来料加工业务发展的需要，开设了来料加工一揽子综合险，投保这一险种后，保险公司即承担了两段运输和存仓财产险。

此外，来料加工合同还应订立工业产权的投保，不可抗力和仲裁等预防性条例。

第八节　进料加工业务

一、进料加工的含义

进料加工一般是指在国外购进原料，加工生产出成品再销往国外。由于进口原料的目的是扶植出口，所以，进料加工又可称为“以进养出”。我国开展的以进养出，除了包括进口轻工、纺织、机械、电子行业的原材料、零部件、元器件，加工、制造或装配出成品再出口外，还包括从国外引进农、牧、渔业的优良品种，经过种植或繁殖出成品再出口。

进料加工与前面所讲到的来料加工有相似之处，即都是“两头在外”的加工贸易方式，但两者有着明显不同：第一，来料加工在加工过程中均未发生所有权转移，原料运进和成品运出属于同一笔交易，原料供应者即是成品接受者；而在进料加工中，原料进口和成品出口是两笔不同交易，均发生了所有权转移，原料供应者和成品购买者之间也没有必然联系。第二，在来料加工中，我方不用考虑原料的来料和成品销路，不担风险，只收取工缴费；而在进料加工中，我方是赚取从原料到成品的附加价值，要自筹资金，自寻销路，自担风险，自负盈亏。

二、进料加工业务的做法

进料加工的具体做法，归纳起来，大致有以下三种：

1. 先签订进口原料的合同，加工出成品后再寻找市场和买主

这种做法的好处是进料时间可灵活选择，低价时购进，而且，一旦签订进口合同，就可尽快安排生产，保证及时交货，交货期一般较短。但采取这种做法时，要随时了解国外市场动向，以保证所生产的产品能适销对路，否则产品无销路，就会造成库存积压。

2. 根据签订合同，加工生产

先签订出口合同，再根据国外买方的订货要求从国外购进原料，加工生产，然后交货。这种做法包括来样进口加工，即由买方先提供样品，我方根据其样品的要求从国外进口原料，再加工生产。这种做法的优点是产品销路有保障，但要注意所需的原料来源必须落实，否则会影响成品质量或导致无法按时交货。

3. 对口合同方式

与对方签订进口原料合同的同时签订出口成品的合同，原料的提供者也就是成品的购买者。但两个合同相互独立，分别结算。这样做，原料来源和成品销路均有保证，但适用面较窄，不易成交。实际做法中，有时原料提供者与成品购买者也可以是不同的人。

三、开展进料加工业务的意义

进料加工在我国并非一种新的贸易方式，在改革开放的过程中，在中央政策的鼓励下有了较为迅速的发展，特别是东部沿海地区十分普遍。我国开展进料加工业务的意义，主要表现在以下几个方面：

（1）有利于解决国内原料紧缺的困难，利用国外提供的资源，发展出口商品生产，为国家创造外汇收入。有些不能出口的产品，还可以满足国内市场的需要。

（2）开展进料加工可以更好地根据国际市场的需要和客户的要求，组织原料进口和加工生产，有助于做到产销对路，避免盲目生产，减少库存积压。

（3）进料加工是国外的资源和市场与国内生产能力相结合的国际大循环方式，也是国际分工的一种形式。通过开展进料加工，可以充分发挥我国劳动力价格相对低廉的优势，并有效利用相对过剩的加工能力，扬长避短，促进我国外向型经济的发展。

本章小结

本章着重研究国际贸易方式及应用，通过理论分析、实证分析，根据国际贸易的特点，分析国际贸易方式的现状及存在的问题，将理论分析与实践分析相结合，微观分析与宏观分析相结合，总结出对外贸易种类及优缺点。

思考题

1. 传统的贸易方式有哪些？
2. 简述进料加工和来料加工的区别？
3. 独家经销和独家代理的区别？
4. 包销方式有哪些利弊？
5. 拍卖的方式有哪些？

某公司新研制出一种产品，为打开该产品的销路，公司决定将产品运往俄罗斯寄售。在代售方出售商品后，我方收到对方的结算清单，其中包括商品在寄售前有关费用的收据。问：寄售方式下，商品在寄售前有关费用应由谁承担？为什么？

资料来源：国际贸易方式案例分析.五星文库，2014.

附录一

联合国国际货物销售合同公约

本公约各缔约国，铭记联合国大会第六届特别会议通过的关于建立新的国际经济秩序的各项决议的广泛目标。考虑到在平等互利基础上发展国际贸易是促进各国间友好关系的一个重要因素。认为采用照顾到不同的社会、经济和法律制度的国际货物销售合同统一规则，将有助于减少国际贸易的法律障碍，促进国际贸易的发展。兹协议如下：

第一部分　适用范围和总则

第一章　适 用 范 围

第一条

（1）本公约适用于营业地在不同国家的当事人之间所订立的货物销售合同：（a）如果这些国家是缔约国；（b）如果国际私法规则导致适用某一缔约国的法律。

（2）当事人营业地在不同国家的事实，如果从合同或从订立合同之前任何时候或订立合同时，当事人之间的任何交易或当事人透露的情报均看不出，应不予考虑。

（3）在确定本公约的适用时，当事人的国籍和当事人或合同的民事或商业性质，应不予考虑。

第二条

本公约不适用于以下的销售：（a）购供私人、家人或家庭使用的货物的销售，除非卖方在订立合同前任何时候或订立合同时不知道而且没有理由知道这些货物是购供任何这种使用；（b）经由拍卖的销售；（c）根据法律执行令状或其他令状的销售；（d）公债、股票、投资证券、流通票据或货币的销售；（e）船舶、船只、气垫船或飞机的销售；（f）电力的销售。

第三条

（1）供应尚待制造或生产的货物的合同应视为销售合同，除非订购货物的当事人保证供应这种制造或生产所需的大部分重要材料。

（2）本公约不适用于供应货物一方的绝大部分义务在于供应劳力或其他服务合同。

第四条

本公约只适用于销售合同的订立和卖方与买方因此种合同而产生的权利和义务。特别是，本公约除非另有明文规定，与以下事项无关；（a）合同的效力，或其任何条款的效力，或任何惯例的效力；（b）合同对所售货物所有权可能产生的影响。

第五条

本公约不适用于卖方对于货物对任何人所造成的死亡或伤害的责任。

第六条

双方当事人可以不适用本公约，或在第十二条的条件下，减损本公约的任何规定或改变其效力。

第二章 总 则

第七条

（1）在解释本公约时，应考虑到本公约的国际性质和促进其适用的统一以及在国际贸易上遵守诚信的需要。

（2）凡本公约未明确解决的属于本公约范围的问题，应按照本公约所依据的一般原则来解决，在没有一般原则的情况下，则应按照国际私法规定适用的法律来解决。

第八条

（1）为本公约的目的，一方当事人所作的声明和其他行为，应依照他的意旨解释，如果另一方当事人已知道或者不可能不知道此一意旨。

（2）如果上一款的规定不适用，当事人所作的声明和其他行为，应按照一个与另一方当事人同等资格、通情达理的人处于相同情况中，应有的理解来解释。

（3）在确定一方当事人的意旨或一个通情达理的人应有的理解时，应适当地考虑到与事实有关的一切情况，包括谈判情形、当事人之间确立的任何习惯做法、惯例和当事人其后的任何行为。

第九条

（1）双方当事人业已同意的任何惯例和他们之间确立的任何习惯做法，对双方当事人均有约束力。

（2）除非另有协议，双方当事人应视为已默示地同意对他们的合同或合同的订立适用双方当事人已知道或理应知道的惯例，而这种惯例，在国际贸易上，已为有关特定贸易所涉同类合同的当事人所广泛知道并为他们所经常遵守。

第十条

为本公约的目的：（a）如果当事人有一个以上的营业地，则以与合同及合同的履行关系最密切的营业地为其营业地，但要考虑到双方当事人在订立合同前任何时候或订立合同时所知道或所设想的情况；（b）如果当事人没有营业地，则以其惯常居住地为准。

第十一条

销售合同无须以书面订立或书面证明，在形式方面也不受任何其他条件的限制。销售合同可以用包括人证在内的任何方法证明。

第十二条

本公约第十一条、第二十九条或第二部分准许销售合同或其更改或根据协议终止，或者任何发价、接受或其他意旨表示得以书面以外任何形式做出的任何规定不适用，如果任何一方当事人的营业地是已按照本公约第九十六条做出了声明的一个缔约国内。各当事人不得减损本条或改变其效力。

第十三条

为本公约的目的，“书面”包括电报和电传。

第二部分　合同的订立

第十四条

（1）向一个或一个以上特定的人提出的订立合同的建议，如果十分确定并且表明发价人在得到接受时承受约束的意旨，即构成发价。一个建议如果写明货物并且明示或暗示地规定数量和价格或规定如何确定数量和价格，即为十分确定。

（2）非向一个或一个以上特定的人提出的建议，仅应视为邀请做出发价，除非提出建议的人明确地表示相反的意向。

第十五条

（1）发价于送达被发价人时生效。

（2）一项发价，即使是不可撤销的，得予撤回，如果撤回通知应于发价送达被发价人之前或同时，送达被发价人。

第十六条

（1）在未订立合同之前，发价得予撤销，如果撤销通知应于被发价人发出接受通知之前送达被发价人。

（2）但在下列情况下，发价不得撤销：（a）发价写明接受发价的期限或以其他方式表示发价是不可撤销的；（b）被发价人有理由信赖该项发价是不可撤销的，而且被发价人已本着对该项发价的信赖行事。

第十七条

一项发价，即使是不可撤销的，应于拒绝通知送达发价人时终止。

第十八条

（1）被发价人声明或做出其他行为表示同意一项发价，即是接受。缄默或不行动本身不等于接受。

（2）接受发价于表示同意的通知送达发价人时生效。如果表示同意的通知在发价人所规定的时间内，如未规定时间，在一段合理的时间内，未曾送达发价人，接受就成为无效，但须适当地考虑到交易的情况，包括发价人所使用的通信方法的迅速程度。对口头发价必须立即接受，但情况有别者不在此限。

（3）但是，如果根据该项发价或依照当事人之间确立的习惯做法和惯例，被发价人可以做出某种行为，例如与发运货物或支付价款有关的行为，来表示同意，而无须向发价人发出通知，则接受于该项行为做出时生效，但该项行为必须在上一款所规定的期间内做出。

第十九条

（1）对发价表示接受但载有添加、限制或其他更改的答复，即为拒绝该项发价并构成还价。

（2）但是，对发价表示接受但载有添加或不同条件的答复，如所载的添加或不同条件在实质上并不变更该项发价的条件，除发价人在不过分迟延的期间内以口头或书面通知反对其间的差异外，仍构成接受。如果发价人不做出这种反对，合同的条件就以该项发价的条件以及接受通知内所载的更改为准。

（3）有关货物价格、付款、货物质量和数量、交货地点和时间、一方当事人对另一方当事人的赔偿责任范围或解决争端等的添加或不同条件，均视为在实质上变更发价的条件。

第二十条

（1）发价人在电报或信件内规定的接受期间，从电报交发时刻或信上载明的发信日期起算，如信上未载明发信日期，则从信封上所载日期起算。发价人以电话、电传或其他快速通信方法规定的接受期间，从发价送达被发价人时起算。

（2）在计算接受期间时，接受期间内的正式假日或非营业日应计算在内。但是，如果接受通知在接受期间的最后一天未能送到发价人地址，因为那天在发价人营业地是正式假日或非营业日，则接受期间应顺延至下一个营业日。

第二十一条

（1）逾期接受仍有接受的效力，如果发价人毫不迟延地用口头或书面将此种意见通知被发价人。

（2）如果载有逾期接受的信件或其他书面文件表明，它是在传递正常、能及时送达发价人的情况下寄发的，则该项逾期接受具有接受的效力，除非发价人毫不迟延地用口头或书面通知被发价人：他认为他的发价已经失效。

第二十二条

接受得予撤回，如果撤回通知于接受原应生效之前或同时送达发价人。

第二十三条

合同于按照本公约规定对发价的接受生效时订立。

第二十四条

为本公约本部分的目的，发价、接受声明或任何其他意旨表示“送达”对方，系指用口头通知对方或通过任何其他方法送交对方本人，或其营业地或通信地址，如无营业地或通信地址，则送交对方惯常居住地。

第三部分　货 物 销 售

第一章　总　　则

第二十五条

一方当事人违反合同的结果，如使另一方当事人蒙受损害，以至于实际上剥夺了他根据合同规定有权期待得到的东西，即为根本违反合同，除非违反合同一方并不预知而且一个同等资格、通情达理的人处于相同情况中也没有理由预知会发生这种结果。

第二十六条

宣告合同无效的声明，必须向另一方当事人发出通知，方始有效。

第二十七条

除非公约本部分另有明文规定，当事人按照本部分的规定，以适合情况的方法发出任何通知、要求或其他通知后，这种通知如在传递上发生耽搁或错误，或者未能到达，并不使该当事人丧失依靠该项通知的权利。

第二十八条

如果按照本公约的规定，一方当事人有权要求另一方当事人履行某一义务，法院没有义务做出判决，要求具体履行此一义务，除非法院依照其本身的法律对不属本公约范围的类似销售合同愿意这样做。

第二十九条

（1）合同只需双方当事人协议，就可更改或终止。

（2）规定任何更改或根据协议终止必须以书面做出的书面合同，不得以任何其他方式更改或根据协议终止。但是，一方当事人的行为，如经另一方当事人寄以信赖，就不得坚持此项规定。

第二章　卖方的义务

第三十条

卖方必须按照合同和本公约的规定，交付货物，移交一切与货物有关的单据并转移货物所有权。

第一节　交付货物和移交单据

第三十一条

如果卖方没有义务要在任何其他特定地点交付货物，他的交货义务如下：（a）如果销售合同涉及货物的运输，卖方应把货物移交给第一承运人，以运交给买方；（b）在不属于上一款规定的情况下，如果合同指的是特定货物或从特定存货中提取的或尚待制造或生产的未经特定化的货物，而双方当事人在订立合同时已知道这些货物是在某一特定地点，或将在某一特定地点制造或生产，卖方应在该地点把货物交给买方处置；（c）在其他情况下，卖方应在他于订立合同时的营业地把货物交给买方处置。

第三十二条

（1）如果卖方按照合同或本约的规定将货物交付给承运人，但货物没有以货物上加标记、或以装运单据或其他方式清楚地注明有关合同，卖方必须向买方发出列明货物的发货通知。

（2）如果卖方有义务安排货物的运输，他必须订立必要的合同，以按照通常运输条件，用适合情况的运输工具，把货物运到指定地点。

（3）如果卖方没有义务对货物的运输办理保险，他必须在买方提出要求时，向买方提供一切现有的必要资料，使他能够办理这种保险。

第三十三条

卖方必须按以下规定的日期交付货物：（a）如果合同规定有日期，或从合同可以确定日期，应在该日期交货；（b）如果合同规定有一段时间，或从合同可以确定一段时间，除非情况表明应由买方选定一个日期外，应在该段时间内任何时候交货；或者（c）在其他情况下，应在订立合同后一段合理时间内交货。

第三十四条

如果卖方有义务移交与货物有关的单据，他必须按照合同所规定的时间、地点和方式移交这些单据。如果卖方在那个时间以前已移交这些单据，他可以在那个时间到达前纠正单据中任何不符合同规定的情形，但是，此一权利的行使不得使买方遭受不合理的不便或承担不合理的开支。买方保留本公约所规定的要求损害赔偿的任何权利。

第二节　货物相符与第三方要求

第三十五条

（1）卖方交付的货物必须与合同所规定的数量、质量和规格相符，并须按照合同所规定的方式装箱或包箱。

（2）除双方当事人业已另有协议外，货物除非符合以下规定，否则即为与合同不符：（a）货物适用于同一规格货物通常使用的目的；（b）货物适用于订立合同时曾明示或默示地通知卖方的任何特定目的，除非情况表明买方并不依赖卖方的技能和判断力，或者这种依赖对他是不合理的；（c）货物的质量与卖方向买方提供的货物样品或样式相同；（d）货物按照同类货物通用的方式装箱或包装，如果没有此种通用方式，则按照足以保全和保护货物的方式装箱或包装。

（3）如果买方在订立合同时知道或者不可能不知道货物不符合同，卖方就无须按上一款（a）项至（d）项负有此种不符合同的责任。

第三十六条

（1）卖方应按照合同和本公约的规定，对风险移转到买方时所存在的任何不符合同情形，负有责任，即使这种不符合同情形在该时间后方始明显。

（2）卖方对在上一款所述时间后发生的任何不符合同情形，也应负有责任，如果这种不符合同情形是由于卖方违反他的某项义务所致，包括违反关于在一段时间内货物将继续适用于其通常使用的目的或某种特定目的，或将保持某种特定质量或性质的任何保证。

第三十七条

如果卖方在交货日期前交付货物，他可以在那个日期到达前，交付任何缺漏部分或补足所交付货物的不足数量，或交付用以替换所交付不符合同规定的货物，或对所交付货物中任何不符合同规定的情形做出补救，但是，此一权利的行使不得使买方遭受不合理的不便或承担不合理的开支。买方保留本公约所规定的要求损害赔偿的任何权利。

第三十八条

（1）买方必须在按情况实际可行的最短时间内检验货物或由他人检验货物。

（2）如果合同涉及货物的运输，检验可推迟到货物到达目的地后进行。

（3）如果货物在运输途中改运或买方须再发运货物，没有合理机会加以检验，而卖方在订立合同时已知道或理应知道这种改运或再发运的可能性，检验可推迟到货物到达新的目的地后进行。

第三十九条

（1）买方对货物不符合同，必须在发现或理应发现不符情形后一段合理时间内通知卖方，说明不符合同情形的性质，否则就丧失声称货物不符合同的权利。

（2）无论如何，如果买方不在实际收到货物之日起两年内将货物不符合同情形通知卖方，他就丧失声称货物不符合同的权利，除非这一时限与合同规定的保证期限不符。

第四十条

如果货物不符合同规定指的是卖方已知道或不可能不知道而又没有告知买方的一些事实，则卖方无权援引第三十八条和第三十九条的规定。

第四十一条

卖方所交付的货物，必须是第三方不能提出任何权利或要求的货物，除非买方同意在这种权利或要求的条件下，收取货物。但是，如果这种权利或要求是以工业产权或其他知识产权为基础的，卖方的义务应依照第四十二条的规定。

第四十二条

（1）卖方所交付的货物，必须是第三方不能根据工业产权或其他知识产权主张任何权利或要求的货物，但以卖方在订立合同时已知道或不可能不知道的权利或要求为限，而且这种权利或要求根据以下国家的法律规定是以工业产权或其他知识产权为基础的：(a) 如果双方当事人在订立合同时预期货物将在某一国境内转售或作其他使用，则根据货物将在其境内转售或作其他使用的国家的法律；或者（b）在任何其他情况下，根据买方营业地所在国家的法律。

（2）卖方在上一款中的义务不适用于以下情况：（a）买方在订立合同时已知道或不可能不知道此项权利或要求；或者（b）此项权利或要求的发生，是由于卖方要遵照买方所提供的技术图样、图案、程式或其他规格。

第四十三条

（1）买方如果不在已知道或理应知道第三方的权利或要求后一段合理时间内，将此一权利或要求的性质通知卖方，就丧失援引第四十一条或第四十二条规定的权利。

（2）卖方如何知道第三方的权利或要求以及此一权利或要求的性质，就无权援引上一款的规定。

第四十四条

尽管有第三十九条第（1）款和第四十三条第（1）款的规定，买方如果对他未发出所需的通知具备合理的理由，仍可按照第五十条规定减低价格，或要求利润损失以外的损害赔偿。

第三节 卖方违反合同的补救办法

第四十五条

（1）如果卖方不履行他在合同和本公约中的任何义务，买方可以：（a）行使第四十六条至第五十二条所规定的权利；（b）按照第七十四条至第七十七条的规定，要求损害赔偿。

（2）买方可能享有的要求损害赔偿的任何权利，不因他行使采取其他补救办法的权利而丧失。

（3）如果买方对违反合同采取某种补救办法，法律或仲裁庭不得给予卖方宽限期。

第四十六条

（1）买方可以要求卖方履行义务，除非买方已采取与此一要求相抵触的某种补救办法。

（2）如果货物不符合同，买方只有在此种不符合同情形构成根本违反合同时，才可以要求交付替代货物，而且关于替代货物的要求，必须与依照第三十九条发出的通知同时提出，或者在该项通知发出后一段合理时间内提出。

（3）如果货物不符合同，买方可以要求卖方通过修理对不符合同之处做补救，除非他考虑了所有情况之后，认为这样做是不合理的。修理的要求必须与依照第三十九条发出的通知提出，或者在该项通知发出后一段合理时间内提出。

第四十七条

（1）买方可以规定一段合理时限和额外时间，让卖方履行其义务。

（2）除非买方收到卖方的通知，声称他将不在所规定的时间内履行义务，买方在这段时间内不得对违反合同采取任何补救办法。但是，买方并不因此丧失他对迟延履行义务可能享有的要求损害赔偿的任何权利。

第四十八条

（1）在第四十九条的条件下，卖方即使在交货日期之后，仍可自付费用，对任何不履行义务做出补救，但这种补救不得造成不合理的迟延，也不得使买方遭受不合理的不便，或无法确定卖方是否将偿付买方预付的费用。但是，买方保留本公约所规定的要求损害赔偿的任何权利。

（2）如果卖方要求买方表明他是否接受卖方履行的义务，而买方不在一段合理时间内对此一要求做出答复，则卖方可以按其要求中所指明的时间履行义务。买方不得在该段时间内采取与卖方履行义务相抵触的任何补救办法。

（3）卖方表明他将在某一特定时间内履行义务的通知，应包括根据上一款规定要买方表明决定的要求在内。

（4）卖方按照本条第（2）和第（3）款做出的要求或通知，必须在买方收到后，始生效力。

第四十九条

（1）买方在以下情况下可以宣告合同无效：（a）卖方不履行其在合同或本公约中的任何义务，等于根本违反合同；或（b）如果发生不交货的情况，卖方不在买方按照第四十七条第（1）款规定的额外时间内交付货物，或卖方声明他将不在所规定的时间内交付货物。

（2）但是，如果卖方已交付货物，买方就丧失宣告合同无效的权利，除非（a）对于迟延交货，他在知道交货后一段合理时间内这样做；（b）对于迟延交货以外的任何违反合同事情；（一）他在已知道或理应知道这种违反合同后一段合理时间内这样做；或（二）他在买方按照第四十七条第（1）款规定的任何额外时间满期后，或在卖方声明他将不在这一额外时间履行义务后一段合理时间内这样做；或（三）他在卖方按照第四十八条第（2）款指明的任何额外时间满期后，或在买方声明他将不接受卖方履行义务后一段合理时间内这样做。

第五十条

如果货物不符合同，不论价款是否已付，买方都可以减低价格，减价按实际交付的货物在交货时的价值与符合合同的货物在当时的价值两者之间的比例计算。但是，如果卖方按照第三十七条或第四十八条的规定对任何不履行义务做出补救，或者买方拒绝接受卖方按照该两条规定履行义务，则买方不得减低价格。

第五十一条

（1）如果卖方只交付一部分货物，或者交付的货物中只有一部分符合合同规定，第四十六条至第五十条的规定适用于缺漏部分及不符合合同规定部分的货物。

（2）买方只有在完全不交付货物或不按照合同规定交付货物等于根本违反合同时，才可以宣告整个合同无效。

第五十二条

（1）如果卖方在规定的日期前交付货物，买方可以收取货物，也可以拒绝收取货物。

（2）如果卖方交付的货物数量大于合同规定的数量，买方可以收取也可以拒绝收取多交部分的货物。如果买方收取多交部分货物的全部或一部分，他必须按合同价格付款。

第三章　买方的义务

第五十三条

买方必须按照合同和本公约规定支付货物价款和收取货物。

第一节　支付价款

第五十四条

买方支付价款的义务包括根据合同或任何有关法律和规章规定的步骤和手续，以便支付价款。

第五十五条

如果合同已有效地订立，但没有明示或暗示地规定价格或规定如何确定价格，在没有任何相反表示的情况下，双方当事人应视为已默示地引用订立合同时此种货物在有关贸易的类似情况下销售的通常价格。

第五十六条

如果价格是按货物的重量规定的，如有疑问，应按净重确定。

第五十七条

（1）如果买方没有义务在任何其他特定地点支付价款他必须在以下地点向卖方支付价款：（a）卖方的营业地；或者（b）如凭移交货物或单据支付价款则为移交货物或单据的地点。

（2）卖方必须承担因其营业地在订立合同后发生变动而增加的支付方面的有关费用。

第五十八条

（1）如果买方没有义务在任何其他特定时间内支付价款，他必须于卖方按照合同和本公约规定将货物或控制货物处置权的单据交给买方处置时支付价款。卖方可以支付价款作为移交货物或单据的条件。

（2）如果合同涉及货物的运输，卖方可以在支付价款后方可把货物或控制货物处置权的单据移交给买方作为发运货物的条件。

（3）买方在未有机会检验货物前，无义务支付价款，除非这种机会与双方当事人议定的交货或支付程序相抵触。

第五十九条

买方必须按合同和本公约规定的日期或从合同和本公约可以确定的日期支付价款，而无需卖方提出任何要求或办理任何手续。

第二节 收取货物

第六十条

买方收取货物的义务如下：(a) 采取一切理应采取的行动，以期卖方能交付货物；和 (b) 接收货物。

第三节 买方违反合同的补救办法

第六十一条

(1) 如果买方不履行他在合同和本公约中的任何义务，卖方可以：(a) 行使第六十二条至第六十五条所规定的权利；(b) 按照第七十四条至第七十七条的规定，要求损害赔偿。

(2) 卖方可能享有的要求损害赔偿的任何权利，不因他行使采取其他补救办法的权利而丧失。

(3) 如果卖方对违反合同采取某种补救办法，法院或仲裁庭不得给予买方宽限期。

第六十二条

卖方可以要求买方支付价款、收取货物或履行他的其他义务，除非卖方已采取与此一要求相抵触的某种补救办法。

第六十三条

(1) 卖方可以规定一段合理时限的额外时间，让买方履行义务。

(2) 除非卖方收到买方的通知，声称他将不在所规定的时间内履行义务，卖方不得在这段时间内违反合同采取任何补救办法。但是，卖方并不因此丧失他对迟延履行义务可能享有的要求损害赔偿的任何权利。

第六十四条

(1) 卖方在以下情况下可以宣告合同无效：(a) 买方不履行其在合同或本公约中的任何义务，等于根本违反合同；或 (b) 买方不在卖方按照第六十三条第 (1) 款规定的额外时间内履行支付价款的义务或收取货物，或买方声明他将不在所规定的时间内这样做。

(2) 但是，如果买方已支付价款，卖方就丧失宣告合同无效的权利，除非：(a) 对于买方迟延履行义务，他在知道买方履行义务前这样做；或者 (b) 对于买方迟延履行义务以外的任何违反合同事情：(一)他在已知道或理应知道这种违反合同后一段合理时间内这样做；或 (二) 他在卖方按照第六十三条第 (1) 款规定的任何额外时间满期后或在买方声明他将不在这一额外时间内履行义务后一段合理时间内这样做。

第六十五条

(1) 如果买方应根据合同规定订明货物的形状、大小或其他特征，而他在议定的日期或在收到卖方的要求后一段合理时间内没有订明这些规格，则卖方在不损害其可能享有的任何其他权利的情况下，可以依照他所知的买方的要求，自己订明规格。

(2) 如果卖方自己订明规格，也必须把订明规格的细节通知买方，而且必须规定一段合理时间，让买方可以在该时间内订出不同的规格。如果买方在收到这种通知后没有在该段时间内这样做，卖方所订的规格就具有约束力。

第四章 风 险 移 转

第六十六条

货物在风险移转到买方承担后遗失或损坏，买方支付价款的义务并不因此解除，除非这种遗失或损失是由于卖方的行为或不行为所造成。

第六十七条

（1）如果销售合同涉及货物的运输，但卖方没有义务在某一特定地点交付货物，自货物按照销售合同交付给第一承运人以转交给买方时起，风险就移转到由买方承担。如果卖方有义务在某一特定地点把货物交付给承运人，在货物于该地点交付给承运人以前，风险不移转到买方承担。卖方受权保留控制货物处置权的单据，并不影响风险的移转。

（2）但是，在货物以货物上加标记、或以装运单据、或向买方发出通知或以其他方式清楚地注明有关合同以前，风险不移转到买方承担。

第六十八条

对于在运输途中销售的货物，从订立合同时起，风险就移转到买方承担。但是，如果情况表明有此需要，从货物交付给签发载有运输合同单据的承运人时起，风险由买方承担。尽管如此，如果卖方在订立合同时已知道或理应知道货物已经遗失或损坏，而他又不将这一事实告知买方，则这种遗失或损坏应由卖方负责。

第六十九条

（1）在不属于第六十七条和第六十八条规定的情况下，从买方接收货物时起，或如果买方不在适当时间内这样做，则从货物交给他处置但他不收取货物从而违反合同时起，风险移转到买方承担。

（2）但是，如果买方有义务在卖方营业地以外的某一地点接收货物，当交货时间已到而买方知道货物已在该地点交给他处置时，风险方始移转。

（3）如果合同指的是当时未加识别的货物，则这些货物在未清楚注明有关合同以前，不得视为已交给买方处置。

第七十条

如果卖方已根本违反合同，第六十七条、第六十八条和第六十九条的规定，不损害买方因此种违反合同而可以采取的各种补救办法。

第五章　卖方和买方义务的一般规定

第一节　预期违反合同和分批交货合同

第七十一条

（1）如果订立合同后，另一方当事人由于下列原因显然将不履行其大部分重要义务，一方当事人可以中止履行义务：（a）他履行义务的能力或他的信用有严重缺陷；或（b）他在准备履行合同或履行合同中的行为。

（2）如果卖方在上一款所述的理由明显化以前已将货物发运，他可以阻止将货物交付给买方，即使买方持有其有权获得货物的单据。本款规定只与买方和卖方间对货物的权利有关。

（3）中止履行义务的一方当事人不论是在货物发运前还是发运后，都必须立即通知另一方当事人，如经另一方当事人对履行义务提供充分保证，则他必须继续履行义务。

第七十二条

（1）如果在履行合同日期之前，明显看出一方当事人将根本违反合同，另一方当事人可以宣告合同无效。

（2）如果时间许可，打算宣告合同无效的一方当事人必须向另一方当事人发出合理的通知，使他可以对履行义务提供充分保证。

（3）如果另一方当事人已声明他将不履行其义务，则上一款的规定不适用。

第七十三条

（1）对于分批交付货物的合同，如果一方当事人不履行对任何一批货物的义务，便对该批货物构成根本违反合同，则另一方当事人可以宣告合同对该批货物无效。

（2）如果一方当事人不履行对任何一批货物的义务，使另一方当事人有充分理由断定对今后各批货物将会发生根本违反合同，该另一方当事人可以在一段合理时间内宣告合同今后无效。

（3）买方宣告合同对任何一批货物的交付为无效时，可以同时宣告合同对已交付的或今后交付的各批货物均为无效，如果各批货物是互相依存的，不能单独用于双方当事人在订立合同时所设想的目的。

第二节 损害赔偿

第七十四条

一方当事人违反合同应负的损害赔偿额，应与另一方当事人因他违反合同而遭受的包括利润在内的损失额相等。这种损害赔偿不得超过违反合同一方在订立合同时，依照他当时已知道或理应知道的事实和情况，对违反合同预料到或理应预料到的可能损失。

第七十五条

如果合同被宣告无效，而在宣告无效后一段合理时间内，买方已以合理方式购买替代货物，或者卖方已以合理方式把货物转卖，则要求损害赔偿的一方可以取得合同价格和替代货物交易价格之间的差额以及按照第七十四条规定可以取得的任何其他损害赔偿。

第七十六条

（1）如果合同被宣告无效，而货物又有时价，要求损害赔偿的一方，如果没有根据第七十五条规定进行购买或转卖，则可以取得合同规定的价格和宣告合同无效时的时价之间的差额以及按照第七十四条规定可以取得的任何其他损害赔偿。但是，如果要求损害赔偿的一方在接收货物之后宣告合同无效，则应适用接收货物时的时价，而不适用宣告无效时的时价。

（2）为上一款的目的，时价指原应交付货物地点的现行价格，如果该地点没有时价，则指另一合理替代地点的价格，但应适当地考虑货物运费的差额。

第七十七条

声称另一方违反合同的一方，必须按情况采取合理措施，减轻由于该另一方违反合同而引起的损失，包括利润方面的损失。如果他不采取这种措施，违反合同一方可以要求从损害赔偿中扣除原可以减轻的损失数额。

第三节　利　　息

第七十八条

如果一方当事人没有支付价款或任何其他拖欠金额，另一方当事人有权对这些款额收取利息，但不妨碍要求按照第七十四条规定可以取得的损害赔偿。

第四节　免　　责

第七十九条

（1）当事人对不履行义务，不负责任，如果他能证明此种不履行义务，是由于某种非他所能控制的障碍，而且对于这种障碍，没有理由预期他在订立合同时能考虑到或能避免或克服它或它的后果。

（2）如果当事人不履行义务是由于他所雇用履行合同的全部或一部分规定的第三方不履行义务所致，该当事人只有在以下情况下才能免除责任：（a）他按照上一款的规定应免除责任和（b）假如该款的规定也适用于所雇用的人，这个人也同样会免除责任。

（3）本条所规定的免责对障碍存在的期间有效。

（4）不履行义务的一方必须将障碍及其对他履行义务能力的影响通知另一方。如果该项通知在不履行义务的一方已知道或理应知道此一障碍后一段合理时间内仍未为另一方收到通知而造成的损害应负赔偿责任。

（5）本条规定不妨碍任何一方行使本公约规定的要求损害赔偿以外的任何权利。

第八十条

一方当事人因其行为或不行为而使得另一方当事人不履行义务时，不得声称该另一方当事人不履行义务。

第五节　宣告合同无效的效果

第八十一条

（1）宣告合同无效解除了双方在合同中的义务，但应负责的任何损害赔偿仍应负责。宣告合同无效不影响合同中关于解决争端的任何规定，也不影响合同中关于双方在宣告合同无效后权利和义务的任何其他规定。

（2）已全部或局部履行合同的一方，可以要求另一方归还他按照合同供应的货物或支付的价款。如果双方都须归还，他们必须同时这样做。

第八十二条

（1）买方如果不可能按实际收到货物的原状归还货物，他就丧失宣告合同无效或要求卖方支付替代货物的权利。

（2）上一款的规定不适用于以下情况：（a）如果不可能归还货物或不可能按实际收到货物原状归还货物，并非由于买方的行为或不行为所造成；或者（b）如果货物或其中一部分的毁灭或变坏，是由于按照第三十八条规定进行检验所致；或者（c）如果货物或其中一部分，在买方发现或理应发现与合同不符以前，已为买方在正常营业过程中售出，或在正常使用过程中消费或改变。

第八十三条

买方虽然依第八十二条规定丧失宣告合同无效或要求卖方交付替代货物的权利，但是根据合同和本公约规定，他仍保有采取一切其他补救办法的权利。

第八十四条

（1）如果卖方有义务归还价款，他必须同时从支付价款之日起支付价款利息。

（2）在以下情况下，买方必须向卖方说明他从货物或其中一部分得到的一切利益：(a) 如果他必须归还货物或其中一部分；或者 (b) 如果他不可能归还全部或一部分货物，或不可能按实际收到货物的原状归还全部或一部分货物，但他已宣告合同无效或已要求卖方交付替代货物。

第六节 保 全 货 物

第八十五条

如果买方推迟收取货物，或在支付价款和交付货物应同时履行时，买方没有支付价款，而卖方仍拥有这些货物或仍能控制这些货物的处置权，卖方必须按情况采取合理措施，以保全货物。他有权保全这些货物，直至买方把他所付的合理费用偿还给他为止。

第八十六条

（1）如果买方已收到货物，但打算行使合同或本公约规定的任何权利，把货物退回，他必须按情况采取合理措施，以保全货物。他有权保全这些货物，直至卖方把他所付的合理费用偿还给他为止。

（2）如果发运给买方的货物已到达目的地，并交给买方处置，而买方行使退货权利，则买方必须代表卖方收取货物，除非他这样做需要支付价款而且会使他遭受不合理的不便或需承担不合理的费用。如果卖方或受权代表他掌管货物的人也在目的地，则此一规定不适用。如果买方根据本款规定收取货物，他的权利和义务与上一款所规定的相同。

第八十七条

有义务采取措施以保全货物的一方当事人，可以把货物寄放在第三方的仓库，由另一方当事人担负费用，但该项费用必须合理。

第八十八条

（1）如果另一方当事人在收取货物或收回货物或支付价款或保全货物费用方面有不合理的迟延，按照第八十五条或第八十六条规定有义务保全货物的一方当事人，可以采取任何适当办法，把货物出售，但必须事前向另一方当事人发出合理的意向通知。

（2）如果货物易于迅速变坏，或者货物的保全牵涉不合理的费用，则按照第八十五条或第八十六规定有义务保全货物的一方当事人，必须采取合理措施，把货物出售。在可能的范围内，他必须把出售货物的打算通知另一方当事人。

（3）出售货物的一方当事人，有权从销售所得收入中扣回为保全货物和销售货物而付的合理费用。他必须向另一方当事人说明所余款项。

第四部分　最 后 条 款

第八十九条

兹指定联合国秘书长为本公约保管人。

第九十条

本公约不优于业已缔结或可能缔结并载有与属于本公约范围内事项有关的条款的任何国际协定，但以双方当事人的营业地均在这种协定的缔约国内为限。

第九十一条

（1）本公约在联合国国际货物销售合同会议闭幕会议上开放签字，并在纽约联合国总部继续开放签字，直至一九八一年九月三十日为止。

（2）本公约须经签字国批准，接受或核准。

（3）本公约从开放签字之日起开放给所有非签字国加入。

（4）批准书、接受书、核准书和加入书应送交联合国秘书长存放。

第九十二条

（1）缔约国可在签字、批准、接受、核准或加入时声明它不受本公约第二部分的约束或不受本公约第三部分的约束。

（2）按照上一款规定就本公约第二部分或第三部分作出声明的缔约国，在该声明适用的部分所规定事项上，不得视为本公约第一条第（1）款范围内的缔约国。

第九十三条

（1）如果缔约国具有两个或两个以上的领土单位，而依照该国宪法规定，各领土单位对本公约所规定的事项适用不同的法律制度，则该国得在签字、批准、接受、核准或加入时声明本公约适用于该国全部领土单位或仅适用于其中的一个或数个领土单位，并且可以随时提出另一声明来修改其所做的声明。

（2）此种声明应通知保管人，并且明确地说明适用本公约的领土单位。

（3）如果根据按本条做出的声明，本公约适用于缔约国的一个或数个但不是全部领土单位，而且一方当事人的营业地位于该缔约国内，则为本公约的目的，该营业地除非位于本公约适用的领土单位内，否则视为不在缔约国内。

（4）如果缔约国没有按照本条第（1）款作出声明，则本公约适用于该国所有领土单位。

第九十四条

（1）对属于本公约范围的事项具有相同或非常近似的法律规则的两个或两个以上的缔约国，可随时声明本公约不适用于营业地在这些缔约国内的当事人之间的销售合同，也不适用于这些合同的订立。此种声明可联合做出，也可以相互单方面声明的方式做出。

（2）对属于本公约范围的事项具有与一个或一个以上非缔约国相同或非常近似的法律规则的缔约国，可随时声明本公约不适用于营业地在这些非缔约国内的当事人之间的销售合同，也不适用于这些合同的订立。

（3）作为根据上一款所做声明对象的国家如果后来成为缔约国，这项声明从本公约对该新缔约国生效之日起，具有根据第（1）款所做声明的效力，但以该新缔约国加入这项声明，或做出相互单方面声明为限。

第九十五条

任何国家在交存其批准书、接受书、核准书或加入书时，可声明它不受本公约第一条第（1）款（b）项的约束。

第九十六条

本国法律规定销售合同必须以书面订立或书面证明的缔约国，可以随时按照第十二条的规定，声明本公约第十一条、第二十九条或第二部分准许销售合同或其更改或根据协议终止，或者任何发价、接受或其他意旨表示得以书面以外任何形式做出的任何规定不适用，如果任何一方当事人的营业地是在该缔约国内。

第九十七条

（1）根据本公约规定在签字时做出的声明，须在批准、接受或核准时加以确认。

（2）声明和声明的确认，应以书面提出并应正式通知保管人。

（3）声明在本公约对有关国家开始生效时同时生效。但是，保管人于此种生效后收到正式通知的声明，应于保管人收到声明之日起六个月后的第一个月第一天生效。根据第九十四条规定做出的相互单方面声明，应于保管人收到最后一份声明之日起六个月后的第一个月第一天生效。

（4）根据本公约规定做出声明的任何国家可以随时用书面正式通知保管人撤回该项声明。此种撤回于保管人收到通知之日起六个月后的第一个月第一天生效。

（5）撤回根据第九十四条做出的声明，自撤回生效之日起，就会使另一个国家根据该条所作的任何相互声明失效。

第九十八条

除本公约明文许可的保留外，不得作任何保留。

第九十九条

（1）在本条第（6）款规定的条件下，本公约在第十件批准书、接受书、核准书或加入书、包括载有根据第九十二条规定做出的声明的议书交存之日起十二个月后的第一个月第一天生效。

（2）在本条第（6）款规定的条件下，对于在第十件批准书、接受书、核准书或加入书交存后才批准、接受、核准或加入本公约的国家，本公约在该国交存其批准书、接受书、核准书或加入书之日起十二个月后的第一个月第一天对该国生效，但不适用的部分除外。

（3）批准、接受、核准或加入本公约的国家，如果是一九六四年七月一日在海牙签订的《关于国际货物销售合同的订立统一法公约》（《一九六四年海牙订立合同公约》）和一九六四年七月一日在海牙签订的《关于国际货物销售统一法的公约》（《一九六四年海牙货物销售公约》）中一项或两项公约的缔约国，应按情况同时通知荷兰政府声明退出《一九六四年海牙货物销售公约》或《一九六四年海牙订立合同公约》或退出该两公约。

（4）凡为《一九六四年海牙货物销售公约》缔约国并批准、接受、核准或加入本公约和根据第九十二条规定声明或业已声明不受本公约第二部分约束的国家，应于批准、接受、核准或加入时通知荷兰政府声明退出《一九六四年海牙货物销售公约》。

（5）凡为《一九六四年海牙订立合同公约》缔约国并批准、接受、核准或加入本公约和根据第九十二条规定声明或业已声明不受本公约第三部分约束的国家，应于批准、接受、核准或加入时通知荷兰政府声明退出《一九六四年海牙订立合同公约》。

（6）为本条的目的，《一九六四年海牙订立合同公约》或《一九六四年海牙货物销售公约》的缔约国的批准、接受、核准或加入本公约，应在这些国家按照规定退出该两公约生效后方始生效。本公约保管人应与一九六四年两公约的保管人荷兰政府进行协商，以确保在这方面进行必要的协调。

第一零零条

（1）本公约适用于合同的订立，只要订立合同的建议是在本公约对第一条第（1）款（a）项所指缔约国或第一条第（1）款（b）项所指缔约国生效之日或其后做出的。

（2）本公约只适用于在它对第一条第（1）款（a）项所指缔约国或第一条第（1）款（b）项所指缔约国生效之日或其后订立的合同。

第一零一条

（1）缔约国可以用书面正式通知保管人声明退出本公约，或本公约第二部分或第三部分。

（2）退出于保管人收到通知十二个月后的第一个月第一天起生效。凡通知内订明一段退出生效的更长时间，则退出于保管人收到通知后该段更长时间满时起生效。

1984 年 4 月 11 日订于维也纳，正本一份，其阿拉伯文本、中文本、英文本、法文本、俄文本和西班牙文本都具有同等效力。

附录二

中华人民共和国合同法（摘要）

（1999 年 3 月 15 日第九届全国人民代表大会第二次会议通过）

总　则

第一章　一 般 规 定

第一条　为了保护合同当事人的合法权益，维护社会经济秩序，促进社会主义现代化建设，制定本法。

第二条　本法所称合同是平等主体的自然人、法人、其他组织之间设立、变更、终止民事权利义务关系的协议。

婚姻、收养、监护等有关身份关系的协议，适用其他法律的规定。

第三条　合同当事人的法律地位平等，一方不得将自己的意志强加给另一方。

第四条　当事人依法享有自愿订立合同的权利，任何单位和个人不得非法干预。

第五条　当事人应当遵循公平原则确定各方的权利和义务。

第六条　当事人行使权利、履行义务应当遵循诚实信用原则。

第七条　当事人订立、履行合同，应当遵守法律、行政法规，尊重社会公德，不得扰乱社会经济秩序，损害社会公共利益。

第八条　依法成立的合同，对当事人具有法律约束力。当事人应当按照约定履行自己的义务，不得擅自变更或者解除合同。

依法成立的合同，受法律保护。

第二章　合同的订立

第九条　当事人订立合同，应当具有相应的民事权利能力和民事行为能力。

当事人依法可以委托代理人订立合同。

第十条　当事人订立合同，有书面形式、口头形式和其他形式。

法律、行政法规规定采用书面形式的，应当采用书面形式。当事人约定采用书面形式的，应当采用书面形式。

第十一条　书面形式是指合同书、信件和数据电文（包括电报、电传、传真、电子数据交换和电子邮件）等可以有形地表现所载内容的形式。

第十二条　合同的内容由当事人约定，一般包括以下条款：

（一）当事人的名称或者姓名和住所；

（二）标的；

（三）数量；

（四）质量；

（五）价款或者报酬；

（六）履行期限、地点和方式；

（七）违约责任；

（八）解决争议的方法。

当事人可以参照各类合同的示范文本订立合同。

第十三条　当事人订立合同，采取要约、承诺方式。

第十四条　要约是希望和他人订立合同的意思表示，该意思表示应当符合下列规定：

（一）内容具体确定；

（二）表明经受要约人承诺，要约人即受该意思表示约束。

第十五条　要约邀请是希望他人向自己发出要约的意思表示。寄送的价目表、拍卖公告、招标公告、招股说明书、商业广告等为要约邀请。

商业广告的内容符合要约规定的，视为要约。

第十六条　要约到达受要约人时生效。

采用数据电文形式订立合同，收件人指定特定系统接收数据电文的，该数据电文进入该特定系统的时间，视为到达时间；未指定特定系统的，该数据电文进入收件人的任何系统的首次时间，视为到达时间。

第十七条　要约可以撤回。撤回要约的通知应当在要约到达受要约人之前或者与要约同时到达受要约人。

第十八条　要约可以撤销。撤销要约的通知应当在受要约人发出承诺通知之前到达受要约人。

第十九条　有下列情形之一的，要约不得撤销：

（一）要约人确定了承诺期限或者以其他形式明示要约不可撤销；

（二）受要约人有理由认为要约是不可撤销的，并已经为履行合同作了准备工作。

第二十条　有下列情形之一的，要约失效：

（一）拒绝要约的通知到达要约人；

（二）要约人依法撤销要约；

（三）承诺期限届满，受要约人未作出承诺；

（四）受要约人对要约的内容作出实质性变更。

第二十一条　承诺是受要约人同意要约的意思表示。

第二十二条　承诺应当以通知的方式作出，但根据交易习惯或者要约表明可以通过行为作出承诺的除外。

第二十三条　承诺应当在要约确定的期限内到达要约人。

要约没有确定承诺期限的，承诺应当依照下列规定到达：

（一）要约以对话方式作出的，应当及时作出承诺，但当事人另有约定的除外；

（二）要约以非对话方式作出的，承诺应当在合理期限内到达。

第二十四条 要约以信件或者电报作出的，承诺期限自信件载明的日期或者电报交发之日开始计算。信件未载明日期的，自投寄该信件的邮戳日期开始计算。要约以电话、传真等快速通信方式作出的，承诺期限自要约到达受要约人时开始计算。

第二十五条 承诺生效时合同成立。

第二十六条 承诺通知到达要约人时生效。承诺不需要通知的，根据交易习惯或者要约的要求作出承诺的行为时生效。

采用数据电文形式订立合同的，承诺到达的时间适用本法第十六条第二款的规定。

第二十七条 承诺可以撤回。撤回承诺的通知应当在承诺通知到达要约人之前或者与承诺通知同时到达要约人。

第二十八条 受要约人超过承诺期限发出承诺的，除要约人及时通知受要约人该承诺有效的以外，为新要约。

第二十九条 受要约人在承诺期限内发出承诺，按照通常情形能够及时到达要约人，但因其他原因承诺到达要约人时超过承诺期限的，除要约人及时通知受要约人因承诺超过期限不接受该承诺的以外，该承诺有效。

第三十条 承诺的内容应当与要约的内容一致。受要约人对要约的内容作出实质性变更的，为新要约。有关合同标的、数量、质量价款或者报酬、履行期限、履行地点和方式、违约责任和解决争议方法等的变更，是对要约内容的实质性变更。

第三十一条 承诺对要约的内容作出非实质性变更的，除要约人及时表示反对或者要约表明承诺不得对要约的内容作出任何变更的以外，该承诺有效，合同的内容以承诺的内容为准。

第三十二条 当事人采用合同书形式订立合同的，自双方当事人签字或者盖章时合同成立。

第三十三条 当事人采用信件、数据电文等形式订立合同的，可以在合同成立之前要求签订确认书。签订确认书时合同成立。

第三十四条 承诺生效的地点为合同成立的地点。

采用数据电文形式订立合同的，收件人的主营业地为合同成立的地点；没有主营业地的，其经常居住地为合同成立的地点。当事人另有约定的，按照其约定。

第三十五条 当事人采用合同书形式订立合同的，双方当事人签字或者盖章的地点为合同成立的地点。

第三十六条 法律、行政法规规定或者当事人约定采用书面形式订立合同，当事人未采用书面形式但一方已经履行主要义务，对方接受的，该合同成立。

第三十七条 采用合同书形式订立合同，在签字或者盖章之前，当事人一方已经履行主要义务，对方接受的，该合同成立。

第三十八条 国家根据需要下达指令性任务或者国家订货任务的，有关法人、其他组织之间应当依照有关法律、行政法规规定的权利和义务订立合同。

第三十九条 采用格式条款订立合同的，提供格式条款的一方应当遵循公平原则确定当事人之间的权利和义务，并采取合理的方式提请对方注意免除或者限制其责任的条款，按照对方的要求，对该条款予以说明。

格式条款是当事人为了重复使用而预先拟定，并在订立合同时未与对方协商的条款。

第四十条　格式条款具有本法第五十二条和第五十三条规定情形的，或者提供格式条款一方免除其责任、加重对方责任、排除对方主要权利的，该条款无效。

第四十一条　对格式条款的理解发生争议的，应当按照通常理解予以解释。对格式条款有两种以上解释的，应当作出不利于提供格式条款一方的解释。格式条款和非格式条款不一致的，应当采用非格式条款。

第四十二条　当事人在订立合同过程中有下列情形之一，给对方造成损失的，应当承担损害赔偿责任：

（一）假借订立合同，恶意进行磋商；

（二）故意隐瞒与订立合同有关的重要事实或者提供虚假情况；

（三）有其他违背诚实信用原则的行为。

第四十三条　当事人在订立合同过程中知悉的商业秘密，无论合同是否成立，不得泄露或者不正当地使用。泄露或者不正当地使用该商业秘密给对方造成损失的，应当承担损害赔偿责任。

第三章　合同的效力

第四十四条　依法成立的合同，自成立时生效。

法律、行政法规规定应当办理批准、登记等手续生效的，依照其规定。

第四十五条　当事人对合同的效力可以约定附条件。附生效条件的合同，自条件成就时生效。附解除条件的合同，自条件成就时失效。

当事人为自己的利益不正当地阻止条件成就的，视为条件已成就；不正当地促成条件成就的，视为条件不成就。

第四十六条　当事人对合同的效力可以约定附期限。附生效期限的合同，自期限届至时生效。附终止期限的合同，自期限届满时失效。

第四十七条　限制民事行为能力人订立的合同，经法定代理人追认后，该合同有效，但纯获利益的合同或者与其年龄、智力、精神健康状况相适应而订立的合同，不必经法定代理人追认。

相对人可以催告法定代理人在一个月内予以追认。法定代理人未作表示的，视为拒绝追认。合同被追认之前，善意相对人有撤销的权利。撤销应当以通知的方式作出。

第四十八条　行为人没有代理权、超越代理权或者代理权终止后以被代理人名义订立的合同，未经被代理人追认，对被代理人不发生效力，由行为人承担责任。

相对人可以催告被代理人在一个月内予以追认。被代理人未作表示的，视为拒绝追认。合同被追认之前，善意相对人有撤销的权利，撤销应当以通知的方式作出。

第四十九条　行为人没有代理权、超越代理权或者代理权终止后以被代理人名义订立的合同，相对人有理由相信行为人有代理权的，该代理行为有效。

第五十条　法人或者其他组织的法定代表人、负责人超越权限订立的合同，除相对人知道或者应当知道其超越权限的以外，该代表行为有效。

第五十一条　无处分权的人处分他人财产，经权利人追认或者无处分权的人订立合同后取得处分权的，该合同有效。

第五十二条　有下列情形之一的，合同无效：

（一）一方以欺诈、胁迫的手段订立合同，损害国家利益；

（二）恶意串通，损害国家、集体或者第三人利益；

（三）以合法形式掩盖非法目的；

（四）损害社会公共利益；

（五）违反法律、行政法规的强制性规定。

第五十三条　合同中的下列免责条款无效：

（一）造成对方人身伤害的；

（二）因故意或者重大过失造成对方财产损失的。

第五十四条　下列合同，当事人一方有权请示人民法院或者仲裁机构变更或者撤销：

（一）因重大误解订立的；

（二）在订立合同时显失公平的。

一方以欺诈、胁迫的手段或者乘人之危，使对方在违背真实意思的情况下订立的合同，受损害方有权请求人民法院或者仲裁机构变更或者撤销。

当事人请求变更的，人民法院或者仲裁机构不得撤销。

第五十五条　有下列情形之一的，撤销权消灭：

（一）具有撤销权的当事人自知道或者应当知道撤销事由之日起一年内没有行使撤销权；

（二）具有撤销权的当事人知道撤销事由后明确表示或者以自己的行为放弃撤销权。

第五十六条　无效的合同或者被撤销的合同自始没有法律约束力。合同部分无效，不影响其他部分效力的，其他部分仍然有效。

第五十七条　合同无效、被撤销或者终止的，不影响合同中独立存在的有关解决争议方法的条款的效力。

第五十八条　合同无效或者被撤销后，因该合同取得的财产，应当予以返还；不能返还或者没有必要返还的，应当折价补偿。有过错的一方应当赔偿对方因此所受到的损失，双方都有过错的，应当各自承担相应的责任。

第五十九条　当事人恶意串通，损害国家、集体或者第三人利益的，因此取得的财产收归国家所有或者返还集体、第三人。

第四章　合同的履行

第六十条　当事人应当按照约定全面履行自己的义务。

当事人应当遵循诚实信用原则，根据合同的性质、目的和交易习惯履行通知、协助、保密等义务。

第六十一条　合同生效后，当事人就质量、价款或者报酬、履行地点等内容没有约定或者约定不明确的，可以协议补充；不能达成补充协议的，按照合同有关条款或者交易习惯确定。

第六十二条　当事人就有关合同内容约定不明确，依照本法第六十一条的规定仍不能确定的，适用下列规定：

（一）质量要求不明确的，按照国家标准、行业标准履行；没有国家标准、行业标准的，按照通常标准或者符合合同目的的特定标准履行。

（二）价款或者报酬不明确的，按照订立合同时履行地的市场价格履行；依法应当执行政府定价或者政府指导价的，按照规定履行。

（三）履行地点不明确，给付货币的，在接受货币一方所在地履行；交付不动产的，在不动产所在地履行；其他标的，在履行义务一方所在地履行。

（四）履行期限不明确的，债务人可以随时履行，债权人也可以随时要求履行，但应当给对方必要的准备时间。

（五）履行方式不明确的，按照有利于实现合同目的的方式履行。

（六）履行费用的负担不明确的，由履行义务一方负担。

第六十三条　执行政府定价或者政府指导价的，在合同约定的交付期限内政府价格调整时，按照交付时的价格计价。逾期交付标的物的，遇价格上涨时，按照原价格执行；价格下降时，按照新价格执行。逾期提取标的物或者逾期付款的，遇价格上涨时，按照新价格执行；价格下降时，按照原价格执行。

第六十四条　当事人约定由债务人向第三人履行债务的，债务人未向第三人履行债务或者履行债务不符合约定，应当向债权人承担违约责任。

第六十五条　当事人约定由第三人向债权人履行债务的，第三人不履行债务或者履行债务不符合约定，债务人应当向债权人承担违约责任。

第六十六条　当事人互负债务，没有先后履行顺序的，应当同时履行。一方在对方履行之前有权拒绝其履行要求。一方在对方履行债务不符合约定时，有权拒绝其相应的履行要求。

第六十七条　当事人互负债务，有先后履行顺序，先履行一方未履行的，后履行一方有权拒绝其履行要求。先履行一方履行债务不符合约定的，后履行一方有权拒绝其相应的履行要求。

第六十八条　应当先履行债务的当事人，有确切证据证明对方有下列情形之一的，可以中止履行：

（一）经营状况严重恶化；

（二）转移财产、抽逃资金，以逃避债务；

（三）丧失商业信誉；

（四）有丧失或者可能丧失履行债务能力的其他情形。

当事人没有确切证据中止履行的，应当承担违约责任。

第六十九条　当事人依照本法第六十八条规定中止履行的，应当及时通知对方。对方提供适当担保时，应当恢复履行。中止履行后，对方在合理期限内未恢复履行能力并且未提供适当担保的，中止履行的一方可以解除合同。

第七十条　债权人分立、合并或者变更住所没有通知债务人，致使履行债务发生困难的，债务人可以中止履行或者将标的物提存。

第七十一条　债权人可以拒绝债务人提前履行债务，但提前履行不损害债权人利益的除外。

债务人提前履行债务给债权人增加的费用，由债务人负担。

第七十二条　债权人可以拒绝债务人部分履行债务，但部分履行不损害债权人利益的除外。

债务人部分履行债务给债权人增加的费用，由债务人负担。

第七十三条　因债务人怠于行使其到期债权，对债权人造成损害的，债权人可以向人民法院请求以自己的名义代位行使债务人的债权，但该债权专属于债务人自身的除外。

代位权的行使范围以债权人的债权为限。债权人行使代位权的必要费用，由债务人负担。

第七十四条　因债务人放弃其到期债权或者无偿转让财产，对债权人造成损害的，债权人可以请求人民法院撤销债务人的行为。债务人以明显不合理的低价转让财产，对债权人造成损害，并且受让人知道该情形的，债权人也可以请求人民法院撤销债务人的行为。

撤销权的行使范围以债权人的债权为限。债权人行使撤销权的必要费用，由债务人负担。

第七十五条　撤销权自债权人知道或者应当知道撤销事由之日起一年内行使。自债务人的行为发生之日起五年内没有行使撤销权的，该撤销权消灭。

第七十六条　合同生效后，当事人不得因姓名、名称的变更或者法定代表人、负责人、承办人的变动而不履行合同义务。

第五章　合同的变更和转让

第七十七条　当事人协商一致，可以变更合同。

法律、行政法规规定变更合同应当办理批准、登记等手续的，依照其规定。

第七十八条　当事人对合同变更的内容约定不明确的，推定为未变更。

第七十九条　债权人可以将合同的权利全部或者部分转让给第三人，但有下列情形之一的除外：

（一）根据合同性质不得转让；

（二）按照当事人约定不得转让；

（三）依照法律规定不得转让。

第八十条　债权人转让权利的，应当通知债务人。未经通知，该转让对债务人不发生效力。

债权人转让权利的通知不得撤销，但经受让人同意的除外。

第八十一条　债权人转让权利的，受让人取得与债权有关的从权利，但该从权利专属于债权人自身的除外。

第八十二条　债务人接到债权转让通知后，债务人对让与人的抗辩，可以向受让人主张。

第八十三条　债务人接到债权转让通知时，债务人对让与人享有债权，并且债务人的债权先于转让的债权到期或者同时到期的，债务人可以向受让人主张抵销。

第八十四条　债务人将合同的义务全部或者部分转移给第三人的，应当经债权人同意。

第八十五条　债务人转移义务的，新债务人可以主张原债务人对债权人的抗辩。

第八十六条　债务人转移义务的，新债务人应当承担与主债务有关的从债务，但该从债务专属于原债务人自身的除外。

第八十七条　法律、行政法规规定转让权利或者转移义务应当办理批准、登记等手续的，依照其规定。

第八十八条　当事人一方经对方同意，可以将自己在合同中的权利和义务一并转让给第三人。

第八十九条　权利和义务一并转让的，适用本法第七十九条、第八十一条至第八十三条、第八十五条至第八十七条的规定。

第九十条　当事人订立合同后合并的，由合并后的法人或者其他组织行使合同权利，履行合同义务。当事人订立合同后分立的，除债权人和债务人另有约定的以外，由分立的法人或者其他组织对合同的权利和义务享有连带债权，承担连带债务。

第六章　合同的权利义务终止

第九十一条　有下列情形之一的，合同的权利义务终止：

（一）债务已经按照约定履行；

（二）合同解除；

（三）债务相互抵销；

（四）债务人依法将标的物提存；

（五）债权人免除债务；

（六）债权债务同归于一人；

（七）法律规定或者当事人约定终止的其他情形。

第九十二条　合同的权利义务终止后，当事人应当遵循诚实信用原则，根据交易习惯履行通知、协助、保密等义务。

第九十三条　当事人协商一致，可以解除合同。

当事人可以约定一方解除合同的条件。解除合同的条件成就时，解除权人可以解除合同。

第九十四条　有下列情形之一的，当事人可以解除合同：

（一）因不可抗力致使不能实现合同目的；

（二）在履行期限届满之前，当事人一方明确表示或者以自己的行为表明不履行主要债务；

（三）当事人一方迟延履行主要债务，经催告后在合理期限内仍未履行；

（四）当事人一方迟延履行债务或者有其他违约行为致使不能实现合同目的；

（五）法律规定的其他情形。

第九十五条　法律规定或者当事人约定解除权行使期限，期限届满当事人不行使的，该权利消灭。

法律没有规定或者当事人没有约定解除权行使期限，经对方催告后在合理期限内不行使的，该权利消灭。

第九十六条 当事人一方依照本法第九十三条第二款、第九十四条的规定主张解除合同的，应当通知对方。合同自通知到达对方时解除。对方有异议的，可以请求人民法院或者仲裁机构确认解除合同的效力。

法律、行政法规规定解除合同应当办理批准、登记等手续的，依照其规定。

第九十七条 合同解除后，尚未履行的，终止履行；已经履行的，根据履行情况和合同性质，当事人可以要求恢复原状、采取其他补救措施，并有权要求赔偿损失。

第九十八条 合同的权利义务终止，不影响合同中结算和清理条款的效力。

第九十九条 当事人互负到期债务，该债务的标的物种类、品质相同的，任何一方可以将自己的债务与对方的债务抵销，但依照法律规定或者按照合同性质不得抵销的除外。

当事人主张抵销的，应当通知对方。通知自到达对方时生效。抵销不得附条件或者附期限。

第一百条 当事人互负债务，标的物种类、品质不相同的，经双方协商一致，也可以抵销。

第一百零一条 有下列情形之一，难以履行债务的，债务人可以将标的物提存：

（一）债权人无正当理由拒绝受领；

（二）债权人下落不明；

（三）债权人死亡未确定继承人或者丧失民事行为能力未确定监护人；

（四）法律规定的其他情形。

标的物不适于提存或者提存费用过高的，债务人依法可以拍卖或者变卖标的物，提存所得的价款。

第一百零二条 标的物提存后，除债权人下落不明的以外，债务人应当及时通知债权人或者债权人的继承人、监护人。

第一百零三条 标的物提存后，毁损、灭失的风险由债权人承担。提存期间，标的物的孳息归债权人所有。提存费用由债权人负担。

第一百零四条 债权人可以随时领取提存物，但债权人对债务人负有到期债务的，在债权人未履行债务或者提供担保之前，提存部门根据债务人的要求应当拒绝其领取提存物。

债权人领取提存物的权利，自提存之日起五年内不行使而消灭，提存物扣除提存费用后归国家所有。

第一百零五条 债权人免除债务人部分或者全部债务的，合同的权利义务部分或者全部终止。

第一百零六条 债权和债务同归于一人的，合同的权利义务终止，但涉及第三人利益的除外。

第七章　违 约 责 任

第一百零七条　当事人一方不履行合同义务或者履行合同义务不符合约定的，应当承担继续履行、采取补救措施或者赔偿损失等违约责任。

第一百零八条　当事人一方明确表示或者以自己的行为表明不履行合同义务的，对方可以在履行期限届满之前要求其承担违约责任。

第一百零九条　当事人一方未支付价款或者报酬的，对方可以要求其支付价款或者报酬。

第一百一十条　当事人一方不履行非金钱债务或者履行非金钱债务不符合约定的，对方可以要求履行，但有下列情形之一的除外：

（一）法律上或者事实上不能履行；

（二）债务的标的不适于强制履行或者履行费用过高；

（三）债权人在合理期限内未要求履行。

第一百一十一条　质量不符合约定的，应当按照当事人的约定承担违约责任。对违约责任没有约定或者约定不明确，依照本法第六十一条的规定仍不能确定的，受损害方根据标的的性质及损失的大小，可以合理选择要求对方承担修理、更换、重作、退货、减少价款或者报酬等违约责任。

第一百一十二条　当事人一方不履行合同义务或者履行合同义务不符合约定的，在履行义务或者采取补救措施后，对方还有其他损失的，应当赔偿损失。

第一百一十三条　当事人一方不履行合同义务或者履行合同义务不符合约定，给对方造成损失的，损失赔偿额应当相当于因违约所造成的损失，包括合同履行后可以获得的利益，但不得超过违反合同一方订立合同时预见到或者应当预见到的因违反合同可能造成的损失。

经营者对消费者提供商品或者服务有欺诈行为的，依照《中华人民共和国消费者权益保护法》的规定承担损害赔偿责任。

第一百一十四条　当事人可以约定一方违约时应当根据违约情况向对方支付一定数额的违约金，也可以约定因违约产生的损失赔偿额的计算方法。

约定的违约金低于造成的损失的，当事人可以请求人民法院或者仲裁机构予以增加；约定的违约金过分高于造成的损失的，当事人可以请求人民法院或者仲裁机构予以适当减少。

当事人就迟延履行约定违约金的，违约方支付违约金后，还应当履行债务。

第一百一十五条　当事人可以依照《中华人民共和国担保法》约定一方向对方给付定金作为债权的担保。债务人履行债务后，定金应当抵作价款或者收回。给付定金的一方不履行约定的债务的，无权要求返还定金；收受定金的一方不履行约定的债务的，应当双倍返还定金。

第一百一十六条　当事人既约定违约金，又约定定金的，一方违约时，对方可以选择适用违约金或者定金条款。

第一百一十七条　因不可抗力不能履行合同的，根据不可抗力的影响，部分或者全部免除责任，但法律另有规定的除外。当事人迟延履行后发生不可抗力的，不能免除责任。

本法所称不可抗力，是指不能预见、不能避免并不能克服的客观情况。

第一百一十八条　当事人一方因不可抗力不能履行合同的，应当及时通知对方，以减轻可能给对方造成的损失，并应当在合理期限内提供证明。

第一百一十九条　当事人一方违约后，对方应当采取适当措施防止损失的扩大；没有采取适当措施致使损失扩大的，不得就扩大的损失要求赔偿。

当事人因防止损失扩大而支出的合理费用，由违约方承担。

第一百二十条　当事人双方都违反合同的，应当各自承担相应的责任。

第一百二十一条　当事人一方因第三人的原因造成违约的，应当向对方承担违约责任。当事人一方和第三人之间的纠纷，依照法律规定或者按照约定解决。

第一百二十二条　因当事人一方的违约行为，侵害对方人身、财产权益的，受损害方有权选择依照本法要求其承担违约责任或者依照其他法律要求其承担侵权责任。

第八章　其 他 规 定

第一百二十三条　其他法律对合同另有规定的，依照其规定。

第一百二十四条　本法分则或者其他法律没有明文规定的合同，适用本法总则的规定，并可以参照本法分则或者其他法律最相类似的规定。

第一百二十五条　当事人对合同条款的理解有争议的，应当按照合同所使用的词句、合同的有关条款、合同的目的、交易习惯以及诚实信用原则，确定该条款的真实意思。

合同文本采用两种以上文字订立并约定具有同等效力的，对各文本使用的词句推定具有相同含义。各文本使用的词句不一致的，应当根据合同的目的予以解释。

第一百二十六条　涉外合同的当事人可以选择处理合同争议所适用的法律，但法律另有规定的除外。涉外合同的当事人没有选择的，适用与合同有最密切联系的国家的法律。

在中华人民共和国境内履行的中外合资经营企业合同、中外合作经营企业合同、中外合作勘探开发自然资源合同，适用中华人民共和国法律。

第一百二十七条　工商行政管理部门和其他有关行政主管部门在各自的职权范围内，依照法律、行政法规的规定，对利用合同危害国家利益、社会公共利益的违法行为，负责监督处理，构成犯罪的，依法追究刑事责任。

第一百二十八条　当事人可以通过和解或者调解解决合同争议。

当事人不愿和解、调解或者和解、调解不成的，可以根据仲裁协议向仲裁机构申请仲裁，涉外合同的当事人可以根据仲裁协议向中国仲裁机构或者其他仲裁机构申请仲裁。当事人没有订立仲裁协议或者仲裁协议无效的，可以向人民法院起诉。当事人应当履行发生法律效力的判决，仲裁裁决、调解书；拒不履行的，对方可以请求人民法院执行。

第一百二十九条　因国际货物买卖合同和技术进出口合同争议提起诉讼或者申请仲裁的期限为四年，自当事人知道或者应当知道其权利受到侵害之日起计算。因其他合同争议提起诉讼或者申请仲裁的期限，依照有关法律的规定。

分 则

第九章 买 卖 合 同

第一百三十条 买卖合同是出卖人转移标的物的所有权于买受人，买受人支付价款的合同。

第一百三十一条 买卖合同的内容除依照本法第十二条的规定以外，还可以包括包装方式、检验标准和方法、结算方式、合同使用的文字及其效力等条款。

第一百三十二条 出卖的标的物，应当属于出卖人所有或者出卖人有权处分。

法律、行政法规禁止或者限制转让的标的物，依照其规定。

第一百二十三条 标的物的所有权自标的物交付时起转移，但法律另有规定或者当事人另有约定的除外。

第一百三十四条 当事人可以在买卖合同中约定买受人未履行支付价款或者其他义务的，标的物的所有权属于出卖人。

第一百三十五条 出卖人应当履行向买受人交付标的物或者交付提取标的物的单证，并转移标的物所有权的义务。

第一百三十六条 出卖人应当按照约定或者交易习惯向买受人交付提取标的物单证以外的有关单证和资料。

第一百三十七条 出卖具有知识产权的计算机软件等标的物的，除法律另有规定或者当事人另有约定的以外，该标的物的知识产权不属于买受人。

第一百三十八条 出卖人应当按照约定的期限交付标的物。约定交付期间的，出卖人可以在该交付期间内的任何时间交付。

第一百三十九条 当事人没有约定标的物的交付期限或者约定不明确的，适用本法第六十一条、第六十二条第四项的规定。

第一百四十条 标的物在订立合同之前已为买受人占有的，合同生效的时间为交付时间。

第一百四十一条 出卖人应当按照约定的地点交付标的物。

当事人没有约定交付地点或者约定不明确，依照本法第六十一条的规定仍不能确定的，适用下列规定：

（一）标的物需要运输的，出卖人应当将标的物交付给第一承运人以运交给买受人；

（二）标的物不需要运输，出卖人和买受人订立合同时知道标的物在某一地点的，出卖人应当在该地点交付标的物；不知道标的物在某一地点的，应当在出卖人订立合同时的营业地交付标的物。

第一百四十二条 标的物毁损、灭失的风险，在标的物交付之前由出卖人承担，交付之后由买受人承担，但法律另有规定或者当事人另有约定的除外。

第一百四十三条 因买受人的原因致使标的物不能按照约定的期限交付的，买受人应当自违反约定之日起承担标的物毁损、灭失的风险。

第一百四十四条 出卖人出卖交由承运人运输的在途标的物，除当事人另有约定的以外，毁损、灭失的风险自合同成立时起由买受人承担。

第一百四十五条　当事人没有约定交付地点或者约定不明确，依照本法第一百四十一条第二款第一项的规定标的物需要运输的，出卖人将标的物交付给第一承运人后，标的物毁损、灭失的风险由买受人承担。

第一百四十六条　出卖人按照约定或者依照本法第一百四十一条第二款第二项的规定将标的物置于交付地点，买受人违反约定没有收取的，标的物毁损、灭失的风险自违反约定之日起由买受人承担。

第一百四十七条　出卖人按照约定未交付有关标的物的单证和资料的，不影响标的物毁损、灭失风险的转移。

第一百四十八条　因标的物质量不符合质量要求，致使不能实现合同目的的，买受人可以拒绝接受标的物或者解除合同。买受人拒绝接受标的物或者解除合同的，标的物毁损、灭失的风险由出卖人承担。

第一百四十九条　标的物毁损、灭失的风险由买受人承担的，不影响因出卖人履行债务不符合约定，买受人要求其承担违约责任的权利。

第一百五十条　出卖人就交付的标的物，负有保证第三人不得向买受人主张任何权利的义务，但法律另有规定的除外。

第一百五十一条　买受人订立合同时知道或者应当知道第三人对买卖的标的物享有权利的，出卖人不承担本法第一百五十条规定的义务。

第一百五十二条　买受人有确切证据证明第三人可能就标的物主张权利的，可以中止支付相应的价款，但出卖人提供适当担保的除外。

第一百五十三条　出卖人应当按照约定的质量要求交付标的物。出卖人提供有关标的物质量说明的，交付的标的物应当符合该说明的质量要求。

第一百五十四条　当事人对标的物的质量要求没有约定或者约定不明确，依照本法第六十一条的规定仍不能确定的，适用本法第六十二条第一项的规定。

第一百五十五条　出卖人交付的标的物不符合质量要求的，买受人可以依照本法第一百一十一条的规定要求承担违约责任。

第一百五十六条　出卖人应当按照约定的包装方式交付标的物。对包装方式没有约定或者约定不明确，依照本法第六十一条的规定仍不能确定的，应当按照通用的方式包装，没有通用方式的，应当采取足以保护标的物的包装方式。

第一百五十七条　买受人收到标的物时应当在约定的检验期间内检验。没有约定检验期间的，应当及时检验。

第一百五十八条　当事人约定检验期间的，买受人应当在检验期间内将标的物的数量或者质量不符合约定的情形通知出卖人。买受人怠于通知的，视为标的物的数量或者质量符合约定。

当事人没有约定检验期间的，买受人应当在发现或者应当发现标的物的数量或者质量不符合约定的合理期间内通知出卖人。买受人在合理期间内未通知或者自标的物收到之日起两年内未通知出卖人的，视为标的物的数量或者质量符合约定，但对标的物有质量保证期的，适用质量保证期，不适用该两年的规定。

出卖人知道或者应当知道提供的标的物不符合约定的，买受人不受前两款规定的通知时间的限制。

第一百五十九条　买受人应当按照约定的数额支付价款。对价款没有约定或者约定不明确的，适用本法第六十一条、第六十二条第二项的规定。

第一百六十条　买受人应当按照约定的地点支付价款。对支付地点没有约定或者约定不明确，依照本法第六十一条的规定仍不能确定的，买受人应当在出卖人的营业地支付，但约定支付价款以交付标的物或者交付提取标的物单证为条件的，在交付标的物或者交付提取标的物单证的所在地支付。

第一百六十一条　买受人应当按照约定的时间支付价款。对支付时间没有约定或者约定不明确，依照本法第六十一条的规定仍不能确定的，买受人应当在收到标的物或者提取标的物单据的同时支付。

第一百六十二条　出卖人多交标的物的，买受人可以接收或者拒绝接收多交的部分。买受人接收多交部分的，按照合同的价格支付价款；买受人拒绝接收多交部分的，应当及时通知出卖人。

第一百六十三条　标的物在交付之前产生的孳息，归出卖人所有，交付之后产生的孳息，归买受人所有。

第一百六十四条　因标的物的主物不符合约定而解除合同的，解除合同的效力及于从物。因标的物的从物不符合约定被解除的，解除的效力不及于主物。

第一百六十五条　标的物为数物，其中一物不符合约定的，买受人可以就该物解除，但该物与他物分离使标的物的价值显受损害的，当事人可以就数物解除合同。

第一百六十六条　出卖人分批交付标的物的，出卖人对其中一批标的物不交付或者交付不符合约定，致使该批标的物不实现合同目的的，买受人可以就该批标的物解除。

出卖人不交付其中一批标的物或者交付不符合约定，致使今后其他各批标的物的交付不能实现合同目的的，买受人可以就该批以及今后其他各批标的物解除。

买受人如果就其中一批标的物解除，该批标的物与其他各批标的物相互依存的，可以就已经交付和未交付的各批标的物解除。

第一百六十七条　分期付款的买受人未支付到期价款的金额达到全部价款的五分之一的，出卖人可以要求买受人支付全部价款或者解除合同。

出卖人解除合同的，可以向买受人要求支付该标的物的使用费。

第一百六十八条　凭样品买卖的当事人应当封存样品，并可以对样品质量予以说明。出卖人交付的标的物应当与样品及其说明的质量相同。

第一百六十九条　凭样品买卖的买受人不知道样品有隐蔽瑕疵的，即使交付的标的物与样品相同，出卖人交付的标的物的质量仍然应当符合同种物的通常标准。

第一百七十条　试用买卖的当事人可以约定标的物的试用期间。对试用期间没有约定或者约定不明确，依照本法第六十一条的规定仍不能确定的，由出卖人确定。

第一百七十一条　试用买卖的买受人在试用期内可以购买标的物，也可以拒绝购买。试用期间届满，买受人对是否购买标的物未作表示的，视为购买。

第一百七十二条　招标投标买卖的当事人的权利和义务以及招标投标程序等，依照有关法律、行政法规的规定。

第一百七十三条 拍卖的当事人的权利和义务以及拍卖程序等，依照有关法律、行政法规的规定。

第一百七十四条 法律对其他有偿合同有规定的，依照其规定；没有规定的，参照买卖合同的有关规定。

第一百七十五条 当事人约定易货交易，转移标的物的所有权的，参照买卖合同的有关规定。

参 考 文 献

［1］ 冷柏军. 国际贸易实务［M］. 北京：高等教育出版社，2008.
［2］ 陈启虎. 国际贸易实务［M］. 北京：机械工业出版社，2012.
［3］ 张孟才. 国际贸易实务［M］. 北京：机械工业出版社，2012.
［4］ 肖春蓉. 国际贸易实务［M］. 北京：电子工业出版社，2013.
［5］ 孙勤. 国际贸易理论与实务［M］. 北京：机械工业出版社，2010.
［6］ 黎孝先. 国际贸易实务［M］. 北京：对外经济贸易大学出版社，2007.
［7］ 姚新超. 国际贸易实务［M］. 北京：对外经济贸易大学出版社，2007.
［8］ 张炳达. 国际贸易实务［M］. 上海：立信会计出版社，2005.
［9］ 袁建新. 国际贸易实务［M］. 上海：复旦大学出版社，2008.
［10］程铭. 国际贸易实务习题与解答［M］. 上海：上海大学出版社，2008.
［11］李红. 国际贸易实务［M］. 南京：南京大学出版社，2007.
［12］ 国际商会中国国家委员会. 2000 年国际贸易术语解释通则［M］. 北京：中信出版社，2000.
［13］ 陈文汉. 国际贸易实务［M］. 北京：中国人民大学出版社，2012.

教师服务

感谢您选用清华大学出版社的教材！为了更好地服务教学，我们为授课教师提供本书的教学辅助资源，以及本学科重点教材信息。请您扫码获取。

教辅获取

本书教辅资源，授课教师扫码获取

样书赠送

国际经济与贸易类重点教材，教师扫码获取样书

清华大学出版社

E-mail: tupfuwu@163.com
电话：010-83470332 / 83470142
地址：北京市海淀区双清路学研大厦 B 座 509

网址：http://www.tup.com.cn/
传真：8610-83470107
邮编：100084